中南财经政法大学
课程思政优秀案例选编

(第三辑)

主 编 侯振发

图书在版编目(CIP)数据

中南财经政法大学课程思政优秀案例选编. 第三辑 / 侯振发主编. -- 北京 : 北京大学出版社, 2025.4. -- ISBN 978-7-301-36153-5

Ⅰ.G641

中国国家版本馆 CIP 数据核字第 2025Y89B45 号

书　　　名	中南财经政法大学课程思政优秀案例选编（第三辑） ZHONGNAN CAIJING ZHENGFA DAXUE KECHENG SIZHENG YOUXIU ANLI XUANBIAN（DI-SAN JI）
著作责任者	侯振发　主编
策 划 编 辑	王显超
责 任 编 辑	赵天思
标 准 书 号	ISBN 978-7-301-36153-5
出 版 发 行	北京大学出版社
地　　　址	北京市海淀区成府路 205 号　100871
网　　　址	http://www.pup.cn　新浪微博：@北京大学出版社
电 子 邮 箱	编辑部 pup6@pup.cn　总编室 zpup@pup.cn
电　　　话	邮购部 010-62752015　发行部 010-62750672　编辑部 010-62750667
印 刷 者	三河市北燕印装有限公司
经 销 者	新华书店 787 毫米×1092 毫米　16 开本　21.25 印张　340 千字 2025 年 4 月第 1 版　2025 年 4 月第 1 次印刷
定　　　价	79.00 元

未经许可，不得以任何方式复制或抄袭本书之部分或全部内容。
版权所有，侵权必究
举报电话：010-62752024　电子邮箱：fd@pup.cn
图书如有印装质量问题，请与出版部联系，电话 010-62756370

序 言
Preface

党的二十大报告强调,"教育、科技、人才是全面建设社会主义现代化国家的基础性、战略性支撑",首次将教育、科技、人才进行统筹安排、一体化部署。我们必须深刻认识加快建设教育强国、科技强国、人才强国的历史使命,准确把握教育、科技和人才之间的相互关系。全面建设社会主义现代化强国,教育是基础,科技是关键,人才是根本。在作为基础性战略工程的教育体系中,高等教育是龙头,高校是培养人才的主阵地和关键性力量。中南财经政法大学是一所"由党创办、建校为党、成长为国、发展为人民"的具有鲜明红色基因的大学,学校党委始终牢记为党育人、为国育才的初心使命,不断在培养高素质创新人才、培育新质生产力、实现高水平科技自立自强方面体现新作为,展现新担当。

党的十八大以来,习近平总书记围绕"培养社会主义建设者和接班人"作出一系列重要论述,深刻回答了"培养什么人、怎样培养人、为谁培养人"这一教育的根本问题。在2016年全国高校思想政治工作会议上,习近平总书记强调,要坚持把立德树人作为中心环节,把思想政治工作贯穿教育教学全过程,实现全程育人、全方位育人,努力开创我国高等教育事业发展新局面。2024年,习近平总书记强调,新时代新征程上,思政课建设面临新形势新任务,必须有新气象新作为。要坚持以新时代中国特色社会主义思想为指导,全面贯彻党的教育方针,落实立德树人根本任务,坚持思政课建设与党的创新理论武装同步推进,构建以新时代中国特色社会主义思想为核心内容的课程教材体系,深入推进大中小学思想政治教育一体化建设。加强课程思政建设,真正做到各类各门课程"守好一段渠、种好责任田",推动各类课程与思政课程同向同行,是落实好立德树人根本任务,努力培养更多让党放心、爱国奉献、担当民族复兴重任时代新人的有力抓手和重要举措。

教育部于2020年印发《高等学校课程思政建设指导纲要》,文件指出,全面推进课程思政建设是落实立德树人根本任务的战略举措，具体而言，就是要寓价值观引导于知识传授和能力培养之中，帮助学生塑造正确的世界观、人生观、价值观，自觉把小我融入大我，将社会主义核心价值观内化为精神追求，外化为行动自觉，教育引导学生传承中华文脉，富有中国心、饱含中国情、充满中国味。这就要求我们必须将思想政治工作贯通其中，牢固树立人才培养中心地位，围绕构建高水平人才培养体系，不断完善课程思政工作体系、教学体系和内容体系。

近年来，中南财经政法大学紧密围绕国家和区域发展需求，深入推进习近平新时代中国特色社会主义思想进教材、进课堂、进头脑，结合学校"财经政法深度融通特色鲜明的世界一流大学"建设目标和"懂经济、通法律、善管理"的人才培养目标，通过紧抓制度建设"主引擎"、课程建设"主阵地"、教师队伍"主力军"、课堂教学"主渠道"、理论研究"定盘星"，成立课程思政研究与实践中心，制定《中南财经政法大学关于贯彻落实〈高等学校课程思政建设指导纲要〉的工作方案》，评选课程思政示范课程，深入挖掘各类课程和教学方式中蕴含的思想政治教育资源，编辑并出版了《中南财经政法大学课程思政优秀案例选编（第一辑）》和《中南财经政法大学课程思政优秀案例选编（第二辑）》，构建了类型丰富、层次递进、相互支撑的课程思政教育教学体系，引导学生了解世情国情党情民情，增强对党的创新理论的政治认同、思想认同、情感认同。

本书基于中南财经政法大学2024年评选的48门课程思政示范课程编写。一方面，从48个优秀案例不难看出，专业教育与思政教育实现了同向同行，形成了协同效应。无论是经济学、管理学、法学类专业课程，还是文学、美学类专业课程，抑或是理学、工学类专业课程，均通过梳理专业课教学内容，结合不同课程特点和价值理念，深入挖掘思政元素，并将其有机融入课堂教学，达到润物无声的育人效果。另一方面，课程思政工作要求其他各门课都要守好一段渠、种好责任田，这里的"各门课"并非简单代指专业课程，其他公共课程甚至第二课堂均在范围之内。本书案例所涉及的课程不仅涵盖专业课程，还包含体育、美育、德育、智育等融合发展的公共课程，这类课程通过体育强基、美育润心、德育铸魂、智育启源等维度，不断推动课程思政与思政课程同向同行。

纵观本书，读者可以很自然地联想到陶渊明的诗句："精卫衔微木，将以填沧海。刑天舞干戚，猛志固常在。"正是教师们拥有的这种精卫之心、刑天之志，不断加强我校课程思政建设，使我校在落实立德树人根本任务，教育引导当代大学生厚植爱国情怀和努力培养担当民族复兴大任的时代新人等方面走在前列。我相信，本书中的课程思政优秀案例，一定会对中南财经政法大学师生，对广大读者，都有所启迪，特别是有助于年轻教师在课程思政建设道路上不断创新、不断超越、不断创造新业绩。

中南财经政法大学党委书记

侯振发

2024 年 8 月 20 日

目 录 CONTENTS

助人为乐，与真善美同行 /唐小晴	1
中国跨境电商模拟实践，适应经济全球化发展新趋势 /潘安	7
透过实验，理解竞争 /潘垲	12
传承中国传统财税文化，讲好中国财税故事 /赵兴罗	18
深悟新时代中国金融发展之路 /冀志斌	25
追本溯源，树立正确的利率决定观 /吴建军	30
坚守经世济民初心，勇担金融人才使命 /白小滢	37
树立创新意识，秉承工匠精神 /韩姣杰	47
工程项目招投标何去何从：不忘初心，方得始终 /李梦玄	58
数据洞察，剖析中国特色社会主义制度和国家治理体系优势 /许泳昊	68
普及港澳法治教育——凝聚国家认同，筑牢"一国两制"根基 /付婧	75
实战型法律职业技能训练对卓越法律人培养的重要贡献 /韩桂君	81
思维方式之变革 /尹生	90
知法爱法，做新时代尊法学法守法用法好青年 /陈军	95
实现种业科技自立自强，保障我国粮食安全——植物新品种权 /陈默	99
法治中国，主权至上 /林慧青	109
讲好中国故事，加强中国国际传播力，促进文明交流互鉴 /关绮	115
翻译之光：闪耀中国故事 /张琦	123
培养立足本国文化，推动中日良性互动的新时代日语人才 /刘苏 李章杰	128
提高互译水平，讲好中国故事 /田川	133
用法语介绍当代中国，以初心站稳中国立场 /董小春	140

增强理论自信，建构中国特色新闻学理论体系　/ 王大丽	146
在实践中理解马克思主义新闻观的中国化　/ 肖迪　王继周	153
中外文明交流互鉴：《美狄亚》中的两性伦理与爱国主义　/ 张玉敏	160
讲好中国古文论，镜鉴当代新文论　/ 张金梅	167
讲好中国美学，从工艺美术史开始　/ 苏也	176
打造商学新知与商业素养的"五个融通"　/ 刘凯	182
念好"山海经"、唱好"林草戏"，学习贯彻习近平生态文明思想　/ 邓远建	188
讲好红色旅游故事，体悟红色精神　/ 张大鹏	198
"农"墨重彩好"丰"景，乡土田园促振兴　/ 孙绘淳	203
基于"两全、两拔高"的人力资源管理　/ 芦青	209
掌握会计与财务分析技能，担当社会责任　/ 何贵华	220
讲好中国社会保障故事，推进国家治理现代化　/ 周红云	226
真研实创，以创造性思维推动社会发展进步　/ 喻良涛	233
数据赋能商务智能，提升商务决策效能　/ 刘佳星	238
竞争与合作背景下的博弈选择　/ 刘畅	244
应用抽样技术与社会责任　/ 袁茹	249
概率塑造未来，统计引领决策　/ 张婧	254
因子分析方法的教学案例　/ 邹娜	266
大数据与人工智能时代下关于算法伦理问题的思考　/ 刘勘　王思睿	272
提升公民健康素养，助力健康中国战略　/ 宋永伟	281
数说中欧班列，彰显共建"一带一路"倡议的中国力量　/ 陈宁	286
运筹与决策：讲好中国故事　/ 张新香	293
大数据时代下的数据库安全意识与国际视野　/ 蔡耀明	299
大国崛起的必经之路——新材料的发展　/ 阮宏程	304
"夯实理论，读懂中国"：开拓国际贸易世界观　/ 陈泰良	312
审美与立德的交融：从艺术作品到人文素养　/ 陈静远	317
新中国成立初期的新中国画　/ 王乾榕	325

助人为乐，与真善美同行

哲学院　唐小晴

 案例概述

社会心理学是介于社会学和心理学之间的一门既交叉又独立的学科，也是一门兼备理论性与应用性特点的学科。社会心理学课程以"十四五"规划中"为提高人民思想道德素质、科学文化素质和身心健康素质提供可靠保证"、十九大报告中"加强社会心理服务体系建设，培育自尊自信、理性平和、积极向上的社会心态"为指导目标，汲取国内外社会心理学的思想精华、经典理论和前沿理论，借鉴社会学、心理学和文化人类学等学科的理论成果，介绍社会心理学的概念、发展历史、理论、方法及相关知识体系，帮助学生理解现实生活中的各种社会心理和社会行为，学会运用社会心理学知识与技能解决现实生活问题。社会心理学课程结合国内外社会热点和事件，通过知识讲授、案例分析、情境体验、小组讨论、角色扮演、问卷调查和实验设计等线上线下结合的多元教学方式，将专业知识和思政元素深度融合并贯穿于教学全过程，使学生在认知、情感和能力等方面全方位受益。

一、基本信息

课程名称：社会心理学

授课对象：社会学专业本科生

使用教材：《社会心理学概论》，《社会心理学概论》编写组，高等教育出版社

学习内容：社会心理学的概念、发展历史、理论、方法及相关知识体系

教学课时：32课时

二、课程思政教学整体设计思路

本课程主要讲授社会心理学中的助人行为相关知识，从助人行为的概念辨析、助人行为的理论、助人行为的影响因素、助人行为的培养等方面，系统详细地对助人行为进行解析。

在教学过程中，着重突出的思政内容包括：通过对助人行为概念及助人行为理论的讲解，引导学生思考、讨论助人行为的影响因素，培养学生的助人行为，引导学生树立正确的价值取向，弘扬社会主义核心价值观。

本课程教学中各环节的重点包括以下几个。

（1）在课程导入环节，根据课程主题结合思政内容设置课前思考题，指导学生提前搜集相关资料，进行阅读和预习。

（2）在课中讲授环节，系统地将思政元素融入课程内容，详略得当、重点突出、理论联系实际；引导学生对文本重点内容进行深入理解，结合社会生活、历史故事讲解相关概念；组织小组讨论，结合思政内容和课程内容设计提问，引导学生进行多维度的思考和讨论，调动学生的能动性和积极性。

（3）在课堂小节环节，总结课程内容的要点，鼓励学生课后进行拓展学习和思考。

三、教学目标

1. 课程教学目标

通过结合生活实例和科学研究，学生能够清晰认识助人行为及其相关概念，区分亲社会行为、助人行为和利他行为，从进化心理学、社会规范理论和移情-利他假设等理论视角理解人类社会为什么会有助人行为，从个人因素、受助者因素、情境因素三大方面了解助人行为的具体影响因素。

2. 思政育人目标

本课程力求在教学中充实内容、丰富形式，增强课程思政的亲和力和说服力，使得课堂有意义、有意思；有机融合专业知识与思政内容，弘扬社会主义核心价值观，帮助学生树立正确的世界观、人生观和价值观，传播正能量，引导学生关心他人和社会，增进友爱、善良和积极正面的社会行为。

四、教学实施过程

（一）课程导入

从英雄人物故事引入，结合抗疫抗洪精神等讲述古今中外社会生活中的平凡英雄、身边的助人故事，激发学生对课程的兴趣，引出主题。

（二）课中讲授

1. 助人行为的概念辨析

（1）助人行为：特指以特定的个人或群体为对象的亲社会行为。

（2）亲社会行为：泛指一切符合社会期望并对他人、群体或社会有益的行为，如安慰、同情、谦让、分享、协助、捐赠、救人、自我牺牲等。

（3）利他行为：无个人动机、不期待任何回报的助人行为。

教师可以举例具体讲解三者的联系与区别。

2. 助人行为的理论

在讲授理论之前，先向学生提问——人们为什么会助人？鼓励学生回忆和叙述自己的助人行为，了解学生的助人动机、助人经历和心理体验。

1）进化心理学

根据达尔文的进化论，有利他、助人天性的生物更有可能使它们的物种留存下来。有助于我们生存和能增加我们繁衍后代概率的基因更有可能代代相传。不利于我们生存，以及减少我们繁衍后代概率的基因，如导致疾病的基因，遗传的概率更小。

1964年，汉密尔顿提出了亲缘选择（Kin Selection）理论：亲缘关系越近，个体彼此合作和利他倾向就越强烈；亲缘关系越远，则越弱。即个体愿意帮助那些基因上与他们更接近的个体，就人类而言，比起陌生人，人们更愿意帮助家庭成员。

此处教师可以引入汶川地震中一位母亲牺牲自己保全襁褓中的婴儿的故事，讲述母亲为了孩子能存活所做的本能行为。

2）社会规范理论

（1）社会交换规范。

① 互惠：我们所做的很多事情源于最大化我们的报酬和最小化我们的成本的动机。

提问：请学生回答助人可能会带来哪些回报。

外部回报：物质、金钱、名利、人设等。

内部回报：提高自我价值、获得社会赞许等。

我们更愿意帮助那些曾经帮助过我们的人；人们期望通过帮助他人，增加他人将来帮助自己的可能性。

② 公平：20世纪60年代，美国心理学家亚当斯在社会交换论的基础上提出了公平理论。每个人都会不自觉地把自己的付出和收益与他人的付出和收益进行比较，如果比较的结果差别不大，人们就会有一种公平感；如果比较的结果出现较大的不平衡，即发现自己与别人付出同样多的代价却有更多的收益时，人们就会产生不公平感。为了消除这种不公平感，人们倾向于做出助人行为。

举例：抗洪期间的爱心捐款、志愿服务。

（2）社会责任规范。

我们应该帮助那些依赖/需要我们的人。例如父母对子女，教师对学生，警察、护士、社会工作者对有需要的人，等等。社会责任规范强调帮助他人的责任，有些责任甚至被写进法律。

举例：德国的"见死不救罪"；中国古代的村规民约。

3）移情-利他假设

移情-利他假设（Empathy-altruism Hypothesis），是指当我们对另一个人产生移情时，我们会试图出于纯粹的利他主义理由来帮助这个人，无论我们会得到什么。

短视频播放："最美妈妈"吴菊萍徒手救了从10楼坠落的小姐妹一命，自己的手臂却被巨大的冲击力撞成严重骨折。通过这个动人的故事讲述移情-利他假设的原理，并弘扬社会主义核心价值观，引导学生形成助人观念。

3. 助人行为的影响因素

小组讨论："见到老人摔倒了，你会不会扶？该不该扶？为什么？"

通过小组讨论，逐一引出助人行为的三大影响因素：个人因素、受助者因素、情境因素，并从这三个角度深入分析"中国抗疫"的话题。

4. 助人行为的培养

助人行为的培养通常包括培养移情-利他情感倾向，培养社会责任感，树立榜样和强化示范作用，讲授助人技巧四个方面。教师可以从每个方面引导学生找到具体可实施的行为，如进行角色扮演等。同时，助人行为的培养需要家庭、学校、社会三方面的共同努力，作为社会成员的一分子，每个人都可以通过提高自我的社会责任感来影响他人。

（三）课堂小结

回顾和巩固本课程知识要点——亲社会行为、助人行为、利他行为的概念辨析；如何从进化心理学、社会规范理论、移情-利他假设解释人类的助人行为。鼓励学生课后思考如何形成助人氛围。

五、案例反思

本课程应在知识学习、能力提升和素质培养三个方面设立教学目标，注重"以学生发展为中心"，坚持专业知识与课程思政的深度融合，力求知识准确、观点正面、内容充实、形式多样、互动积极。具体而言，本课程将从以下几个方面进行优化。

第一，教学内容遵循教材的编排顺序，进行合理取舍、科学补充、适当延伸，构建一套更符合学生认知水平的知识体系。

第二，教学设计力求以社会生活为基础，以学科知识为支撑，立足社会热点和现实问题，着眼学生的发展需求，理论联系实际，有机深度融合专业知识和思政内容。

第三，教学过程思路清晰、条理清楚、由浅入深，以图片、视频、文字、人物故事、现实案例、主题讨论等激发学生兴趣、发挥学生潜能、引导学生反思。

第四，在思政内容和专业知识的融合过程中，充分发挥课程的德育功能，提炼专业课程中蕴含的文化基因和价值范式，将其转化为社会主义核心价值观具体化、生动化的有效教学载体,"润物无声"地在课堂教学内容中融入理想信念、价值观念。

六、教学效果

本课程坚持教书和育人相统一,坚持潜心问道和关注社会相统一,使课堂成为弘扬主旋律、传播正能量的主阵地。教师在讲授专业知识和培养学生专业素养、能力的同时,给予学生正确的价值取向引导,提升学生的思想道德素质及情商,使学生在学习过程中体悟人性、提高修养、形成助人观念,弘扬社会主义核心价值观。

参考文献

《社会心理学概论》编写组,2021. 社会心理学概论[M]. 北京:高等教育出版社.

中国跨境电商模拟实践，适应经济全球化发展新趋势

经济学院　潘安

 案例概述

本课程利用南北跨境电商实训软件，根据教学目标，引入相关课程内容——跨境电商发展的相关支持政策、"敦煌网"与"速卖通"等典型案例分析、关检融合整合申报等国家改革实践内容。通过讲授这些内容，本课程旨在引导学生了解国际商务专业和行业领域的国家战略、法律法规和相关政策，同时培养学生的国际商务实践能力和职业素养，助力学生适应经济全球化发展新趋势。

一、基本信息

课程名称：国际商务模拟实验

授课对象：国际商务专业本科生

使用教材：《跨境电商与外贸综合服务实训教程》，李雁玲、韩之怡，中国纺织出版社有限公司

学习内容：跨境电商开展的理论基础与业务实操

教学课时：32课时

二、课程思政教学整体设计思路

本课程的教学主要涉及4个实验环节，分别为实训准备、店铺运营、业务委托与审核、报关报检。在不同的实验教学过程中，教师应根据课程内容适时地增加相关课程思政元素，引导学生了解国家发展倡议、国家法律法规、国家相关政策以及国家改革实践等内容，同时也应注重培养学生的国际商务实践能力和职业素养。

三、教学目标

1. 课程教学目标

作为国际商务专业重要的实践与实验课程，本课程的课程教学目标在于培养学生的国际商务实践能力。通过逐一学习国际贸易流程中的各个业务环节，学生将全方位地了解国际商务流程，因而本课程在本专业人才培养过程中具有重要的实践意义。通过对本课程的学习，学生能够熟练掌握企业对企业（Business to Business，B2B）跨境电商业务操作流程，包括跨境电商企业注册备案、商品备案、跨境交易平台操作、外贸综合服务等环节，并做出合理决策。熟悉和掌握 B2B 跨境电商业务，能够帮助学生更快、更好地适应当前国际商务最新发展趋势，这也是在经济全球化背景下，一名合格国际商务专业毕业生必须具备的技能。

2. 思政育人目标

在教学过程中融入与本课程相关的思政内容，重点包括：介绍国家相关战略、政策内容，帮助学生充分了解国际商务专业和行业领域的国家战略、法律法规和相关政策。通过引导学生深入了解国际商务实践、关注现实国际商务与贸易问题，培养学生经世济民、诚信服务、德法兼修的国际商务职业素养。

四、教学实施过程

本课程在不同实验环节，选取与课程思政元素相匹配的教学案例，并围绕教学案例进行具体的教学设计。不同课程思政元素所对应的教学案例、教学设计内容见表1。

表 1　不同课程思政元素所对应的教学案例、教学设计内容

课程思政元素	教学案例	教学设计内容
国家发展倡议	对比"古代四大发明"和"新四大发明"，引出"一带一路"倡议	播放北京外国语大学丝绸之路研究院的"新四大发明"相关视频，进行相关内容学习
国家相关政策	中国跨境电商发展相关支持政策梳理	对"单一窗口"等内容进行介绍，重点介绍国务院、海关总署等各级政府部门出台的相关政策措施

续表

课程思政元素	教学案例	教学设计内容
国家法律法规	介绍《中华人民共和国电子商务法》	重点介绍《中华人民共和国电子商务法》的实施背景与内容，通过对相关法律法规的介绍，使学生了解国内与跨境电商相关的法律体系
国家改革实践	介绍关检融合"整合申报项目"	在报关报检实验中，引入国家的改革实践——关检融合"整合申报项目"，向学生提供相关培训课件供其学习
职业素养	分析"敦煌网"与"速卖通"等典型案例	通过分析"敦煌网"与"速卖通"等典型案例，使学生了解国内跨境电商发展现状，以及面临的挑战，培养学生的职业素养

具体而言，在不同实验中，体现课程思政元素的教学实施过程如下。

1. 实验一：实训准备

该实验的主要目标是引出"一带一路"倡议的学习内容，引导学生了解我国在对外开放进程中的重大发展倡议。同时，教师应对我国跨境电商发展相关支持政策进行梳理，使学生深入了解中国跨境电商蓬勃发展的历程。

2. 实验二：店铺运营

在介绍店铺运营的学习内容时，引入《中华人民共和国电子商务法》的学习内容，使学生更好地了解国内与跨境电商相关的法律体系，培养学生德法兼修的职业素养。

3. 实验三：业务委托与审核

在介绍业务委托和审核内容时，重点介绍中国部分典型案例，如"敦煌网""速卖通"等。对典型案例的介绍，有助于培养学生的职业素养，为其更好地融入现实企业发展提供重要的知识储备。

4. 实验四：报关报检

介绍我国在对外贸易领域的改革实践，以关检融合"整合申报项目"为重点学习内容。"关检合一"是指口岸执法一个主体、职能管理一体统筹、报关报检一份单证、现场处置一次实施、执法作业一套系统。对关检融合"整合申报项目"的介绍，有助于提升学生的实践能力和知识储备水平，培养学生诚信服务的职业素养。

五、案例反思

本课程主要通过考核以下内容检验教学成效。第一，对国际商务专业和行业领域的国家战略、法律法规和相关政策的认识；第二，对国际商务实践的认识；第三，对现实国际商务与贸易问题的解决能力；第四，国际商务的职业素养水平。教师可以通过对以上内容的考核，了解学生对本课程的学习情况。

另外，本课程可以继续增加相关现实发展案例，包括引入我国在跨境电商发展领域的最新政策内容，从而进一步提升学生的政策认知水平。通过典型案例研讨，增强学生对实际问题的分析能力，培养学生自主思考、寻找解决方案的综合能力，实现课程思政与理论知识的有机结合。

六、教学效果

通过课程理论知识学习与实验具体内容操作，学生对国际商务专业和行业领域的国家战略、法律法规和相关政策的认知能力能够得到显著提升；学生能够深入了解国际商务实践内容，同时积极关注现实中的国际商务与贸易问题，学生的国际商务职业素养也能够得到明显提升。具体教学效果主要体现在以下三个方面。

第一，课堂教学取得较好的学习效果。在整个课堂教学过程中，师生互动良好，学生对授课教师的具体讲解能够进行深入思考。在实验环节的讲解过程中，授课教师能够与学生深入互动，鼓励学生录制操作视频，形成长期有效的教学资源。本课程的学习效果还可以从教学评价中得到体现。本课程的学生评价平均分为 98.6 分，充分体现出学生对课程具有较高的满意度。

第二，实验报告体现学生创新性实践思维。本课程结课时学生需提交一份反映整个实验操作流程的实验报告。整体来看，学生提交的实验报告大多基于自身的实践经验，展现出学生的创新性实践思维，店铺运营等实验环节尤为明显。

第三，课程思政助力学生多元化学习发展。本课程的思政内容教学，有助于学生在其他国际商务相关学术竞赛中获得佳绩。

 **参考文献**

顾佩军,2023. 图解:跨境贸易海关通关管理[M]. 北京:中国海关出版社有限公司.
王微微,2021. "一带一路"倡议背景下中国对外贸易发展研究[M]. 北京:中国经济出版社.
肖旭,2020. 跨境电商实务[M]. 3版. 北京:中国人民大学出版社.

透过实验，理解竞争

经济学院 潘峣

 案例概述

加快完善社会主义市场经济体制，要求建立全国统一的公平竞争制度，筑牢公平竞争这一市场经济基石。立足我国社会主义基本经济制度和发展实践，及时推动反垄断理论进步，有利于营造公平透明可预期的良好市场环境，保障各类市场主体在全国统一大市场中同台竞技、公平竞争。本课程通过课堂实验的方式模拟机票市场，使学生了解卡特尔模型及该市场类型对于市场均衡和消费者福利的影响，阐释垄断理论及其对市场福利、公平的破坏，结合我国当前经济增长现状、反垄断规制以及国际市场经济局势，帮助学生从国家意志层面出发了解相关国家战略、政策，关注现实问题，立足大时代，胸怀大格局。

一、基本信息

课程名称：实验经济学

授课对象：经济学专业本科生

使用教材：《经济学实验教程》，张鸿武、廖涵、王柯英，经济科学出版社

学习内容：了解不完全竞争市场——以卡特尔实验为例

教学课时：3课时

二、课程思政教学整体设计思路

实验经济学有鲜明的实践性和应用性，是如今经济学研究中不可或缺的方法理论体系。本课程通过实验教学，对学生进行经济学、心理学理论和科学研究方法的训练，使

学生深入了解实验经济学的基本理论、基本方法与分析技巧，掌握检验理论、发现新理论的方法，从实验角度对完善社会主义市场经济体制有更深入的理解。

本课程主要通过不完全竞争市场实验中的卡特尔实验，引导学生理解加快完善社会主义市场经济体制，建立一个全国统一的公平竞争制度的重要性。课程通过模拟机票市场，让学生了解卡特尔模型及该市场类型对市场均衡和消费者福利的影响。同时，课程深入阐释了垄断理论，分析了垄断行为如何破坏市场福利和公平竞争，使学生能够理解在市场经济中维护公平竞争制度的重要性。

在教学过程中，本课程着重突出以下三个方面的思政内容。一是引导学生从国家意志的层面出发，深入理解国家战略和政策的重要性，通过分析社会主义市场经济体制的完善和发展过程，学生能够认识到国家战略和政策在维护市场秩序、促进经济健康发展中的关键作用；二是着重培养学生的公平竞争意识，强调在市场经济中，各类市场主体应享有平等的竞争机会，通过模拟卡特尔实验，学生能够直观感受到公平竞争对于市场活力和创新力的提升作用；三是帮助学生树立大局意识，鼓励他们从实验角度审视经济现象，理解国家政策对经济全局的影响，鼓励学生关注现实经济问题，培养他们的社会责任感。

课程教学各环节的重点包括以下几个。

（1）在课前准备环节，根据实验主题结合思政内容设置课前思考题，指导学生提前搜集相关文献，引导学生根据思考题进行课前阅读和预习。

（2）在课中授课环节，系统地将思政元素融入课程内容，通过模拟机票市场，让学生亲身体验市场运作，观察卡特尔对市场均衡和消费者福利的影响；结合实际案例，讲解垄断行为对市场福利和公平竞争的破坏，引导学生进行批判性思考；组织小组讨论，结合思政内容设计恰当的提问，引发学生多层次和多角度的思考，最大限度地调动全体学生学习的主动性和积极性。

（3）在要点总结环节，根据实验和讨论的情况，总结课程内容的核心和要点，结合思政内容布置课后作业，引导学生在课后进行拓展学习和研究。

三、教学目标

1. 课程教学目标

（1）使学生理解卡特尔对于市场均衡和消费者福利的影响，了解没有约束力的合谋的不稳定性，了解价格歧视对于消费者剩余和厂商利润的影响以及垄断对市场竞争机制的破坏和应如何去规制垄断，激活学生的思维，促使学生深刻思考，激发学生主动学习的积极性。

（2）实验教学是"实验经济学"课程的重要教学环节，通过实验教学，本课程力求对学生进行经济学、心理学理论和科学研究方法的训练，使学生深入了解实验经济学的基本理论、基本方法与分析技巧，掌握检验理论和发现新理论的方法，对多学科融合有基本了解。

（3）通过实验教学活动，提高学生对实验经济学这门课程的感性认识，强化社会科学与理论科学的伦理教育，注重科学思维方法训练和科学精神培养，提高学生分析问题、解决问题和动手实践的能力。

（4）通过实践教学活动，拓宽学生的知识领域，锻炼学生的实践技能，培养学生科学严谨的工作作风，为学生未来的发展打下坚实的基础。

2. 思政育人目标

（1）在课程教学中帮助学生了解经济领域的国家战略、法律法规和相关政策，引导学生深入社会实践、关注现实问题，培育学生经世济民、诚信服务、德法兼修的职业素养。

（2）润物细无声地在知识传授中融入中国故事，激发学生通过应用所学经济学知识报国的家国情怀和使命担当，实现"以课程育人，以课程化人"。

（3）教学中延伸出的大量案例可以培养学生分析经济现象本质的能力，使学生在课程学习中充分感受经济学的应用价值、社会价值，以及经济学研究担负的社会责任和时代使命。此外，教师应结合当前的全球化问题，使学生理解人类命运共同体的重大价值和意义。

四、教学实施过程

1. 实验引入

概述实验经济学的一些基本概念与基本问题,即实验经济学的发展简史、基本理论以及应用,重点讲述经济学实验的目的以及经济学实验的特点,并介绍卡特尔实验的背景。

2. 实验过程

(1) 实验内容:模拟机票市场。在机票供给者(航空公司)的数目由两个增加到有限个的情况下,考察市场中商品交易的特性,以及价格歧视会如何影响市场交易。

(2) 实验步骤:学生分组饰演角色(航空公司以及买方)。

① 交易第一期:航空公司独立定价并销售机票,同时航空公司之间不能讨论和协商。

航空公司:根据买方价值分配情况,在信息表中写下愿意收取的价格和预计出售的总量,在交易过程中记录实际出售的总量,并计算各自的利润。

买方:每轮只能买一张机票,若找到价格至少比买方价值低1元的卖方,则可以购买一张机票,否则不购买,且购买时选择价格最低的卖方,并在信息表中记录成交价格和个人福利。

② 交易第二期:允许航空公司之间互相商量并形成卡特尔,从而规定生产限额。如果 2/3 以上的卡特尔成员同意了生产限额,则所有成员在实验助理的监督下强制执行生产限额规定。此外,卡特尔会提出建议销售价格,但价格不受实验助理监管。生产限额确定后,航空公司到实验助理处记录他们的价格。只要不超限额,航空公司可以供给任何数量的机票,并开展交易。

③ 交易第三期:与第二期不同,卡特尔成员再次商讨生产限额和销售价格,他们可以根据意愿达成协议,但实验助理不再对协议进行监管,协议是自发达成的,交易的地点是分散的。航空公司可以提出销售价格并修改销售价格,也可给予私人折扣,开展交易。

④ 交易第四期：与第二期相似，实验助理将监督执行卡特尔的协议，但买方角色分为学生与非学生角色，航空公司可以给予学生一定折扣。

3. 强调思政元素，对实验进行总结分析

通过实验，学生对经济学的理论部分有了更深入的理解，了解了在卡特尔模式下，社会福利及公平如何遭到破坏。结合实验结论讲述《中华人民共和国反垄断法》的相关内容，即禁止经营者达成垄断协议，禁止经营者滥用市场支配地位以及控制经营者集中三大制度。《中华人民共和国反垄断法》立足于中国国情，每一项制度都体现了鲜明的中国特色，反映了中国当前的经济发展阶段和发展水平、市场竞争状况、市场主体成熟程度等实际情况。教师应在此基础上培养学生的民族自尊心和自豪感，引导学生深入理解国家的立法初衷及良苦用心，坚定中国道路、中国模式、中国方案。

五、案例反思

课程通过以下两个方面检验教学效果：第一是在实验结束以后让学生以小组为单位进行思考与讨论，例如，在实验过程中，垄断会给社会带来什么样的影响；第二是让学生在课后撰写规范的实验报告。

教师在教学过程中，应引导学生将理论知识与思政元素相结合，树立明确目标和志向，踏实学习，服务社会；应使学生认识到社会发展的重要意义，形成合作发展理念，为建设强大中国做出自己应有的贡献。

结合课程思政元素教学面临的一个重要问题就是如何考查课程教学的思政效果。课程思政教学是一项过程性的实践，其对学生的影响是一个日积月累、积水成渊的过程，影响的是学生的思想意识，考核时很难建立指标体系和考核标准。因此，我们认为，课程教学的思政效果可以从两个方面进行考查：一方面是学生的外在表现，如学生的认知、行为规范、对专业课的学习态度等；另一方面是学生思想观念的深层转变，这方面考查难度较大。因此，本课程还需要不断改进，寻找合适的方法来考查思政效果。

六、教学效果

实验经济学课程的专业知识与思政内容相辅相成，思政教育和课程教学都取得了不错的成效。师生共同参与实验，扩展案例外延，在讨论中收获知识，有效提高了"知识传授+德育"的效果。

（1）知行合一，理论和实践相结合。实验经济学是学生突破经济学理论学习瓶颈的极佳途径，可以帮助学生消化知识点。学生亲身参与实验，体验经济学的理论机制，深入了解实验经济学的基本理论、基本方法与分析技巧，掌握了检验理论及发现新理论的方法，分析问题、解决问题以及动手实践的能力得到增强。

（2）学以致用，分析经济现象本质的能力得到提高。课程教学中，学生的学习兴趣明显较强，参与度较高，学生在课后仍然热烈讨论我国反垄断领域的经济现象和规制以及国际市场公平竞争的问题，可以看出较好地达到了教学目的。此外，本课程带领学生站在国家层面进行审视和思考，透过表面分析经济现象的本质，提高了学生联系理论与实践、深层次剖析问题的能力。思政元素、案例的融入，让学生学会关注中国经济问题，形成辩证、系统的经济分析思维，不断拓宽观察世界、思考问题的视角。

（3）任重道远，家国情怀、民族责任意识被激发。实验经济学具有鲜明的实践性和应用性，融入思政元素有助于学生深入研究国内外经济领域新现象、新问题，对中国国情、中国制度、中国文化有更多了解。案例的延伸将国家发展战略和利益清晰展现在学生面前，使学生站在国家发展的角度看待世界经济局势，深刻明白自己所肩负的时代使命，从而致力于加强专业学习，成为担当民族复兴大任的时代新人。

参考文献

卢现祥，陈银娥，2008. 微观经济学[M]. 2 版. 北京：经济科学出版社.
张鸿武，廖涵，王柯英，2010. 经济学实验教程[M]. 北京：经济科学出版社.

传承中国传统财税文化，讲好中国财税故事[①]

财政税务学院　赵兴罗

 案例概述

中华优秀传统文化源远流长、博大精深，是中华文明的智慧结晶。中国传统财税文化是中华传统文化的重要组成部分。在推进中国式现代化进程中，要深入发掘中国传统财税文化的精华，探究财税文化在新时代的价值，讲好中国财税故事，为当前的财税体制改革提供历史借鉴。财税思想是财税文化的核心内容，本课程总结梳理历史上的优秀财税思想，将案例蕴含的课程思政元素有机融入课堂教学，达到知识传授、能力培养和价值塑造相互融合统一的课程教学目标和思政育人目标。

一、基本信息

课程名称：中国传统财税文化——思想与制度

授课对象：全校本科生

使用教材：《中国财政思想与制度沿革专题研究》，赵兴罗等，经济科学出版社

学习内容：中国历史上经典的财税思想

教学课时：2课时

二、课程思政教学整体设计思路

本案例是在讲授通识课"中国传统财税文化——思想与制度"的第二章"中国历史上经典的财税思想"时引入的。教师应提前制定课程思政教学整体设计思路：首先，依

[①] 本文为湖北省教学研究项目"中国优秀传统财税文化教育的研究与实践"（课题编号2022153）的阶段性成果。

据第二章的教学内容和教学目标，挖掘课程思政元素；其次，结合课程内容有机融入课程思政元素，精心设计和实施课程方案，并采取科学的教学方法和载体达到课程思政教学的目的；最后，课后师生共同评价教学效果。

1. 价值观引领

该案例的价值观引领体现在：引导学生树立"生财有道、理财有方、取财有度、用财有效、富国裕民"等科学的理财方略；理解"取之于民、用之于民、以人为本"的理财理念；形成"依法理财、依法治税"的价值取向等。

2. 课程思政内容

中国几千年的财政历史实践为我们传承优秀财税文化提供了重要的文化资源。教师应深入挖掘、提炼和阐发中华优秀传统财税文化，释放其对新时代治国理财的文化价值潜能，为探索构建中国风格的财税理论体系提供理论支撑。例如，本课程涉及的历史上经典的财税思想主要有：财政与治国、以人为本、理财原则、轻徭薄赋、节用爱民和依法理财。其重点、难点在于发掘中国历史上经典的财税思想对我国新时代治国理财方法的历史启示。结合授课内容，本案例挖掘的课程思政元素有：治国理财之道；以人为本、为民理财、为国理财、为民兴财的财税文化理念；轻徭薄赋的理念；财政与治国的关系；依法理财，依法治税；财税文化的传承。

3. 课程思政教学方法设计

前述的课程思政教学整体设计思路，教师在教学中必须重视，并予以具体落实和开展。教学过程的设计具体包括教学环节设计、教学过程中教师活动及学生活动以及关键性环节或活动的教学方法设计。

首先，通过文献分析法挖掘课程思政元素。教师应在课前深入分析授课内容，通过研读、梳理和总结财政历史文献，挖掘中国古代经典的财税思想所蕴含的课程思政元素，设计课程思政教学方法，将课程思政元素有机融入课堂教学的全过程，实现思政育人目标。

其次，运用案例分析法将课程思政元素融入授课内容。通过引导学生观看相关视频，让学生更直观地了解和掌握我国历史上著名理财家所提倡的或者史籍文献所包含的财税思想。财税思想是我国宝贵的文化财富，几千年来常被借鉴和使用，例如，《周礼》《管子》《大学》《吕氏春秋》等就蕴含了大量的财税思想；管仲、桑弘羊、刘晏、杨炎、王安石、张居正等著名理财家也给我们留下了丰富的财税思想。这里以《大学》为例，分析其中包含的财税思想。

《大学》写道："古之欲明明德于天下者，先治其国。欲治其国者，先齐其家。欲齐其家者，先修其身。欲修其身者，先正其心。欲正其心者，先诚其意。欲诚其意者，先致其知。致知在格物。"这段话说明，自古以来，想要使美德显明于天下的人，先要治理好他的国家；想要治理好自己国家的人，先要整治好他的家族；想要整治好他的家族，先要修养自身的品德；想要修养自身的品德，先要端正自己的内心；想要端正自己的内心，先要使自己的意念诚实；想要自己的意念诚实，先要自己获得知识，而获得知识的方法在于推究事物的原理。这段话蕴含着丰富的治国理财思想，为我们在中国式现代化进程中的国家治理提供了重要的历史启示。新时代，我国治国理财需要的人才不仅应具备高水平的专业知识，而且应具备优秀的思想境界，品德高尚、德才兼备。

再次，采用文献导读法，引导学生深刻理解经典财税思想中的治国理财之道。课下给学生布置阅读史籍文献的任务，授课中引经据典，使学生更好地把握古代经典的财税思想的来龙去脉，加深对经典财税思想的理解和认识。例如，在讲到财政与治国的关系时，引导学生阅读相关文献，如《论语》中的"百姓足，君孰与不足？百姓不足，君孰与足？"《大学》中的"财聚则民散，财散则民聚"；王安石《临川文集》中提出的理财之道——"因天下之力以生天下之财，取天下之财以供天下之费"。

在讲到理财需要"以人为本"时，教师可以引用管仲的理财思想加以分析。管仲从人的本性出发，按照人文关怀的思维取向，提出要正确处理富国与裕民的关系。

通过阅读和分析史籍文献，学生能够充分认识这些财税思想蕴含的理财之道，从而增强学生的理财意识，引导学生树立经世济民、为国理财、为民谋利的理想信念和爱国爱党的家国情怀，强化学生的社会担当和历史责任感。

最后，教师可以运用课后研讨法引导学生对优秀的财税理念进行讨论和反思，使学生加深对课程思政元素的理解。通过对以上内容的讲解和展示，教师可以引出话题，例如：为什么历史上的理财家能够提出有效的理财理念？为什么理财家进行的财税改革大多会遭受既得利益者的反对？你从中悟出了什么理财之道？引导学生讨论、反思，并将感悟通过分享读后感或者在课堂微信群里留言的形式进行反馈。

总之，本课程旨在通过教学，引导学生树立正确的财税观，树立坚定的理想信念，从观念上充分认识到财税思想对国家治理的重要性。同时，教师应强调，作为新时代的大学生，面对新形势下的财税改革应勇于承担社会责任，提升对传统财税文化的认识水平，为提升治国理财能力、推进国家治理现代化做出自己的贡献。

三、教学目标

1. 课程教学目标

党的二十大报告指出，中华优秀传统文化源远流长、博大精深，是中华文明的智慧结晶。高校课堂是学生了解中国优秀财税文化的重要"阵地"。传承中国传统财税文化，讲好中国财税故事，需要走进高校课堂，充分发挥高校课堂教学的主渠道作用。本课程旨在通过教学，使学生学习中国历史上优秀的财税思想，从中总结治国理财的历史经验，传承和弘扬优秀财税文化，讲好中国故事，激发学生的民族自豪感，拓宽学生的财税文化视野，使学生树立经世济民、为国理财、为民谋利的理想、信念，提高学生分析和解决国家财税问题的能力，为推进国家财政治理体系和治理能力现代化培养优秀的人才。

2. 思政育人目标

本课程自身具有天然的课程思政属性。结合课程本身的特点，本课程旨在全方位、多角度阐释中国财税文化的财税思想和价值理念，提高学生的综合素质。教师应认真钻研教学内容，深入挖掘思政元素，并将之有机融入课程教学，科学合理地拟定教学大纲和设计教学方案。

四、教学实施过程

本案例的教学实施过程分课前、课中和课后三个环节。

1. **课前环节：依课程教学内容和教学目标挖掘课程思政元素**

结合中国历史上经典的财税思想挖掘课程思政元素。例如，任何财税思想都不是凭空产生的，其背后都有时代背景，包括政治、经济、文化因素，国内外形势等，教师可以借此引导学生形成历史唯物主义和辩证唯物主义世界观。再如，任何一次财税改革本身都是一门学问，若财税改革适应生产力的发展，就能够促进生产力的发展，相反则不能。又如，在讲到春秋战国时期的财税思想时，教师可以在备课环节准备关于"商鞅变法""管仲的轻重论"等相关视频资料，直观形象地呈现财税思想。

2. **课中环节：将课程思政元素有机嵌入教学过程**

在讲到学习"中国历史上经典的财税思想"的重要性时，教师首先提出"治国重在理财，理财需要明确的财税思想"，并引用《习近平谈治国理政》中大量的有关传承中华优秀传统文化重要性的论述，与学生加强教学互动，引导学生思考：习近平总书记为什么说文化兴国运兴，文化强民族强？如何理解习近平总书记提出的"以人民为中心的发展思想"？

教师讲解春秋战国时期理财家的财税思想时，应适时地穿插一些值得后人汲取的经验教训，启发和引导学生进一步思考：为什么商鞅、吴起等理财家最后的下场都很悲惨。引导学生认识和思考如下问题：进步的财税改革，必然会侵犯社会某些阶层的既得利益，因而往往会遭到他们激烈的反抗，有的改革家甚至付出了生命的代价。今天的财税改革依然需要改革家具有大无畏的勇气和智慧。本课程通过将课程思政元素有机地融入课堂教学，培养学生的家国情怀，达到为国家培养人才的目的。

3. **课后环节：引导学生进一步思考经典财税思想的历史启示**

经典财税思想凝结着古代理财家丰富的治国理财的经验和智慧，承载着中华民族的价值观念和精神追求。基于此，我们建议教师在课后给学生布置作业，引导学生进一步思考经典财税思想的历史启发,并引导学生分享自己的思考,师生共享学习和研讨的成果。就本案例而言,学生讨论和思考的问题可以有:阅读历史典籍《周礼》,分析《周礼》中的财税文化,并思考《周礼》中有哪些经典的财税思想可供我们借鉴?有哪些经典财税思想值得后人借鉴?《周礼》对我国当前的财税体制改革有哪些历史启示?

上述做法,不仅提高了学生关于学习中国古代经典财税思想重要性的认识,而且提升了学生的素养。

五、案例反思

1. 进一步培养和提升教师的课程思政教学能力

教师是实施课程思政教学的主体和前提,课程思政教学要求教师具备广阔的学科视野与复合型知识结构,培养和提升专业教师课程思政建设的意识与能力是实施课程思政教学的关键。教师的课程思政教学能力主要包括:课程思政的教学基本能力、教学理解能力、教学实施能力以及教学自我评价与改进发展能力。

2. 丰富教学内容,持续提升课堂教学的趣味性

中国传统财税文化博大精深,需要教师坚持历史与实际相结合的原则,搜集丰富的史学资料、历史文献、历史典故、理财家的经典治国理财故事等来丰富教学内容,以克服财政史课程枯燥单调的不足,调动学生学习财政史的兴趣。应注重能力培养,能给予学生思考、创新的启迪,从而将理论教学与对学生能力的培养和价值观的塑造融为一体。

3. 不断探索和创新教学方式和方法

将中国传统财税文化相关的课程思政元素融入教学过程各环节,应采取恰当的教学方式和方法,将课程思政元素融入教学内容,对学生的思政教育应以"润物细无声"的方式展开。本课程既具有历史学特点,又具有财政史学的特定要求,需要教师在教学实践中不断完善和创新教学方式和方法。教师可以采用多种教学方式和方法,如问题教

学法、课堂讨论法、情景体验法、案例教学法、对比分析法和线上线下混合式教学法，也可以通过展示图表、视频、图片、实物等教学手段，激发学生求知欲，提高学生的积极主动性，引导学生主动搜集资料、寻找答案、澄清概念、领会知识，培养学生独立思考的能力；也可以利用中国大学 MOOC 网络教学平台的高信息量性、全方位性、渗透性、超时空性和互动性，促进教与学的积极性和主动性，不断提升课程教学效果。

六、教学效果

1. 总体评价

以往在谈论思政内容时我们经常会感觉单调、空泛且与实际结合得不够紧密。在本课程的教学实践中，我们发现，通过将课程思政元素与中国传统财税文化的实际教学内容进行深度融合，可以使思政内容变得鲜活而具体，有助于学生更为直观地了解、掌握并消化吸收课程思政所倡导的理念和情怀，有效激发学生学习兴趣。课堂上学生注意力集中，师生互动积极，气氛活跃有序；学生很好地掌握了课堂所学知识，其分析问题、解决问题的能力，以及社会责任意识、思想道德素质都得到了明显提高。

2. 对教师的评价

对教师的评价主要侧重于教师的课前准备、教学过程和教学效果。课前准备评价主要看教师对中国传统财税文化发展的历史脉络、特点和规律的基本内容的准备和对各章课程思政元素的挖掘和提炼。对教学过程的评价主要是看教师是否采取了恰当的教学方式，是否将课程思政元素自然地融入教学内容中，对学生的思政教育是否以"润物细无声"的方式展开。对教学效果的评价主要通过学生评教和教学督导评教的方式展开，应将评教结果及时反馈给教师，教师根据教学反馈建议进行实质性改进和完善，最终达到师生互动、教学相长的目的。

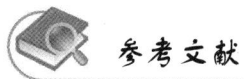

参考文献

本书编写组，2007. 中国古代税收思想史[M]. 北京：中国财政经济出版社.
赵兴罗，2023. 中国式现代化进程中传统优秀财政精神的传承[J]. 财政监督（21），11-17.
赵兴罗，等，2017. 中国财政思想与制度沿革专题研究[M]. 北京：经济科学出版社.

深悟新时代中国金融发展之路

金融学院　冀志斌

 案例概述

"货币金融学"课程是金融学类专业的基础课，主要讲授货币和金融学的基础知识、金融体系整体框架、货币均衡与宏观经济，以及货币政策框架等内容。本课程在知识点的讲解过程中，密切联系我国高质量发展、数字经济战略、金融供给侧结构性改革、转型金融发展，以及防范化解金融风险等国家战略和相应的政策措施。同时，本课程带领学生走进金融机构实地参访，让学生在构建完整的货币金融学知识体系的同时，深刻领悟新时代中国金融发展之路的必然性、科学性和优越性，从而更加坚定"四个自信"，增强国家意识和法治意识，形成正确的职业伦理与道德观。

一、基本信息

课程名称：货币金融学

授课对象：金融学类专业本科生

使用教材：《货币金融学（第五版）》，朱新蓉，中国金融出版社

学习内容：了解中国特色金融机构、市场、业务、监管、调控与制度

教学课时：64课时

二、课程思政教学整体设计思路

本课程采用课堂讲授与课外独立作业、实地参访相结合的多元模式融合的课程思政教学整体设计思路。

具体来说，课堂讲授时，教师应选择与课程模块、知识点密切相关的思政内容，将其自然而然地融入课程内容，旨在让学生在学习专业知识的同时，深切感受到中国特色金融机构、市场、业务、监管、调控与制度等方面的必要性和科学性。因此，教师在选择思政内容时，需特别注重内容的相关性和代表性；课堂讲授要具有顺理成章、润物无声的特点。

安排课外独立作业时，教师应通过典型案例训练学生运用专业知识分析、解决现实问题的能力，同时使学生感受到中国特色金融体制的优越性。教师在选择案例时要特别注重思辨性、代表性和现实性。此外，案例分析的结论应结合授课进度适时进行课堂展示，分享成果。

带领学生走进金融机构实地参访，是增强学生对中国特色金融发展之路的感性认识，培养学生的团队合作能力的重要环节。教师在选择要参访的金融机构时，应注重业态的多元化；参访活动内容的设计，应注重意识和能力培养的针对性。参访时通过与从业人员的交流，让学生们感受到"金融强国建设有我"的责任感。

三、教学目标

1. 课程教学目标

本课程是金融学类专业的基础课，学生应通过学习掌握货币与金融的基础理论和基本知识，了解货币金融理论的研究前沿和实务发展动态，掌握金融学科的理论脉络和专业知识架构，奠定深入学习后续专业课程的坚实基础，并具备分析现实货币金融形势和设计基本投融资解决方案的能力。具体来说，课程教学目标有以下几个。

（1）掌握货币功能与信用机制、利率与汇率形成及变动效应、各类金融市场功能与运行、货币供求与货币政策执行、金融监管与金融稳定等知识，并将其框架化。

（2）了解现代货币理论、系统性金融风险理论等前沿理论，以及数字货币、金融科技、多层次资本市场等实务动态。

（3）能够分析我国金融体制演进成因和路径。

（4）能够为特定企业和家庭提供基本的投融资解决方案。

2. 思政育人目标

通过本课程的教学，让学生深刻领悟新时代中国金融发展之路的必然性和科学性，使学生更加坚定"四个自信"，助力学生适应新时代经济社会高质量发展需要，为学生成为了解国际趋势，熟悉中国国情，拥有深厚经济金融理论素养，具有高超金融业务实操能力的中国特色"数字化、融通化、国际化"卓越金融人才打下基础。

四、教学实施过程

在每学期期初的课程规划协调会上，教师应精准对标思政育人目标，集体讨论决定纳入本课程的思政元素。教师在授课过程中应严格认真实施计划。

为了将课程思政元素有机融入课程内容，首先应确保所选课程思政元素与课程内容密切相关。其次，在将课程思政元素引入课堂时，可以将其作为例证或理论联系实际环节的内容，做到润物无声。

在教学方法上，一是教师应在课堂讲授中自然引入思政内容，二是让学生将对思政内容的分析作为课下作业或课堂展示，三是走进金融机构实地参访。应通过多种方式，保证课程思政元素有效融合于专业知识的学习中。

本课程的思政教育覆盖所有课程内容板块，具体安排见表1。

表 1 具体安排

课程内容板块	课程思政元素
货币及货币制度	数字人民币的意义，目前的试点情况，未来的使用展望
信用	中国的普惠金融、绿色金融、科技金融政策及其意义
利息与利率	中国贷款市场报价利率（LPR）改革的意义，常备借贷便利（SLF）、中期借贷便利（MLF）创新及其作用
金融体系	中国金融供给侧结构性改革，改善融资结构、提高直接融资比例的意义
金融机构	银行理财子公司设立、民营信用机构创立的意义
金融市场	多层次资本市场建立的意义，全面实行股票发行注册制的意义
货币供求	数字人民币满足货币需求的意义
货币均衡	防范化解系统性金融风险的意义，宏观审慎监管框架的实施
货币政策	结构性货币政策与高质量发展的关系

为了保证思政教育的效果，除课堂讲授部分引入课程思政元素外，本课程还通过课后作业或课堂展示的形式，让学生分组协作，对涉及的思政内容进行分析。通过亲自搜集资料、形成文字、制作课件等过程，教育效果能得到明显提升。小组作业安排见表2。

表2 小组作业安排

小组	题目
1	数字人民币的应用前景分析
2	投资渠道及代表性家庭投资策略设计
3	银行间同业拆借利率（IBOR）改革的最新进展及其评价
4	中国银行主导的金融体系的优劣势分析
5	商业银行如何实现数字化转型
6	中国多层次资本市场的特点及效果
7	金融新业态发展现状及前景分析
8	中国的宏观审慎政策框架及其效果
9	中国结构性货币政策的实施和效果

本课程还创造性地开设了与金融实务部门合作的"同育课堂"课程思政模式。教师利用课余时间，带领学生走进金融机构，与实务专家面对面交流，了解我国金融实践的最新动态和相关政策。目前，与本课程开展"同育课堂"课程思政的合作机构有四家，具体情况见表3。

表3 "同育课堂"课程思政合作机构

序号	合作机构
1	华泰证券湖北分公司
2	诺亚财富武汉分公司
3	武汉光谷联合产权交易所
4	中国建设银行湖北省分行"金融教育示范基地"

五、案例反思

本课程通过两种方式检验课程思政教学效果：一是通过考试进行检验，在期末考试试卷中，有30%的分值涉及课程思政的内容；二是通过作业完成情况进行检验，授课教师对每组的作业或展示完成情况进行打分，计入课程的平时成绩。

截至目前，本课程的思政教育内容选取精准、教学方法得当、教育成效良好。本课程组将进一步探索创新性课程思政模式，不断提高教学效果。

六、教学效果

本课程通过理论知识与思政内容结合的课堂讲授、中国特色案例的课堂展示以及带领学生赴金融机构参访交流等多元化教学模式，大大提升了课程思政的教学效果，实现了本课程的预期教学目标。

具体来说，一是结合思政内容对理论知识进行讲解，引导学生思考新时代中国金融机构、金融市场和金融体制的特点和优势，了解中国特色现代金融体系的优越性；二是选择与课程内容相关的中国金融市场发展中的典型案例，通过让学生分析和展示，使学生形成批判性思维，提高学生独立思考和解决问题的能力，并且熟悉国家政策和金融法规，增强学生的国家意识和法治意识；三是带领学生走进金融机构，与从业人员面对面沟通交流，加深学生对金融知识的理解，培养他们的团队合作能力、创新能力、职业道德和社会责任。同时，教师在整个教学过程中积极发挥示范作用，通过自己的言行影响学生，传递了正能量。此外，本课程的"同育课堂"课程思政模式还在一定程度上引起了社会的关注，校内外多家媒体对其进行了宣传报道，充分发挥了示范引领作用（图1）。

图1 媒体对本课程"同育课堂"课程思政模式的报道

追本溯源，树立正确的利率决定观

金融学院　吴建军

 案例概述

"投资学"课程依托国家级一流本科专业平台，紧跟学科发展前沿，在丰富国家级精品资源共享课及国家级一流本科课程的基础上，强化思政教学。本课程在教学过程中，结合经济社会发展状况，理论联系实际，精心设计和组织课前、课中、课后等教学环节，不断完善教学案例，将最新案例和经典案例融入课堂教学，力争做到知识传授和价值引领相统一。本课程坚持知识、能力、素质有机融合，提高学生解决复杂问题的综合能力，引导学生形成创新思维，提高职业素养。本课程的思政教学，有助于学生加深对专业理论知识的理解，提高专业能力及职业素质，增强使命感，树立求真、溯源、尽责的价值观。

一、基本信息

课程名称：投资学

授课对象：金融学类、财政类、工商管理类、经济学类专业本科生

使用教材：《投资学（第五版）》，张中华，高等教育出版社

学习内容：利率的决定

教学课时：1课时

二、课程思政教学整体设计思路

利率的决定是投资学乃至经济学的重要理论命题，马克思在其巨著《资本论》中对古典经济学派关于"利率的决定"的观点进行了扬弃，得出了更为科学的研究结论。之

后，西方学者根据供求分析理论从表象出发，较为肤浅地解释了利率如何决定这一问题，并未深入讨论问题的本质。从经济运行的角度看，利率是影响实体经济及金融市场的重要变量，近年来我国也一直在推进利率市场化改革。

本课程的教学，可以使学生了解马克思及西方学者关于"利率的决定"的观点及其论证过程。针对"利率的决定"这一教学主题，授课教师融入以下课程思政元素：首先，利用讲授与讨论的方式，引导学生将马克思与西方学者关于"利率的决定"的观点进行对比，使学生树立正确的利率决定观；其次，由利率引申出复利，借助具体案例讲解复利效应，引导学生建立正确的投资思维，同时也指出坚守职业道德是获取长期回报的必要条件；最后，通过讲解利率、投资、储蓄之间的内在逻辑，理论联系实际，指出利率市场化对于促进经济结构转型的重要意义。教师可以以此为基础，结合市场化改革的有关精神，重点讲解我国发展直接融资对于利率市场化的作用。

三、教学目标

1. 课程教学目标

"投资学"课程教学的基本任务是使学生从总体上把握实物投资、证券投资、宏观投资的内容体系，熟悉投资运行的基本规律，较好地掌握投资活动的基本分析方法，并能够应用相关理论进行投资实践、分析实际经济问题。学生通过对本课程的学习，可以为今后有关的专业课程学习打下坚实的基础。

2. 思政育人目标

本课程的思政育人目标主要包括三个方面。

第一，本课程坚持理论联系实际及价值引领，通过现实案例提高学生分析及解决问题的能力。培养学生的家国情怀，使学生坚定中国特色社会主义道路自信。

第二，通过理论讲解与案例教学，引导学生树立科学的投资理念，塑造正确的世界观、人生观和价值观。

第三，通过分析微观投资行为与宏观经济发展的关联，增强学生的职业道德感，培养学生的社会责任意识。

四、教学实施过程

1. 追本溯源：马克思的利率决定观

本课程首先运用假想事例引出利率由生产力决定的观点，进而指出马克思关于利率主要受利润率影响的观点所具有的科学性。在此基础上，以点带面，使学生理解马克思在《资本论》中深入问题本质的分析范式，引导学生在今后的学习及工作中善于用马克思的研究方法分析经济现象。同时，教师可以结合经济主体的行为，联系经济运行过程，指出西方学者关于利率由资金供求关系决定的观点的不足之处。

本节课程的教学内容由一个假想事例引出：假想一群船员因为沉船漂到一个荒岛上，他们知道没有获救的希望，荒岛上也不生产任何食物，他们的生存只能依赖于每人所带的不会腐烂的硬面包。在这种情形下，荒岛上借贷硬面包的利率必定等于零。如果利率大于零，则没有船员借入硬面包，因为将来要归还更多的硬面包。如果利率小于零，则没有船员借出硬面包，因为将来会得到更少的硬面包。因而，利率只能为零，但船员之间并不会有借贷，每个人都只消费自己随身所带的硬面包。利率为零的原因是荒岛上的生产力为零。同理，如果这些船员随身所带的是易于腐烂的无花果，例如，假设今天的五个无花果明天会腐烂一个，变成四个，那么，荒岛上的借贷利率必然是 -20%，大于 -20% 将没有船员借入，因为今天借入五个，明天归还的数量会大于四个；如果利率小于 -20%，则没有船员借出，因为今天借出五个，明天得到的数量会小于四个。同硬面包的情形一样，荒岛上同样不会有借贷，船员们还是吃自己的无花果。无花果的借贷利率之所以为 -20%，正是因为无花果的生产力或收益率是 -20%。

运用硬面包与无花果的例子向学生指出，在严格的假定及逻辑下，资本的生产力（或收益率）是利率的重要决定因素，人们对于利率高低的主观判断也会随着生产力的变化而加以调整。这一观点在现实中也得到了证实，资本的生产力较高的国家利率一般较高，而资本的生产力较低的国家利率一般较低。

在讲述假想事例的过程中，向学生提问：在这两种情形下，荒岛上的利率各是多少？并引导学生假想自己就是船员这一经济主体时，愿意付出或愿意索取多高的利率。这种站在经济主体的角度思考经济问题的方式，有利于帮助学生发现真正的经济规律。另外，这个假想事例也可以培养学生在经济分析中从极端情形推广到一般情形的能力。

硬面包和无花果的例子表明，利率受生产力的影响，当生产力发生变化时，利率也随之发生变化。在授课过程中，结合学生的知识积累，让学生回忆马克思关于利率决定理论的分析过程及观点：利息是剩余价值的一种转化形式，利率受利润率的影响。

结合以上讲解，为了促进学生深度思考，要求学生完成课后作业：利率不是由资金供求关系决定的，但利率又是一个价格，那么这个价格是由什么样的供求关系决定的？

2. 树立投资思维，追求长期回报

利率由生产力决定，那么，利率的高低对投资的启示又是什么？以中国近年来的高速经济增长为例，向学生提问：如果中国的 GDP 年增长率是 6%，那么 GDP 经过几年翻一番？如果是 10%，则需要几年翻一番？从而引出投资学的一个重要的概念——复利。

之后，运用叠纸的例子说明复利的威力。假定 1 万张纸叠在一起是 1 米厚，那么一张纸连续折叠 51 次有多厚？答案是约为 2.25 亿千米，这个厚度约为地球到太阳距离的 1.5 倍。以这个例子引出"72"法则，即特定的年平均收益率乘以 N 等于 72%，N 就是本金翻倍所需要的年份。在此基础上，让学生计算，一个人在 30 岁时，投资了 10 万元，年平均收益率是 12%，那么到 60 岁时，这笔投资将变成多少钱？如果不是在 30 岁，而是在 24 岁时投资 10 万元，这笔投资在 60 岁时又会变成多少钱呢？如果年平均收益率变为 18%，又会变成多少钱？通过以上具体的计算让学生深入领会复利的威力，从而理解巴菲特的名言：人生就像滚雪球，最重要的是发现很湿的雪和很长的坡。"很湿的雪"就是尽力寻找收益率高的投资标的，"很长的坡"就是投资年限要足够长。启发学生避免投机思维。在投资时，我们必须深入了解投资标的的本质，发现真正具有生产力的投资标的，这样即使短期收益率不是特别高，但在长期，也可以获得相对丰厚的投资回报。

3. 学以致用：理论联系实际

以上关于"利率的决定"的分析是基于完全市场化的情形，但是，中国的利率市场化进程还未最终完成。金融与实体经济之间的关系也是理论界与实务界所关注的重要问题，无论是间接融资还是直接融资，都绕不开利率这一核心变量。依据理论联系实际的指导思想，本课程将在最后探讨中国利率市场化的路径。如前所述，在市场化的条件下，无论是货币创造的发起者——贷款方，还是货币创造的中介——商业银行，都将自发决定贷款利率的高低，再由贷款利率决定存款利率。但在现实中，利率受到众多因素的影响，例如，贷款方与商业银行的产权性质及公司治理结构，中央银行的货币政策及监管措施，等等。因而，贷款方或投资方以及商业银行的市场化改革是利率市场化的一个重要前提。同时，央行及其他监管部门的有效调控也会防止经济主体对于经济前景过度乐观或过度悲观，从而使利率处于相对平稳的状态。另外，大力发展直接融资也将对利率市场化产生重要的影响。因为对于资金需求方来讲，既可通过商业银行经由货币创造获得资金，也可以通过资本市场经由货币转移获得资金，所以资本市场与商业银行会形成竞争关系，这种竞争，将使作为资金成本的利率更为市场化。

在以上背景下，为提高学生综合思考的能力，教师应引导学生结合时政，理解"完善资本市场基础制度"的重要意义。发展直接融资是高质量发展的客观要求，同时，对于利率市场化，进而对于提升资源利用规模及配置效率也具有重要作用。

总体来说，教师在教学过程中，应尽量使导入的案例贴近现实，引导学生站在案例中经济主体的角度想问题；培养学生深入思考的能力，引导学生最大限度地追究问题的实质。在课程思政建设中，本课程根据相关的思政教学内容，创新性地策划教学方式，将思政教学融入学生的课程学习之中，以春风化雨、润物无声的方式加强课程思政教育，使其与专业教育形成协同效应，实现全方位育人的目标。

五、案例反思

首先，本课程从教学内容和教学目标中挖掘思政映射与融入点。本课程保持了实物投资研究的传统优势，并根据资本形态的演化规律，以实物投资为研究基础和出发点，将研究内容扩展到了证券投资领域，形成了特有的以产业投资、证券投资和宏观投资的基本知识、基本理论和基本方法为主体的课程体系。在研究对象兼具实物投资和虚拟投资的同时，本课程科学合理地拓展了教学内容的广度、深度和温度，实现价值塑造、知识传授、能力培养的内在统一。中国经济制度表现出的优越性，为本课程的课程思政内容提供了重要的理论思想根基。与此同时，我国近年来发展多层次资本市场体系的宏观政策背景，以及不断强调"提升金融服务实体经济质效"的经济现实，也为本课程的课程思政内容提供了重要的实践依据。基于此，我们在从教学内容和目标中挖掘课程思政元素时，结合金融市场运行中所出现的问题以及矛盾，认为本课程应当在引导学生建立正确的投资观念，增强职业道德感、社会责任感的基础上，促进学生了解世情、国情、党情、民情，增强学生对党的创新理论的政治认同、思想认同、情感认同，坚定中国特色社会主义道路自信、理论自信、制度自信、文化自信。

其次，本课程通过充实思政案例素材和创新教学方式探寻课程思政实现路径。在教学过程中，选取能够体现习近平新时代中国特色社会主义思想以及我国现阶段投资实践的现实案例，并运用"翻转课堂""SPOC课程"等方式引导学生自主思考。本课程的课程思政教学一改以教师讲授为主的特点，注重以学生为中心，鼓励学生自主学习，引导学生树立正确价值观、投资观，将社会主义核心价值观内化为精神追求，外化为自觉行动。

最后，本课程通过建立过程与结果、教师与学生的多维考核机制检验课程思政教学效果。课程思政教学改革不仅要求有针对性地调整原有的教学方案和教学方法，还要求建立符合课程思政教学规律的教学效果考核机制。不仅应考核学生的接受程度、学习效果，同样也应当考核教师课程设计的合理性以及教授过程的科学性。本课程拟在课堂讨论及课后作业中增加对课程思政元素的考察，在教学过程中动态了解学生的学习状况，及时调整课程设计。同时，本课程将强化思政学习总结，在期末考试中增加融入课程思政元素的试题，考察学生的学习效果。此外，本课程拟采用同行专家评议以及学生线上评价的方式考察教师课程设计的合理性及科学性。

六、教学效果

开展课程思政教学改革以来，本课程取得了以下具体成效。

第一，丰富了教学案例资源库。在显性教育与隐性教育相统一原则的指导下，深入挖掘本课程的课程思政元素，极大地丰富了教学案例资源库。

第二，创新了教学考核方式。在课程思政建设中，根据相关的思政教学内容，创新性地策划教学方式，将课程思政教学融入学生的课程学习和课后练习之中，以春风化雨、润物无声的方式加强课程思政教育。

第三，提高了教学成效。课程思政教学在发挥价值引领作用的同时，也与专业教育形成协同效应，实现了"价值塑造、知识传授、能力培养"的全方位育人目标。

 参考文献

菲歇尔，1999，利息理论[M]. 陈彪如，译. 上海：上海人民出版社.
凯恩斯，2021，就业、利息和货币通论[M]. 高鸿业，译. 北京：商务印书馆.
马克思，2013，资本论[M]. 何小禾，编译. 重庆：重庆出版社.

坚守经世济民初心，勇担金融人才使命

金融学院　白小滢

 案例概述

"金融的使命是服务好实体经济"。投资银行作为中外证券业的主要金融机构，在证券发行、交易，资本市场操作和并购等方面承担了重要的资本市场职能。然而，2008年由美国投资银行在房地产领域的过度金融创新和规避监管等违法违规行为引发的国际金融危机导致了全球范围内的经济衰退。因此，教师在梳理投资银行学的知识时，应将课程思政元素有机融入教学内容，实现价值引领与知识传授的柔性对接，达到"润物细无声"的教学效果。本课程从课程教学内容的内在逻辑出发，运用学生喜闻乐见的话语方式，通过案例式、探究式、体验式教学让课堂"活"起来，不仅能让学生主动学习投资银行学的专业知识，也能发挥课程思政的隐性教育功能，引导学生产生情感共鸣，从而实现思想引领、价值塑造的目标。同时，教师应增强课程思政育人自觉，在培养学生知识技能的同时，当好"大先生"，在潜移默化中帮助学生塑造正确的价值观。

一、基本信息

课程名称：投资银行学

授课对象：投资学专业本科生

使用教材：《投资银行学：理论与案例（第3版）》，马晓军，机械工业出版社

学习内容：投资银行的核心业务及其在资本市场中的关键作用

教学课时：48课时

二、课程思政教学整体设计思路

本课程以"金融的使命是服务好实体经济"为主旨,讲授投资银行的核心业务及其在资本市场中的关键作用。本课程通过深入剖析金融危机的成因与影响,深化学生对金融创新与监管平衡的认识,强调在追求金融发展的同时,必须坚守风险控制和合规性原则,以确保金融市场的稳定与可持续发展。

在教学过程中,本课程着重突出三个方面的思政内容。

一是通过剖析投资银行在助力国企改革、提升其活力与效率方面的积极作用,向学生展示投资银行在推动国家经济发展中所承担的重要责任和发挥的强大力量,引领学生深刻领悟投资银行服务于实体经济的使命和应有的社会担当。

二是聚焦于中美投资银行的使命和功能,通过比较,深入分析它们在各自国家经济发展和战略实施中的不同角色和作用,进而帮助学生深刻认识中国投资银行在促进产业升级、服务实体经济、维护国内市场稳定与发展中的关键作用。

三是通过探究投资银行专家的职业经历和故事,深入解读其在职业道德、责任担当、创新精神等方面所展现的卓越品质,激励学生坚守经世济民的初心,勇担金融人才使命,为实现中华民族伟大复兴的中国梦贡献智慧和力量。

课程教学各环节的重点包括以下几个。

(1)在课前准备环节,根据课程主题结合思政内容设置课前思考题,指导学生提前搜集相关文献,引导学生根据思考题进行课前阅读和预习。

(2)在课中讲授环节,系统地将课程思政元素融入课程内容,通过案例式、探究式、体验式教学方法,实现知识传授与价值引领的结合,在培养学生专业能力的同时,塑造学生的价值观。

(3)在要点总结环节,根据学生回答和讨论的情况,及时地释疑解惑,总结课程内容的核心和要点,结合思政内容布置课后阅读文献和作业,引导学生在课后进行拓展学习和研究。

三、教学目标

1. 课程教学目标

（1）知识目标。使学生对传统及创新的投资银行业务有一个清晰、透彻的认识，系统掌握现代投资银行机构各项业务运作原理。

（2）能力目标。一是培养学生的理论能力和实践能力。投资银行学要求学生具备扎实的金融理论知识基础，以及在实际操作中能够灵活运用这些理论知识解决问题的能力。二是培养学生的团队合作和沟通能力。投资银行的工作需要与各种不同背景和专业的人合作，因此学生需要具备良好的团队合作和沟通能力。三是培养学生的创新思维和解决问题的能力。投资银行的工作环境变化很快，学生需要具备创新思维和解决问题的能力。

综上，本课程的课程教学目标是学生能全面发展并具备成为优秀投资银行从业者所需的能力。

2. 思政育人目标

一是引导学生形成正确的价值观。第一，诚信与正直。诚信与正直是投资银行业务的基石，从业人员应始终坚持这一原则，不以不道德手段从事业务。第二，专业与责任。投资银行业务要求从业人员具有高度的专业素养，掌握行业知识和技能，遵守规章制度。

二是引导学生勇担金融人才使命。投资银行的职责是为实体经济提供投融资服务，教师应让学生充分认识到投资银行是为实体经济服务、促进国家经济发展的金融机构，勇担金融人才使命。

三是引导学生了解国情民情、关注社会责任。投资银行学要求学生关注现实，了解和思考现实问题并在实际工作中积极承担社会责任，解决实体经济发展中存在的问题。

四、教学实施过程

教学实施过程的整体框架见图1。

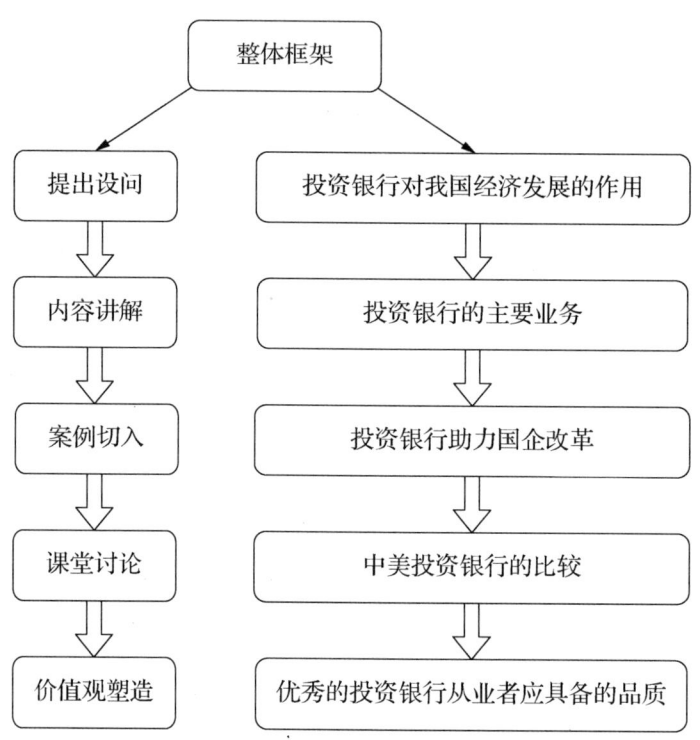

图 1　教学实施过程的整体框架

（一）环节一

【提问】投资银行对我国经济发展的作用是什么？

【学生任务】搜索投资银行发展史的相关资料，了解其与商业银行的关系，思考投资银行的功能。

【背景导入】全球经济形势不稳定性、不确定性上升。当前，世界经济仍未从新冠疫情的严重冲击中恢复，加之俄乌冲突、能源危机等多重因素影响，不少经济体经济增长放缓，甚至面临衰退。而我国产业结构持续优化，新动能新优势不断聚集增强，高质量发展取得积极成效。实体经济是我国发展的本钱，是构筑未来发展战略优势的重要支撑。

【内容导入】 投资银行与商业银行的关系分为四个阶段：早期的自然分业阶段、19 世纪末至 20 世纪初期的自然混业阶段、20 世纪 30 年代后的现代分业阶段、20 世纪 70 年代以来的现代混业阶段。我国投资银行的发展经历了 1979—1989 年的萌芽阶段、1990—1999 年的早期发展阶段、2000—2009 年的规范发展阶段以及 2010 年至今的创新发展阶段。

【结论】 投资银行是为实体经济服务的。投资银行在现代社会经济发展中发挥着沟通资金供求、构造证券市场、推动企业并购、促进产业集中、优化资源配置等重要作用。

（二）环节二

【提问】 投资银行的主要业务有哪些？这些业务的运作机制是什么？

【学生任务】 搜索相关案例，了解投资银行业务的种类、运作机制和各自的作用。

【背景导入】 1979—1989 年，这一时期，中国的金融市场还相对闭塞，投资银行业务起步较晚。1990 年，中国证券市场迎来了股票交易的新一轮繁荣，投资银行开始逐渐崭露头角。1990—1999 年，在此期间，中国的金融市场逐渐开放，证券市场和资本市场开始迅速发展。1992 年，中国证监会成立，监管体制开始完善。投资银行业务也日渐成熟，包括承销发行、并购重组、资产管理等。2000—2009 年，投资银行业务开始涉及更广泛的领域，如资产证券化、私募股权投资、境内外上市等。2010 年至今，这一时期，中国的金融市场进一步开放，资本市场改革不断深化。投资银行业务继续发展壮大，在债券市场、股权市场、并购市场等领域的发展潜力逐渐释放。

【内容导入】

1. 投资银行的承销发行业务

内容：投资银行承销发行业务的运作机制。

作用：为企业融资提供渠道，实现企业和投资者的双赢。

2. 投资银行的资产管理业务

内容：投资银行的资产管理业务的运作机制。

作用：帮助企业进行资产配置、风险管理、资金流动性优化。

3. 投资银行的并购重组业务

内容：投资银行的并购重组业务的运作机制。

作用：促进企业成长、优化资源配置、实现战略转型。

4. 投资银行的资产证券化业务

内容：投资银行的资产证券化业务的流程。

作用：帮助企业筹集资金、优化资产、管理风险。

（三）环节三

【提问】投资银行可以帮助解决国企的哪些痛点？

【学生任务】搜索新闻资讯"国有企业问题探源与改革策略"；观看《绝境求生》等相关纪录片。

【背景导入】2020年6月，《国企改革三年行动方案（2020—2022年）》拉开了国企改革三年行动的大幕。三年的国企改革行动成果显著，中国特色现代企业制度和国资监管体制更加成熟定型，国有经济布局优化和结构调整取得明显成效，国企活力和效率提升取得明显成效，该行动方案确定的重要改革任务全面高质量完成。随着国企改革三年行动的圆满收官，党的二十大对深化国企改革提出新要求，2023年，国务院国资委党委发表文章《深入实施国有企业改革深化提升行动》，这是面向新时代新征程作出的一项全局性、战略性重大部署。在新一轮的国企改革中，投资银行扮演着重要角色，发挥着关键作用。

【内容导入】

1. 融资支持

投资银行可以通过发行债券、股权融资、并购重组等方式为国企提供融资支持。这可以帮助国企解决资金短缺问题，支持其进行改革和转型升级。

2. 产权重组

投资银行可以提供专业咨询和中介服务，协助国企进行产权重组；可以通过引入战略投资者、优化资产配置，改善国企治理结构，提高国企效率和竞争力。

3. 资产管理

投资银行可以提供资产管理服务，通过优化资产配置、提高资产效益，帮助企业实现资产负债平衡和价值最大化。

【结论】投资银行在国企改革中发挥了多重作用。

（四）环节四

【提问】中美投资银行的使命和功能有哪些区别？主要服务对象有何异同？在国家经济发展中的作用有何异同？

【学生任务】搜集"美国次贷危机"相关资料；了解中国和美国投资银行的使命和功能。

【背景导入】投资银行作为金融市场中的关键角色，不仅参与企业融资和并购重组，更承担着引导经济发展方向、促进产业升级和优化金融市场的责任。中美作为世界两大经济体，其投资银行的使命和功能随着国家经济体制、市场环境及金融法规的不同而呈现出多样化的特点。在这个背景下，我们将聚焦于中美投资银行的使命、功能和服务对象，深入探讨其在国家经济发展中的重要作用。

【内容导入】

1. 中国投资银行的使命、功能和服务对象

使命：中国投资银行主要关注国家实体经济发展，致力于支持国企改革、推动产业升级、促进经济结构调整。

功能：包括资产重组、产业投资、资本运作等。

服务对象：以服务国家发展战略和实体经济的需求为主。

2. 美国投资银行的使命、功能和服务对象

使命：美国投资银行更加注重金融创新和国际金融市场的发展，致力于推动全球资本市场的融合和创新。

功能：包括股票发行、债券交易、并购重组等。

服务对象：以满足市场多元化、高效化的金融服务需求为主。

3. 中美两国投资银行在国家经济发展中的作用

中国投资银行在国内经济发展中承担着推动产业升级和服务实体经济的重要角色，对于国内市场的稳定和发展具有重要影响力。

美国投资银行是全球金融市场的重要参与者和引领者，对于国际资本流动和金融产品创新具有深远影响。

（五）环节五

【提问】优秀的投资银行从业者应具备什么品质？

【学生任务】搜集投资银行专家的相关经历和故事，深入了解他们的职业生涯故事，解读其在职业道德、责任担当、创新精神等方面的品质，撰写心得体会。

【学生任务】搜索关键词"投资银行专家""职业道德""社会责任""创新精神"。

【内容导入】

1. 职业道德

（1）投资银行从业者在处理资本市场交易时必须遵循法规和道德准则，坚持透明和诚信等原则。

（2）投资银行从业者在处理重大决策时必须始终坚守职业道德底线，确保客户的利益最大化，同时维护市场的稳定和健康发展。

2. 社会责任

（1）投资银行从业者应该深刻理解国家经济发展情况，积极参与国家重点领域的发展项目。

（2）积极参与金融市场的监管和风险管理工作，维护金融市场的稳定和健康发展。

3. 创新精神

（1）不断创新金融产品和服务，满足国家经济发展的需要，推出适应市场需求的金融服务，促进经济发展。

（2）积极探索和建立与其他金融机构、企业和创新平台的合作关系，共同推动国家经济的发展。

（3）创新风险管理和监管机制，提高对金融风险的识别和控制能力，降低金融风险对国家经济的影响。

五、案例反思

一是理论知识与课程思政元素相结合是投资银行学思政教学的关键。在教学内容方面，将投资银行学理论知识与国家发展战略相结合，突出投资银行在国家经济发展中的重要作用，引导学生深刻理解金融行业的社会责任。

二是多种教学手段相结合才能激发学生的兴趣和思考。在教学方法上，应用多种教学手段相结合的方式，如案例分析、讨论式教学、实地考察等，让学生掌握承销发行、并购重组、资产证券化等投资银行业务的运作机制，帮助学生认识到投资银行在服务实体经济中的作用。

三是多样化的教学形式可以为思政教学提供更广阔的空间。在教学形式上，通过开设研讨会、讲座等形式，邀请相关领域的专家学者，分享实践经验和学术见解，引导学生了解行业动态，增强学生对投资银行发展的敏感性和前瞻性，通过实践活动，培养学生的实践能力和创新精神。

六、教学效果

一是实现显性教育与隐性教育相结合。打造全课程育人环境，实现从"思政课程"向"课程思政"育人方式的拓展。在"守好一段渠、种好责任田"的基础上，潜移默化地渗透育人价值，不仅让学生掌握投资银行学的理论知识，还加深学生对金融行业的理解，培养学生的批判思维和综合分析能力，使专业课程教育与思政教育同向同行，形成协同效应。

二是实现教书和育人相统一。本课程实现了既"授业、解惑"又"传道"的目的。在教学过程中，始终围绕育人的主旨，讲述中国故事，弘扬中国精神。让学生认识到要想成为一名优秀的投资银行从业人员，理想信念是动力之源，专业技能是成事之基，职业道德是立身之本。引导学生形成为国家经济发展贡献力量的责任意识。

三是牢固教师的育人意识和育人职责。专业课程的教师不能只做教授书本知识的"教书匠",更要成为塑造学生品格、品行、品位的"大先生"。本课程不仅教授投资银行学的理论知识,培养学生分析解决问题的能力,也塑造了学生诚实守信的品格和德法兼修的品行。教师育人意识提升,认识到肩负的育人责任,把教书育人的要求落实到人才培养的全过程、各环节,坚持言教与身教相统一,注重灌输与启发相结合,不断增强课程思政的教学效果,努力践行"学高为师,身正为范",成为学生做人的一面镜子。

 参考文献

马晓军,2020. 投资银行学:理论与案例[M]. 3版. 北京:机械工业出版社.
邱伟光,2017. 课程思政的价值意蕴与生成路径[J]. 思想理论教育(7):10-14.
周莉,2017. 投资银行学[M]. 4版. 北京:高等教育出版社.

树立创新意识，秉承工匠精神

金融学院　韩姣杰

案例概述

认识学习项目管理相关课程的必要性与了解项目管理发展历史是"项目管理原理"课程学习的基础。教师在梳理关键知识点的过程中，应深入挖掘合理的课程思政元素，将价值创造、知识传授和能力培养融为一体，实现"为党育人、为国育才"的根本目标。本课程以党的二十大报告和习近平总书记就建设科技强国的系列讲话为依据，结合项目管理在国家重大工程项目中的重要作用，培养学生的创新意识，提升学生的创新能力；通过我国从古至今的重大工程案例，引导学生坚定"四个自信"和爱国情怀，使学生秉承工匠精神。本课程通过思政教学案例设计增加课堂教学的厚度，并通过课后小组研讨增加课堂的宽度，充分发挥学生学习的主观能动性，提高学生的综合素养，取得了良好的思政教学效果。

一、基本信息

课程名称：项目管理原理

授课对象：工程管理、工程造价、房地产开发与管理专业的本科生

使用教材：《项目管理学（第三版）》，戚安邦，科学出版社

学习内容：项目管理的发展历史

教学课时：2 课时

二、课程思政教学整体设计思路

本课程主要讲授学习项目管理相关课程的必要性和项目管理的发展历史。首先，从国家、企业、个人三个层面系统阐述学习项目管理相关课程的必要性。其次，结合案例，讲授项目管理的三大发展阶段，系统阐述项目管理的发展历史。最后，详细讲授我国近现代项目管理的发展历程。

在教学过程中，本课程着重突出三个方面的思政内容：一是通过梳理我国的创新政策，从国家层面阐述创新和项目管理的内在联系，展示项目管理学科在国家发展中的重要作用，树立学生的创新意识；二是通过阐述我国古代的重大工程案例，总结项目管理三大发展阶段的特点，使学生体会到我国古代的工匠精神，激发学生的民族自豪感；三是通过阐述我国近现代项目管理的发展历程，讲述华罗庚等先辈的事迹，以及讲解鲁布革水电站典型项目管理案例，使学生领悟中国特色社会主义制度的先进性，激发学生的爱国情怀。

课程教学各环节的重点包括：

（1）在课前准备环节，根据课程内容准备相关案例和思政素材，设计课程框架；

（2）在课中讲授环节，将课程思政元素融入课程讲授过程，最大限度引导学生思考；

（3）在课后环节，安排课后作业，激发学生的学习主动性。

三、教学目标

1. 课程教学目标

（1）知识方面：通过教学，让学生认识项目管理在国家建设和企业发展中的关键作用，为其理解学习项目管理相关课程的必要性奠定基础；让学生掌握项目管理的发展历史及各阶段的特点，了解我国近现代项目管理的发展脉络，熟知我国从古至今的重要工程项目。

（2）能力方面：通过课上讨论、课后案例搜集和小组研讨，以及课堂案例分享，提升学生发现问题、分析问题、解决问题的能力，培养学生的自主学习、语言表达和团队协作能力。

（3）素养方面：通过课上研讨和小组任务，提升学生的综合素养。

2. 思政育人目标

（1）通过教学，让学生树立创新意识，形成创新思维。本课程从党的十八大以来的国家创新驱动发展战略相关文件出发，结合我国典型重大创新工程项目案例，深入讲解项目管理在我国创新驱动发展战略中的关键地位和作用，引导学生正确认识时代责任和历史使命。

主要切入方式：向学生提出"为什么学习项目管理相关课程"的问题，引导学生思考。

（2）通过教学，让学生坚定"四个自信"，秉承工匠精神，厚植爱国情怀。从项目管理的发展历史出发，穿插我国从古至今的典型项目管理案例进行授课，使学生深刻体会老一辈工程人的工匠精神，凝聚学生以专业报国的奋进力量。

主要切入方式：以案例为引导，安排学生组成小组开展课后案例搜集与研讨，以及进行课堂案例分享。

四、教学实施过程

（一）环节一：为什么要学习项目管理相关课程

【提问】为什么要学习项目管理相关课程？项目管理在国家、企业和个人层面分别有哪些意义？

【学生任务】思考并列举生活中的项目管理例子，讨论学习项目管理相关课程的必要性。

【背景导入】著名项目管理专家罗伯特·格雷厄姆曾指出："因为项目是适应环境变化的普遍方式，故而一个组织的成功与否将取决于其管理项目的水平。"当今社会处在不断发展变化的阶段，科技的迅速发展使得国家和企业要想生存和发展就必须适应环境的变化，就必须开展项目。

从个人层面来说，生活中处处充满了项目和项目管理。例如，对于大学生来说，各门课程的学习、考研和留学等都可以看作项目。学习项目管理相关课程可以锻炼自己的系统思维能力；能有效提高自己分析问题和交流合作的能力，即提高自己的软实力；能增加了解其他行业和组织运作方式的机会，更深入地了解社会；能帮助拓展自己的思维模式，培养站在不同角度看问题的能力。

【案例切入】 我国典型的重大工程项目包括："中国天眼"工程、港珠澳大桥工程、昆柳龙柔性直流工程、平潭海峡公铁大桥工程、北京大兴国际机场工程、深圳国家基因库建设工程、新一代信息基础设施建设工程等。

【思政引导】 "我国科技发展的方向就是创新、创新、再创新。"党的十八大以来，习近平总书记就科技创新发表了一系列振奋人心的讲话，"创新"一词频频出现。从"科技创新、制度创新要协同发挥作用，两个轮子一起转"到"国家科技创新力的根本源泉在于人"，习近平总书记再三强调"科技创新""制度创新""人才创新"的重要性，激发了更多科技工作者的创新创造热情，为新时代科技事业发展指明方向。

党的二十大报告强调：①必须坚持"创新是第一动力"，以及"坚持创新在我国现代化建设全局中的核心地位"；②"必须坚持科技是第一生产力、人才是第一资源、创新是第一动力，深入实施科教兴国战略、人才强国战略、创新驱动发展战略，开辟发展新领域新赛道，不断塑造发展新动能新优势"；③"要坚持教育优先发展、科技自立自强、人才引领驱动，加快建设教育强国、科技强国、人才强国"；④"加快实施创新驱动发展战略"，以及"加快实现高水平科技自立自强"。

综上可见，创新驱动发展战略是我国当前的重要发展战略。然而，国家和企业的创新都离不开项目和项目管理。项目和项目管理是国家和企业进步和向上发展的阶梯。党的十八大以来，诸多重大工程项目如火如荼地开展，为促进我国科技发展提供了重要支撑。

【结论】 项目管理不仅是一个名词、一种理论，还应该是一种思维和生活方式。国家创新驱动发展战略的实施离不开项目和项目管理，因此当代大学生学习项目管理相关课程是必要的。

（二）环节二：项目管理的发展历史

【提问】浅谈项目管理的发展历史。

【学生任务】了解我国从古至今的重要工程项目及其管理方式，思考其在不同阶段分别有什么特点。

【背景导入】项目管理的发展历史可以划分为典型的三个阶段。

第一阶段：项目管理的实践阶段，也称项目管理的产生阶段或古代项目管理阶段。自从人类开始进行有组织的活动以来，就一直管理着各种规模的项目。在古代，人们就进行了许多项目管理方面的实践活动。

第二阶段：传统项目管理阶段，即近代科学项目管理阶段。在该阶段，人们着重强调项目管理技术，强调项目的时间、成本、质量三大目标。然而，过分关注方法容易忽视客户的需求，这也增加了项目失败的可能性，从而促进了项目管理向第三阶段演进。

第三阶段：现代项目管理阶段，即项目管理发展的成熟阶段。现代项目管理已经为项目管理提供了一套完整的科学体系，使项目管理更加面向市场和竞争、注重人的因素、注重客户、注重柔性管理，它是一套具有完整理论和方法基础的科学体系。

【案例切入】我国古代的项目管理。

我国古代的项目以宫殿、水利工程、道路、城墙、园林等工程项目为主，例如长城、都江堰等。有项目必然有与之对应的项目管理。我国古代大型项目的管理者通常为官员，多采用军事化的管理方法。例如：修建都江堰的李冰为太守。

本课程以"丁谓造宫"为例讲解古代的项目管理。

北宋年间，有一天宋真宗居住的皇城不慎失火，酿成大灾，熊熊大火使鳞次栉比、覆压数里的皇城，在一夜之间变成断壁残垣。为了修复烧毁的宫殿，皇帝诏令大臣丁谓组织民工限期完工。丁谓面临的三个主要问题是：京城内烧砖无土、大量建筑材料很难运进城内、清墟时无处堆放大量的建筑垃圾。

如何在规定时间内又快又好地按圣旨完成修复任务，是摆在丁谓面前的一大难题。经过反复思考，丁谓终于想出了一个巧妙的施工方案，即：挖街取土，就地烧砖；渠城引水，运送建材；宫殿完工，渣土回填，恢复街道。丁谓将修建皇城面临的主要问题看成了一串连贯的有机整体，缩短了工期，降低了成本，被赞誉为"一举而三役济"。该方案不但使修筑工程提前完成，而且"省费以亿万计"。

【思政引导】

（1）引导学生深刻体会我国古代工匠精雕细琢、精益求精的精神。

在古代项目管理部分，通过讲解我国古代项目管理案例充分展示我国古代工程建设的伟大成就。通过丁谓造宫的案例，引导学生深入体会古代项目管理的先进性，感受我国古代工匠的非凡智慧。

（2）引导学生理解立足实践，"大兴调查研究之风"的重要性。

通过对传统项目管理阶段过分注重项目管理技术的缺陷进行探讨，引出立足实践，"大兴调查研究之风"的重要性。党的十八大以来，以习近平同志为核心的党中央高度重视调查研究工作。习近平总书记强调，调查研究是谋事之基、成事之道，没有调查就没有发言权，没有调查就没有决策权；正确的决策离不开调查研究，正确的贯彻落实同样也离不开调查研究；调查研究是获得真知灼见的源头活水，是做好工作的基本功；要在全党大兴调查研究之风。在实践工作中，只有对项目背景和客户需求进行充分调查研究，才能保证项目成功。

（3）引导学生理解"济大事者，必以人为本"。

"济大事者，必以人为本"出自陈寿所撰《三国志·蜀书·先主传》，意思是说，想成就大事业必须以人民为根本。现代项目管理中令利益相关者满意的根本目标充分体现了"以人为本"的思想。再高超的技术和再精湛的产品也只有满足利益相关者的根本需求才能算成功。

【结论】长城等古代大型工程项目的成功体现了我国人民从古至今的工匠精神和超凡智慧。现代项目管理中"令利益相关者满意"的根本目标与"以人为本"的中华文化不谋而合，体现了以人为本的科学性和必要性。

（三）环节三：我国近现代项目管理的发展历程

【提问】结合实际，思考我国近现代的项目和项目管理具备哪些特点。

【学生任务】课前以小组为单位搜集我国近现代项目管理的典型案例，并展开小组研讨，准备课上汇报。

【背景导入】我国近现代项目管理的发展历程可以总结为四个阶段。

20 世纪 60 年代，华罗庚教授引进和推广了网络计划技术，并将其称为"统筹法"。20 世纪 80 年代，项目管理有了科学的系统方法，主要应用在国防和建筑领域，项目管理的任务主要强调进度、费用与质量三大目标。

1986 年，鲁布革水电站工程让人们看到了项目管理的作用。基于鲁布革水电站工程的经验，1987 年，国务院全国施工工作会议提出：在工程建设领域全面推广鲁布革经验，深化施工管理体制改革。

1991 年，中国优选法统筹法与经济数学研究会项目管理研究委员会的成立标志着中国项目管理学科体系开始走向成熟。其他项目管理组织还包括：中国建筑业协会工程项目管理专业委员会、中国国际工程咨询协会、中国工程咨询协会工程管理专业委员会。

2000 年前后，PMP 和 IPMP 引进我国，并在我国广泛推广，项目管理培训逐渐普及，项目管理的应用逐渐向不同的行业领域拓展。

【案例切入】

鲁布革水电站

鲁布革水电站位于云南罗平县与贵州兴义市交界的南盘江左岸支流黄泥河下游河段，这里河流密布，水流湍急，落差较大。

1984年，鲁布革因建设水电站名声大噪：世界银行1.454亿美元的贷款、挪威和澳大利亚的专家咨询团、各国的尖端电力设备，以及日本大成公司先后汇集于此，打开了中国水电建设的"窗口"。

1989年，鲁布革水电站率先在全国实现计算机监控。1998年，水电站在生产区建立了计算机工程师站，形成了无人值班的基本雏形。翌年，厂房自动监控系统基本实现对主要发电设备的监视和控制功能，中央控制室仅有1～2人值守，"无人值班"初步实现。

2004年，水电站在完善自动化系统、建立生产实时管理系统、制定无人值班管理制度的基础上，通过光纤双通道，将厂房控制室的控制功能延伸至距离厂房1.5千米外的集中办公楼。2005年实现了厂房无人值班管理，成为我国常规水电站中第一个"吃螃蟹"的企业。

【思政引导】

（1）引导学生体悟中国特色社会主义制度的先进性和优越性。

鲁布革水电站开创了多项中国"首次"：首次面向国际公开招标的工程，首次引进世界银行贷款的建设项目，以及首次实行项目管理体制改革、首次采用合同制管理、首次引进监理制度的项目。如今我国已经成为世界水电行业的引领者。我国水电产业的发展壮大，离不开中国特色社会主义制度的先进性和优越性。

（2）引导学生弘扬大国工匠精神。

鲁布革水电站被评为新中国成立60周年"百项经典暨精品工程"。鲁布革水电工程精益求精的工程精神充分体现了我国工程人的大国工匠精神。

【结论】鲁布革水电站是我国工程建设的历史性突破，充分体现了中国特色社会主义制度的先进性和优越性，展现了我国工程人的大国工匠精神。

本课程的教学实施过程见图1。

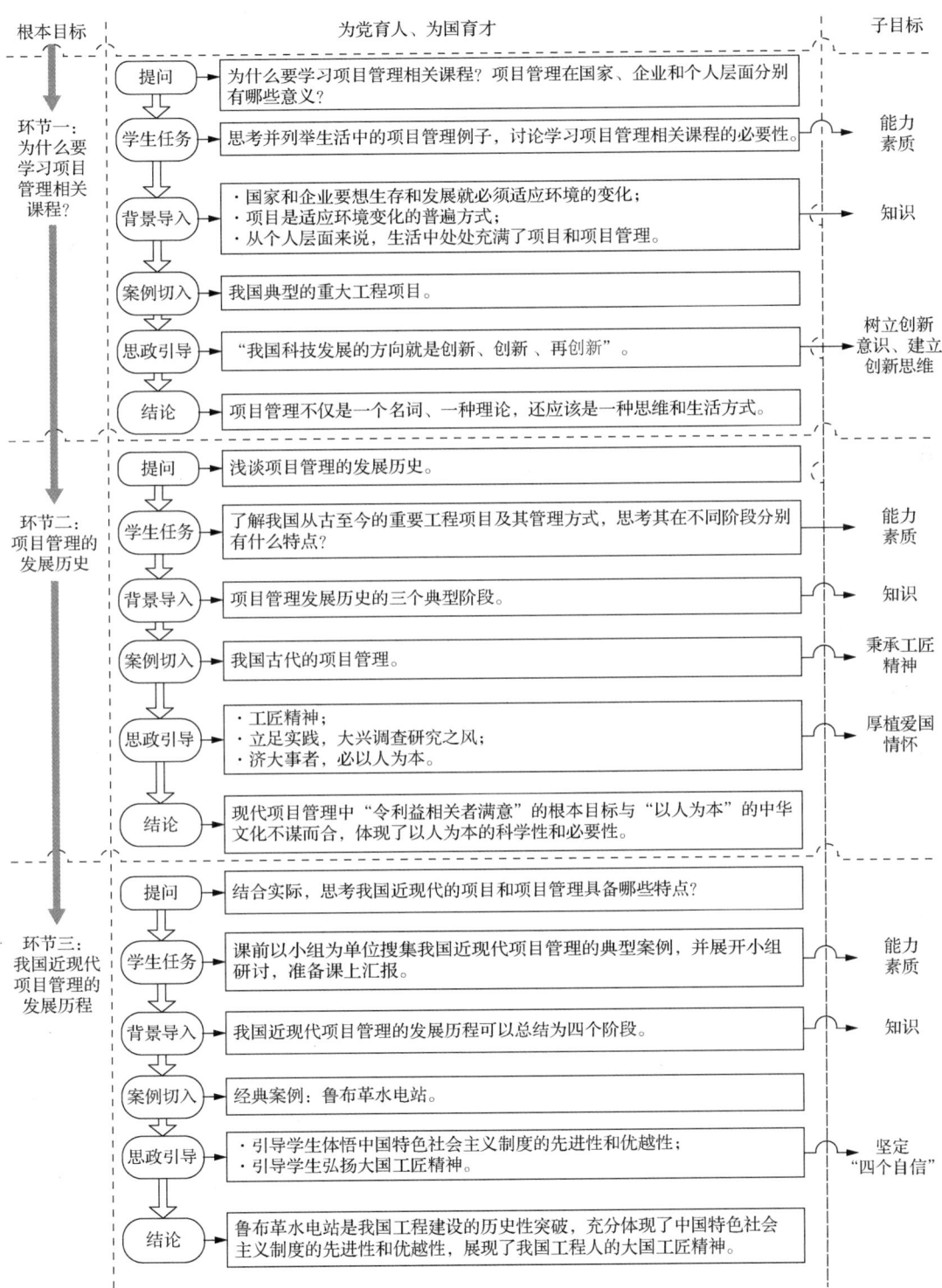

图 1　教学实施过程

五、案例反思

1. *存在的问题*

本案例将思政教育贯穿于教学主线，较好地完成了思政育人目标，取得了良好的教学效果。然而，将思政教育融入教学过程是个系统工程，融入方法是影响教学效果的关键因素。本课程存在的问题包括以下几个。

（1）将课程思政元素融入教学过程的方法还有待提高。思政教育是"盐"，专业知识传授是"汤"，两者相辅相成，缺一不可。

（2）教学案例和智慧教学工具还需丰富。目前教学案例还偏少，需要增加新的典型案例。在智慧教学工具的使用上，目前本课程以"雨课堂"为主，今后可以考虑开设微信公众号，分享优秀小组作业。

（3）如何调动学生参与课堂互动的积极性，引导学生思考，还需要教师持续思考。本课程在学生互动方面以小组案例讨论和展示、集体互动为主，互动形式比较单一。

2. *改进思路*

（1）逐步完善课堂设计，通过适当增加有条理、有逻辑的设问，采用翻转课堂方式等引导学生思考和参与课堂互动。

（2）适当增加新的案例，让学生在感受大国工匠精神的同时，传承工匠精神。

（3）构建师生学习共同体。打破以往以讲授为主的课堂教学形式，改进策略，真正激发学生的学习主动性和积极性，全方位提高学生的综合素质。

3. *注意事项*

（1）注意搜集和整理日常教学过程中的学生问题和教学难点，逐步更新和完善教学框架设计。

（2）适当放慢讲课速度，提升课堂的趣味性。

（3）合理安排课堂教学时间，做到重点突出、有的放矢。

六、教学效果

1. 理论知识方面

通过课堂学习，学生领悟了项目管理在国家创新、企业发展和日常生活中的重要性，清晰了项目管理的发展脉络，了解了我国项目管理的发展历史。通过课后案例搜集和小组研讨，学生拓宽了知识面，对项目管理的应用和我国诸多典型项目有了更深刻和广泛的了解。通过课上和课后的学习和讨论，本课程构建了师生学习共同体，激发了学生的学习兴趣，提升了学生学习的自主性。

2. 思政教育方面

本课程通过思政教学改革，取得了如下成效。

（1）使学生坚定"四个自信"，增强了爱国情怀。本课程综合我国发展战略和从古至今的典型项目案例，使学生在深刻领悟学习项目管理相关课程的必要性的同时，感受到中国特色社会主义制度的先进性和优越性，提升民族自信心和自豪感。

（2）使学生形成了创新意识和创新思维。通过了解国家政策，学生深刻感悟到创新的重要性，认识到新时代青年的责任和使命。

（3）使学生不忘初心，秉承工匠精神。通过对我国从古至今的典型项目案例的学习，学生深刻感受到我国工程人自古以来精益求精和勇于开拓创新的大国工匠精神。

 参考文献

丁荣贵，2017. 项目治理：实现可控的创新[M]. 北京：中国电力出版社.
丁兆丹，2022. 济大事者，必以人为本[N]. 光明日报，08-26（2）.
戚安邦，2019. 项目管理学[M]. 3版. 北京：科学出版社.
王爱平，1981. 一举而三役济：古代建筑工程运用"运筹学"范例[J]. 建筑工人（9）：47-48.
魏琼，2023. 用于工科专业课程思政教学的课用案例分析：以"工程招投标与合同管理"为例[J]. 教育教学论坛（24）：184-188.

工程项目招投标何去何从：不忘初心，方得始终

金融学院　李梦玄

 案例概述

为了培养具有扎实的经济、管理、法律和工程技术理论基础的复合型高级管理人才，本团队依托金融学和投资学的国家"双一流"学科优势，围绕工程管理和工程造价专业课程的特点，全面实施了对"建设项目管理"课程的课程思政建设工作。本课程通过引入典型案例，解读工程项目招投标的概念、范围和一般程序，重点分析工程项目招投标产生的原因、发展过程中出现的乱象和整治招投标乱象的综合措施，从而使学生深入理解工程项目招投标应遵循的原则。本课程旨在训练学生的科学思维能力，提高学生分析问题和解决问题的能力。同时，本课程通过思政教育引领学生的价值取向，强化工程项目招投标的法治教育。如何实现润物无声的思政教育一直是思政教学过程中的难点，本团队将继续打磨思政内容和课程设计方案，将思政教育做精做细，提升思政教学质量和效果。

一、基本信息

课程名称：建设项目管理

授课对象：工程管理和工程造价专业本科生

使用教材：《工程项目管理（第 3 版）》，张建新、杜亚丽、鞠蕾、李楠楠，清华大学出版社

学习内容：工程项目招投标概述

教学课时：2 课时

二、课程思政教学整体设计思路

本课程的教学主题是工程项目招投标概述，旨在使学生掌握工程项目招投标的概念，熟悉工程项目招投标的范围，掌握工程项目招投标的一般程序，理解工程项目招投标应遵循的原则。

基于此，本课程通过多种教学形式激发学生的学习兴趣，运用多媒体教学、雨课堂等智慧教学工具增强与学生的互动，采取启发式提问和课堂讨论等形式促进学生对教学内容的认识、理解和掌握，使用合理的板书和生动的语言增强学生对知识理解的深度。本课程希望通过课程思政教学，重点解决以下问题：一是让学生掌握工程项目招投标的概念、范围和一般程序，认识到工程项目招投标制度的出发点、必要性和意义；二是使学生深入理解工程项目招投标应遵循的原则，洞悉《中华人民共和国招标投标法》的意义，树立正确的价值观念；三是引导学生在以后的学习、工作和生活中，既要注重训练科学思维方法，培养科学精神，提高自身分析问题和解决问题的能力，又要时刻牢记"不忘初心"，弘扬职业精神。

三、教学目标

1. 课程教学目标

（1）引导学生掌握工程项目招投标的概念、范围和一般程序，为其理解工程项目招投标应遵循的原则和《中华人民共和国招标投标法》的科学性建立良好的知识基础。

（2）引导学生理解工程项目招投标应遵循的原则的科学含义。公开原则、公平原则、公正原则和诚实信用原则是工程项目招投标应遵循的四项原则，也是《中华人民共和国招标投标法》制定的"初心"。

（3）引导学生学会运用概念和理论分析工程项目招投标的乱象，辨析问题的本质，由此提高自身分析问题和解决问题的能力。

2. 思政育人目标

（1）引导学生认识工程项目招投标乱象治理的内在机制。工程项目招投标发展过程中乱象的表现及其形成原因为何？其表现是违背了工程项目招投标制度，是违反了《中华人民共和国招标投标法》；其形成的根本原因是从业人员忘了"初心"。

（2）强化招投标管理的法治教育，引导学生树立与项目管理有关的正确价值观念，使学生在以后的学习与工作中，不忘"初心"，弘扬职业精神。

四、教学实施过程

（一）内容简介

本课程学习的主要内容是工程项目招投标的概念、范围、一般程序和应遵循的原则。学习的重点是工程项目招投标的概念、范围和一般程序，难点是理解工程项目招投标应遵循的原则。

本课程的教学实施过程见图1。

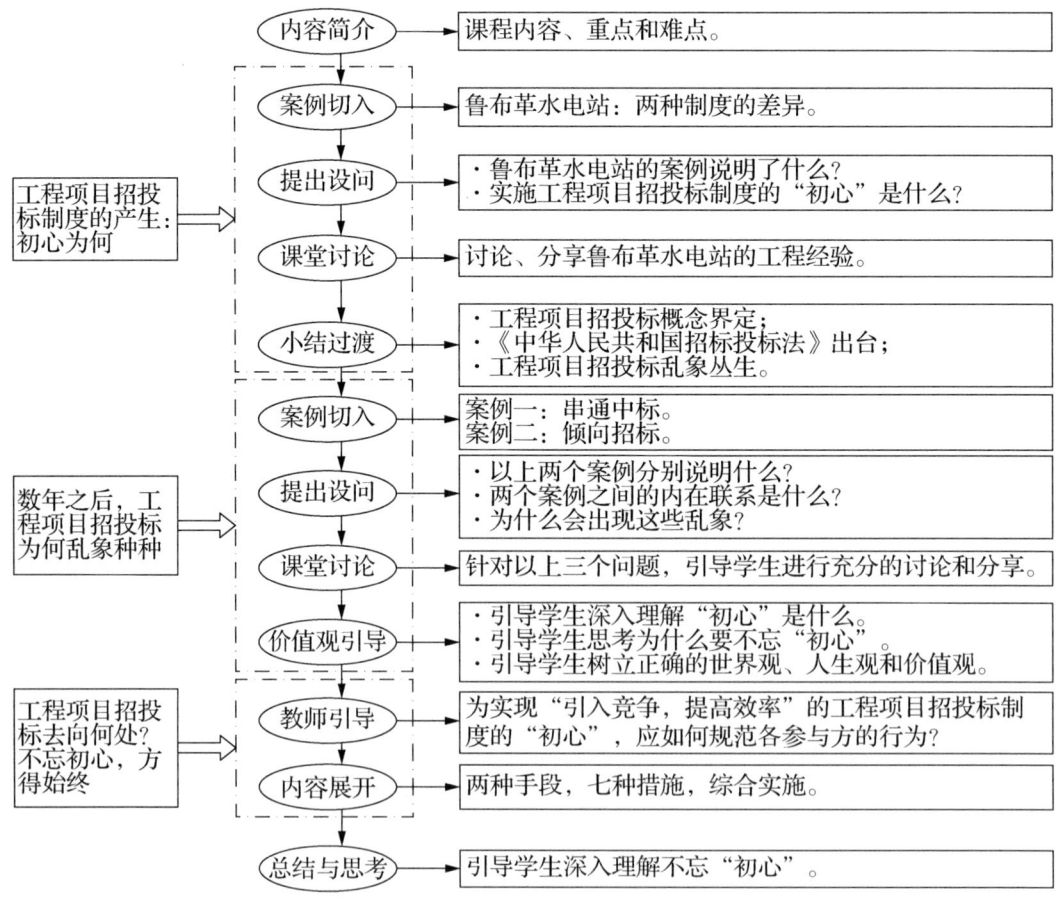

图1 教学实施过程

（二）工程项目招投标制度的产生：初心为何

我们先通过一个典型的案例来分析工程项目招投标制度是怎样产生的。

【案例切入】

鲁布革水电站：两种制度的差异

鲁布革水电站，是中国第一座引进世界银行贷款建设的水电站，也是中国第一个面向国际公开招投标的工程项目。该水电站的首部枢纽和厂房枢纽，由水电十四局承建；中间的引水系统，由日本大成公司承建。

日本大成公司中标后，派出了一支由 24 名管理人员组成的队伍，从水电十四局按合同制聘用 424 名工人，形成了"管理在日本、施工在中国"的模式。1986 年 10 月 30 日，引水隧洞全线贯通，比合同计划提前 5 个月。然而，水电十四局承建的首部枢纽工程和下游厂房，"由于种种原因"，工期分别落后一年和近百天！强烈的反差引起了深刻反思，同处一条河，同干一个电站，同样是水电十四局人，两者差距为何那么大？

中外企业的差距，原因不在工人，而在于管理！在于管理制度！

为了学习外国公司先进的管理方法，1985 年 11 月，经国务院批准后，水电十四局正式组建厂房指挥所。他们**精干管理机构，优化劳动组合，改革分配制度，强化技术措施，使用先进施工设备**。指挥所成立 40 天，完成产值相当于上年度的总和，到 1986 年年底，不仅抢回了厂房滞后工期，安装车间混凝土工程还提前半年完成。同试点前相比，**人员减少了 35%，月产值提高了 50%**，劳动生产率大幅度增长，取得了投资省、工期短、质量好的建设效果。我国基建行业最早的"项目法施工管理"雏形初步形成。

1987 年 5 月 30 日，国务院全国施工工作会议提出：在工程建设领域全面推广鲁布革经验，深化施工管理体制改革。

【提出设问】

鲁布革水电站的案例说明了什么？实施工程项目招投标制度的"初心"是什么？

【课堂讨论】

讨论、分享鲁布革水电站的工程经验。

（1）经验一：最核心的经验是把竞争机制引入工程建设领域，实行铁面无私的招投标制度。

（2）经验二：施工现场的管理机构和作业队伍应精干灵活，真正能战斗。

（3）经验三：工程建设实行全过程总承包方式，科学组织施工，讲求综合经济效益。

【小结过渡】

通过鲁布革的案例我们发现：实施工程项目招投标制度的初心是"引入竞争，提高效率"。由此也可以得到工程项目招投标的概念。

工程项目招标是指建设单位（业主）就拟建的工程项目发布公告，通过法定的程序和方式吸引拟建设工程项目的承包单位竞争，并从中选择条件优越者来完成工程项目建设任务的法律行为。工程项目投标是指经过特定审查而获得投标资格的工程项目承包单位，按照招标文件的要求，在规定的时间内向招标单位填报投标书，争取中标的法律行为。

招投标制度是一种十分成熟和完善的市场交易制度，能够有效降低经营成本、提高市场运行效率，也是能体现效率和公平的成功模式。我国为了增强竞争，与世界经济接轨，1987年首先在工程建设项目领域推行招投标制度，并取得了较好的成绩。1999年《中华人民共和国招标投标法》正式通过，我国招投标活动走上有法可依、良性发展的道路。招投标制度在全国范围内全面开展，并且发挥着越来越积极的作用。

改革开放以来，工程项目招投标得到了迅猛发展，但是也存在着种种乱象。本课程重点关注两种比较隐蔽和复杂的现象，通过两个案例强调工程项目招投标应遵循的四项原则：公开原则、公平原则、公正原则和诚实信用原则。

（三）数年之后，工程项目招投标为何乱象种种

【案例切入】

案例一：串通中标

某房地产公司对某房建工程进行招标。招标公告发布之后，某建筑公司为了减小竞争压力，出面邀请了几家私交比较好的施工单位前去投标，并事先将中标意向透露给这几家一起投标的施工单位，暗示这几家施工单位投标书制作得马虎一些。后来在投标的

时候，由于邀请的其他几家施工单位的投标人未认真制作投标书，报价都比较高，最后该建筑公司如愿承包了此项工程。

案例二：倾向招标

一家企业在办公楼项目招标开始前就内定了一个关系比较好的单位作为中标单位，但通过公开招标竞争的方式并不能保证其中标。于是，作为该项目评标委员会主任委员的副总在评标过程中介绍各家投标单位情况时，对其他投标单位只是简单介绍一下，而在介绍那家内定的中标单位时表示，这家投标单位曾经跟我们合作过，在工程管理和人员配备上比较合适，各方面都跟我们配合得很好，请评委充分考虑。最后评标结果出来时，这位副总重点提到的那家单位就是中标单位。

【提出设问】

接下来，引导学生思考：

（1）以上两个案例分别说明什么？

（2）两个案例之间的内在联系是什么？

（3）为什么会出现这些乱象？

【课堂讨论】

针对以上三个问题，引导学生进行充分的讨论和分享。

问题（1）：案例一所说的问题是俗称的"围标"。其操作之所以能够成功，归根结底是因为竞争者均是来围标的。如果竞争者不限于围标的这几家单位，那么结果也就不可能为这些围标单位所操控，因此，招投标的可信度取决于招标公告公开方式是否足以在较大范围内产生竞争；其公开的信息是否充分体现了项目的竞争价值以引起充分且公平的竞争。案例二所体现的问题主要集中在评标环节，即评标环节被少数人主导，这个问题的核心在于评委的独立性以及公正性能否得到保障。招投标可信度评价标准对此进行三步规范：一是评标主体的组建，通过评标主体组建的充分随机性（例如开标前几个小时再通过摇号确定并通知评委）保证评标主体的无利害性；二是评标机制的健全，评委的权力应足够的充分且责任应足够的明确；三是评标程序的合理设置。

问题（2）：案例一的主要表现形式是不公开，案例二的主要表现形式是不公正，两个案例都表现出对诚实信用原则的违背，其结果也都违反了公平原则。

问题（3）：我们知道，在一个充分竞争的市场环境里，有价值的招标项目进入交易市场后，投标参与者实质上是处于不可确定的状态的。而乱象产生的原因有两个方面。物质层面的原因是一些投标参与者、招标方代表以及评委想从中谋取不正当的利益。而精神层面的原因是什么？是他们都忘了"初心"。投标参与者忘记了要公平参与竞争的"初心"，招标方代表忘记了要公开、公平招标的"初心"，评委忘记了要公正主持评标的"初心"。

【价值观引导】

（1）引导学生深入理解"初心"是什么。"初心"就是出发时的目标、誓言或承诺。习近平同志在作十九大报告时说，中国共产党人的初心和使命，就是为中国人民谋幸福，为中华民族谋复兴。我们要不忘初心，做不忘本源的坚持者。作为工程人，在工程项目招投标过程中，我们一定要记住实施工程项目招投标制度的初心是"引入竞争，提高效率"。

（2）引导学生思考为什么要不忘"初心"。纵观中国近代历史，当国家贫弱、民族危亡时，众多仁人志士以天下为己任，在救国救民的道路上艰难摸索。然而，总有一些同志不知何时就变质了，有的甚至违背初心、倒行逆施。这充分说明，如果淡忘初心、缺乏科学的理论指导和坚定的信仰支撑，哪怕志向再大、调门再高，其结果都只能是昙花一现、有始无终。类似地，如果我们在工程项目招投标过程中违反初心，不仅会扰乱市场秩序，降低市场运行效率，而且总有一天我们会因此受到经济、行政乃至刑事上的处罚（此处播放"浙江金华婺城公安破获串通投标案"相关视频，让学生深刻感悟"天网恢恢，疏而不漏"）。

（3）引导学生树立正确的世界观、人生观和价值观。不管我们以后从事什么工作，在什么时候，都必须不忘初心，清白做事，守住底线，要始终严格约束自己，自觉接受各方监督，做到自重、自省、自警、自励，坚持按制度和规程办事，努力做抵制歪风邪气、树立新风正气的带头人。

（四）工程项目招投标去向何处？不忘初心，方得始终

【教师引导】

为实现"引入竞争，提高效率"的工程项目招投标制度的"初心"，应如何规范各参与方的行为？

【内容展开】

简单来说，主要有两种手段。依据发生的顺序可分为事前预防手段和事后惩戒手段。依据手段的性质可分为硬性法律手段和柔性治理手段，或者说外在监督手段和内在约束手段。

具体来说，包括七种措施：①建立完善的招投标制度；②强化监督机制；③推行电子化招投标；④加强对评标专家的管理；⑤完善招标文件编制方法；⑥建立信用评价体系；⑦加强思政教育和宣传。前面六种都属于外在监督手段，第七种属于内在约束手段，即重塑"初心"。

（五）总结与思考

本课程通过案例使学生掌握了工程项目招投标的概念，深入理解了国家推行招投标制度、制定相关法律的"初心"；通过分析工程项目招投标发展过程中出现的乱象，使学生理解了忘记"初心"的后果，以及坚持不忘"初心"的重要性；通过分析如何治理工程项目招投标的乱象，再次强调不忘"初心"的重要性。

课后思考题：你将在今后的学习和生活中如何不忘"初心"？

五、案例反思

1. 存在的问题

（1）如何在相对有限的时间内，统筹安排原有比较丰富的教学任务和思政内容？本课程主要讲授工程项目招投标的概念、范围、一般程序和应遵循的原则等内容。严格来说，每一项内容都很重要，但是由于时间有限，教师需做出取舍。

（2）如何将思政教育浑然天成地融入专业课程教学？怎样提炼可融入专业知识的课程思政元素？怎样通过巧妙的课程设计、教学技巧和方法提升思政教学的质量？这些都需要教师不断地尝试和摸索。

2. 改进思路

（1）管理类课程的内容相对柔性，所以在有限的时间内可以将和课程思政元素结合不那么紧密的内容布置为课前预习内容。因为若学生提前预习，那么上课时教师只需要将重点进行讲解即可。

（2）适当增加相关案例，深入浅出地讲解，便于学生接受和理解。

（3）对专业知识和思政内容内在逻辑进行反复思考和深入理解，使专业知识和思政内容内在更加统一。

3. 注意事项

教师应适时提出问题，这不仅是引入话题，更是让学生忙起来，思维动起来；适当放慢重点知识和内容的讲解速度，以防一些学生无法紧跟教师的思路；避免混淆难点和易点，对于较难的知识点增加讲解时间，对于较容易的知识点避免赘述。

六、教学效果

1. 理论知识方面

（1）通过学习本课程，学生可以掌握工程项目招投标的概念、范围和一般程序，理解工程项目招投标应遵循的原则。

（2）本课程在讲授理论知识的基础上，锻炼了学生运用概念和理论分析工程项目招投标乱象如"串通中标""倾向招标"的能力。

2. 思政教育方面

（1）通过学习本课程，学生理解了"初心"的深刻含义，理解了招投标制度制定的出发点，认识到不忘"初心"的必要性和重要性，从而树立了初心意识和依法投标观念。

（2）教师结合自身评标经历，引领学生在以后的学习、工作中，时刻铭记"不忘初心、方得始终"，使学生树立了正确的世界观、人生观和价值观，以及与项目管理有关的正确价值观念。

参考文献

邓铁军，邓世维，2017. 工程建设项目管理[M]. 4 版. 武汉：武汉理工大学出版社.

胡志根，2017. 工程项目管理[M]. 3 版. 武汉：武汉大学出版社.

张建新，2015. 工程项目管理学[M]. 3 版. 大连：东北财经大学出版社.

张建新，杜亚丽，鞠蕾，等，2019. 工程项目管理[M]. 3 版. 北京：清华大学出版社.

数据洞察，剖析中国特色社会主义制度和国家治理体系优势

金融学院　许泳昊

 **案例概述**

"金融计量学"是金融学与数学、统计学的交叉学科，主要教学目标是培养学生解决实际金融问题的能力。这门课程适合对金融领域感兴趣、希望深入了解金融数据分析与风险管理的学生。在课程设置上，我们通过理论讲解、实例分析、编程实操、小组讨论等多种教学方式，充分激发学生的学习积极性和主动性。

课程内容不仅展示了金融计量学在现代金融体系中的应用，还通过案例分析和学术研究，引导学生深入思考中国社会现存的问题及面临的挑战，以及中国特色社会主义制度和国家治理体系在这些问题中的作用与相互关系，包括我国在引导经济发展、推进金融改革与金融稳定等方面的重要探索和成就。

在实际教学过程中，学生将有机会深入讨论具体的金融案例，自主探索金融市场的发展现状与未来趋势。通过编程实操，学生能够在实际操作中有效应用所学的金融计量学理论和方法，解决实际金融问题。此外，本课程通过理论讲解、实例分析、编程实践和小组讨论等多样化的教学方法，保证教学质量。

一、基本信息

课程名称：金融计量学

授课对象：金融学专业本科生

使用教材：《计量经济学导论：现代观点（第六版）》，伍德里奇，张成思译，中国人民大学出版社

学习内容：如何通过数据洞察剖析中国特色社会主义制度和国家治理体系优势

教学课时：48课时

二、课程思政教学整体设计思路

本课程的课程思政教学整体设计思路是通过系统讲授金融计量学在现代经济和金融体系中的应用，培养学生解决实际金融问题的能力；从金融市场的历史和理论背景、金融计量学的发展历程、金融市场与国家经济的互动关系，以及金融计量学在实际金融问题解决中的应用等方面，全面揭示金融计量学与中国实践相结合的重要性和成果；通过数据洞察，深入剖析中国特色社会主义制度和国家治理体系优势。

本课程在教学过程中，着重突出三个方面的思政内容：一是通过对金融市场稳定与国家发展之间关系的深入讲解，展示金融政策的理论力量，引领学生深刻领悟中国经济改革的成就与面临的挑战；二是系统展现金融专业人才在推动经济发展和金融创新中的探索和奋斗，激励学生树立远大理想，为实现中华民族伟大复兴中国梦贡献智慧和力量；三是通过深入考察金融计量学在实际金融问题中的应用，促使学生更深刻地体悟金融学科的实践性，更深刻地认识金融计量学知识与中国实践相结合的必要性和重要性。

课程教学各环节的重点包括以下几个。

（1）在课前准备环节，针对课程主题，设计与思政教育相关的课前思考题，指导学生搜集和分析与课题相关的数据与文献，旨在激发学生对金融计量学与国家金融发展之间联系的思考。

（2）在课堂教学环节，将课程思政元素与金融计量学的教学内容有机结合，确保理论教学与实际应用相结合，突出重点内容。注重相关案例分析，引导学生深入理解重要案例，使学生既能根据历史和现实背景把握其理论价值，又能立足新时代中国特色社会主义伟大实践认识其应用效果；组织问答讨论，结合思政内容设计恰当的提问，引发学生多层次和多角度的思考和论辩，最大限度地调动学生学习的主动性和积极性。

（3）在课后总结与拓展环节，教师应结合学生在课堂上的表现和讨论反馈，及时解答疑问并总结关键教学点；鼓励学生进行更深入的研究和自我反思，以加深对金融计量学在当代中国经济社会中作用的理解。

三、教学目标

1. 课程教学目标

本课程旨在引导学生深刻理解金融市场的基本概念与理论，包括金融市场的基本原理、金融产品的定价方法与风险管理方法等。同时，本课程会系统讲解统计学与数学方法在金融领域的应用，如时间序列模型。在此基础上，本课程帮助学生系统掌握金融数据的处理与分析技术，包括数据清洗、特征提取、模型构建和评估等。此外，本课程还重点培养学生的创新思维与实践能力，让学生能够准确理解并熟练运用金融计量学知识，有效应对现实世界中的金融问题。

2. 思政育人目标

本课程旨在培养学生的爱国主义精神，使学生理解金融市场稳定和国家发展之间的紧密关系，自觉维护国家金融安全和稳定；增强学生的诚信意识，使其理解金融市场中的诚信原则和道德规范，进而树立正确的职业道德观念；帮助学生掌握并运用所学知识分析社会问题，提高他们的思辨能力，引导他们深入理解和把握这些知识在现代中国社会中的应用和重要性；激发学生的社会责任感，使其深刻理解金融市场中的社会责任和可持续发展理念，积极参与社会公益活动，为社会做出贡献；带领学生深入了解中国社会现状，深刻领悟中国特色社会主义制度和国家治理体系的优势，进一步增强民族自豪感；激励学生牢记和担当新时代中国青年的历史使命，为实现中华民族伟大复兴中国梦而奋斗。

四、教学实施过程

1. 课程教学方法

为确保学生理解和掌握课程内容，本课程采用了多种教学方法，具体如下。

（1）理论讲解：通过讲解各种计量理论和模型，帮助学生理解金融数据的特征和规律。

（2）实例分析：通过实例分析，帮助学生理解理论知识。

（3）编程实践：通过编程实践，帮助学生掌握实际操作技能。

（4）小组讨论：通过小组讨论，帮助学生提高团队合作能力。

2. 贯穿课程的实例分析（举例）

引领学生，基于翔实的中国上市公司数据，分析我国上市公司女性董事占比高于国际平均水平的现象，采用多种回归方法，从文化与制度等多角度剖析我国上市公司中女性董事占据重要地位的原因，并结合最新的国内外文献，对比分析全球各国性别歧视问题。

3. 课程教学安排

课程教学安排见表1。

表1 课程教学安排

周次	课程内容
1	金融计量学入门
2	统计基础
3	线性回归分析
4	工具变量回归
5	面板数据
6	Fama-MacBeth 回归
7	事件研究
8	中期报告与研究计划
9	金融计量案例分析
10	受限因变量模型
11	匹配模型
12	广义矩估计
13	时间序列模型一
14	时间序列模型二
15	向量自回归模型
16	课程论文报告

五、案例反思

金融计量学作为经济学的一个重要分支，旨在通过定量分析方法来研究经济现象和问题，是高校经济学相关专业的重要课程之一。然而，在当前金融计量学课程的教学中，思政教育的安排存在一定的不足。本课程将从现状、问题、建议三个方面进行深入反思。

1. 金融计量学课程中思政教育的现状

目前，金融计量学课程的主要教学内容包括理论内容和实践内容两个方面。理论内容主要涉及经典金融计量学理论、方法及其应用，实践内容则注重培养学生的实际操作能力和数据分析能力。总体来说，金融计量学课程中思政教育的内容相对较少，仍然以专业知识为主。

2. 金融计量学课程中思政教育的问题

（1）教育安排不足：当前金融计量学课程中，思政教育的内容仍然相对较少，缺乏系统的安排。这可能导致学生在学习过程中，难以充分理解金融计量学在经济社会发展中的重要性和应用价值，无法充分发挥金融计量学课程的育人作用。

（2）教育方式单一：目前金融计量学课程的思政教育方式较为单一，主要以课堂讲授为主。这种单一的教育方式难以激发学生的学习兴趣，也无法满足不同学生的学习需求。

3. 加强金融计量学课程中思政教育的建议

（1）丰富课程内容：为了加强金融计量学课程中的思政教育，应适当增加思政内容，丰富课程内容。将这些内容融入金融计量学教学，可以帮助学生更好地理解经济现象和问题，使其形成正确的价值观和道德观。

（2）创新授课方式：为了提高思政教育的效果，应积极创新授课方式。可以采用课堂讨论、互动问答等方式，激发学生的学习兴趣，提高学生的参与度。同时，还可以通过案例分析、社会实践等方式，让学生更加深入地了解金融计量学在经济社会发展中的应用价值，充分发挥课程的育人作用。

（3）加强教师培训：教师是影响思政教育效果的关键因素。应加强对金融计量学课程教师的培训，提高他们在教学中融入课程思政元素的意识和能力。通过加强教师培训，让教师认识到思政教育的重要性，掌握更多的思政教育方法和技巧，为提高思政教育的质量提供保障。

六、教学效果

金融计量学是一门融合了金融学、数学和统计学的交叉学科，旨在培养学生运用计量方法解决金融问题的能力。通过开展课程思政教学，本课程取得以下具体成效。

（1）增强了学生的爱国主义情感和民族自豪感。在课程中，教师会介绍中国金融市场的发展历程和现状，以及中国在金融计量学领域的研究成果。这有助于学生了解中国金融市场的历史和现状，认识到中国在金融领域的发展和成就，进而增强学生的爱国主义情感和民族自豪感。

（2）帮助学生树立正确的价值观和职业道德观。金融行业要求学生具备诚信、守法、公正等职业道德观。通过课程思政教学，教师会强调这些道德规范和职业操守的重要性，帮助学生树立正确的价值观和职业道德观。

（3）提高了学生的综合素质和能力。本课程的教学目标不仅是让学生掌握金融计量学知识，还要培养学生的综合素质和能力，如创新能力、自主学习能力、团队合作能力等。

具体而言，通过对本课程的学习，学生可以在掌握扎实的金融计量学理论与方法的基础上，对中国金融市场有更深刻的理解。同时，学生的课程论文也展现了他们良好的语言表达能力。值得注意的是，学生的课程论文也表明他们开始基于中国的数据，切实分析中国社会的各种经济与金融问题，对于中国的制度与文化有了更为深入的理解。

图1与图2展示了部分学生课程论文的题目与摘要，他们从绿色信贷政策与设立自贸区等多个制度角度，分析了我国政府各类制度对于我国各行各业高质量发展的作用机制。由此可见，学生通过对本课程的学习，能够很好地完成课程论文，有效达成本课程的教学目标。

> **绿色信贷政策对商业银行风险承担的影响**
>
> 刘子颖，陶语欣，朱秋羽，黄橞纬
>
> **摘要**：随着我国"碳达峰""碳中和"目标的提出，绿色金融政策应运而生，特别是在我国金融体系以间接融资为主的背景之下，绿色信贷已成为商业银行实现可持续发展的重要途径。本文基于 2008—2020 年中国 140 家商业银行样本数据，采用多时点双重差分模型实证检验绿色信贷对商业银行风险承担水平的影响。研究结果发现：商业银行积极开展绿色信贷业务会显著降低其风险承担水平，对规模较大，资产充足率更高，市场势力较强，业务经营范围较广的银行影响更加明显。
>
> **关键词**：绿色信贷；商业银行风险承担；绿色发展；资本充足率；市场势力

图 1　课程论文（1）

> **设立自贸区对区域经济发展的影响**
>
> 陈芊逸，郭江欣，连品如，曹晓玲
>
> **摘要**：众所周知，中国正在寻找全面深入改革和扩大对外开放的创新路径，设立自贸区正是其中的重要举措。因此，研究自贸区的设立对于当地经济发展的影响具有较强的现实意义。本研究旨在探讨中国自贸区的设立对区域经济发展的影响。研究方法采用合成控制法，选取了 2017 年设立的第三批自贸区作为样本，并使用 2000—2021 年中国 24 个省的数据进行对比分析。研究发现，自贸区的设立整体上显著促进了地区生产总值的增长，但不同自贸区之间存在差异。对于当地城镇单位就业和居民消费价格指数方面，设立自贸区并没有产生明显影响。
>
> **关键词**：自贸区；经济发展；合成控制法

图 2　课程论文（2）

普及港澳法治教育——凝聚国家认同，筑牢"一国两制"根基

法学院　付婧

本课程旨在帮助学生系统了解"一国两制"的法律基础和实际运作，引领学生深刻认识国家和世界发展大势，增强学生的民族自豪感、国家认同感和法治意识，提升学生对香港特别行政区和澳门特别行政区的认知。在课程教学中，教师应充分展示国家在香港和澳门回归以来于法律建设方面取得的成就，引导学生了解港澳法治教育的重要性和必要性，理解"一国两制"政策的独特性与优势，增进对香港特别行政区和澳门特别行政区同国家关系的认识和理解，坚定道路自信、理论自信、制度自信、文化自信。

一、基本信息

课程名称：港澳法治概要

授课对象：全校本科生

使用教材：《港澳基本法概论》，焦洪昌、姚国建，中国政法大学出版社

学习内容：国家安全、公民意识和港澳法治的相关内容

教学课时：32课时

二、课程思政教学整体设计思路

本课程主要讲授国家安全、公民意识和港澳法治的相关内容，从港澳的法律体系、基本法的内容与实施、"一国两制"政策的法律保障等方面，系统揭示港澳法治对"一国两制"的支撑，增强学生对港澳法治的理解与认同。

在教学过程中，本课程着重突出三个方面的思政内容：一是通过对港澳法律体系的介绍，展示"一国两制"的成功实践，增强学生对国家的认同感；二是系统展现国家在香港和澳门法治建设中的探索和成果，引导学生树立法治信念，为维护国家主权，以及为法治建设贡献智慧和力量；三是通过深入探讨港澳法律制度对国家统一和社会稳定的作用，使学生对"一国两制"政策的实践性有更深刻的体悟，认识其必要性和重要性。

课程教学各环节的重点包括以下几个。

（1）在课前准备环节，根据课程主题结合思政内容设置课前思考题，指导学生提前搜集相关文献，引导学生根据思考题进行课前阅读和预习。

（2）在课中讲授环节，系统地将课程思政元素融入课程内容的讲授中，详略适宜、重点突出、理论联系实际；注重文本解析，引导学生深入理解重要法律文件，结合时代背景和实践条件把握条文意涵；组织问答讨论，结合思政内容设计提问，引发学生多层次和多角度的思考和论辩，调动学生学习的主动性和积极性。

（3）在要点总结环节，根据学生回答和讨论的情况，及时释疑解惑，总结课程内容的核心和要点，结合思政内容布置课后阅读文献和作业，引导学生在课后进行拓展学习和研究。

三、教学目标

1. 课程教学目标

课程旨在引导学生深入了解港澳法律制度的发展历程、法律框架和具体实践，增进对香港特别行政区和澳门特别行政区同国家关系的认识和理解，坚定道路自信、理论自信、制度自信、文化自信。在此基础上，课程帮助学生系统掌握港澳法律制度的基本内容，透彻认识"一国两制"的法律保障机制，具体包括以下几个方面。

（1）历史背景的理解：引导学生了解港澳法律制度的历史背景，包括"一国两制"的提出和实施过程。

（2）法律框架的掌握：系统讲解《中华人民共和国香港特别行政区基本法》和《中华人民共和国澳门特别行政区基本法》的内容，帮助学生掌握基本法的核心条款、法律地位及其在港澳法律体系中的作用。

（3）实践案例的分析：通过典型案例分析，展示港澳法律制度在维护社会稳定、促进经济发展和保障居民权利方面的实际应用，增强学生的法律分析能力和解决实际问题的能力。

（4）比较法视角的培养：通过比较港澳与祖国内地法律制度的异同，引导学生思考"一国两制"的独特性和优势，培养学生的比较法视角。

2. 思政育人目标

课程旨在通过对港澳法律制度历史背景和实践案例的梳理，引导学生深入领会"一国两制"的制度优势；激励学生牢记和担当新时代中国青年的历史使命，为实现中华民族伟大复兴中国梦而奋斗；引导学生深入理解和把握"一国两制"下法治教育的必要性、进程、机制等，自觉运用法律知识分析和解决实践中的问题。

四、教学实施过程

1. 课前准备

安排学生阅读《中华人民共和国香港特别行政区基本法》和《中华人民共和国澳门特别行政区基本法》，并思考以下问题。

（1）两部基本法的主要内容和特点是什么？

（2）如何理解"一国两制"在法律上的具体体现？

利用线上讨论平台（如企业微信群等），组织学生进行课前讨论，分享阅读心得和思考结果，教师可以适时参与，引导讨论方向。

2. 课堂讲授

通过播放有关港澳回归和"一国两制"实践的视频，引入课程主题。

首先，结合之前的课程，回顾港澳法律制度的历史背景，"一国两制"政策的提出和实施过程。通过对历史事件和法律文本的分析，帮助学生理解港澳法律制度的形成和发展。

其次，系统讲解《中华人民共和国香港特别行政区基本法》和《中华人民共和国澳门特别行政区基本法》的内容，帮助学生掌握基本法的核心条款、法律地位及其在港澳法律体系中的作用。通过对重要条款逐条分析，结合具体案例，阐明基本法在保障港澳长期繁荣稳定和维护国家主权方面的功能。

再次，通过典型案例分析，展示港澳法律制度在维护社会稳定、促进经济发展和保障居民权利方面的实际应用。选取有代表性的案例，如香港特别行政区处理"占中"事件的法律依据和过程等，帮助学生理解法律的实际运作。

又次，结合讲授内容设计恰当的提问，引发学生多层次和多角度的思考和论辩。例如，教师在讲解基本法的具体条款后，向学生提问：基本法如何保障港澳的长期繁荣稳定？在实际操作中，这些条款遇到了哪些挑战？引导学生思考和讨论。

将学生分成若干小组，围绕特定主题进行讨论，如"如何评价基本法的实施效果""港澳法律制度对'一国两制'的贡献和局限"等。小组讨论结束后，各组派代表汇报讨论结果，教师进行点评和总结。

最后，在课程结束前进行要点总结，简明扼要地回顾本次课程的核心内容，强调港澳法律制度的历史背景、法律框架和实践意义。教师应通过思维导图或表格等形式，帮助学生将零散的知识点串联起来，形成系统的知识体系；重点回顾基本法的重要条款，结合具体案例再次强调其在"一国两制"实践中的作用和意义；总结港澳法律制度在实际应用中的成功经验和面临的挑战，引导学生思考如何将所学知识应用于实际法律工作，从而提升法律分析能力和解决问题的能力。

布置课后作业：推荐学生阅读与本次课程相关的文献，如《论香港基本法》等，使学生进一步拓展和深化所学知识。

五、案例反思

在教学内容方面，本课程通过系统讲授理论知识和案例讨论，全面展现港澳法治教育的重要性和实践意义，引导学生深入理解"一国两制"的法律基础和实际运作。

在教学方式方面，本课程在教学过程中综合运用讲授、讨论和案例分析等多种教学方法，调动学生的学习积极性和主动性，推动学生自主探索、深入思考，并通过课堂问答、集体讨论、课后作业、调查问卷等方式广泛收取教学反馈，检验教学成效，促进学生在学思结合中深化对港澳法治的理解。

六、教学效果

本课程设置了三个主干课程，分别是国家安全、公民意识和港澳法治。本课程的第一部分主干课程定位于国家安全，系统介绍国家安全问题的概念与理论，同时根据教学对象的特点，侧重于对《中华人民共和国香港特别行政区维护国家安全法》等法律知识进行讲解，引导学生正确认识国家安全的基本概念、基本理论，把握总体国家安全观，形成对国家安全问题的基本思维架构。通过学习与思考，学生有了"国家兴亡，匹夫有责"的责任感和理性爱国的行为素养。

在学生对国家安全的相关知识有了一个整体性的认识后，本课程紧接着设置了第二部分主干课程——公民意识。这一部分课程将采取专题授课的方式进行，并将课堂讲授方式与讲座授课方式和实践学习方式相结合，共设置"公民概念与历史演变""公民身份与国家认同""公民与民主政治、法治""公民基本权利和义务"和"公民意识与公民教育"五大专题。以期通过课程学习有效提升学生的公民意识，特别是公民的身份意识，提高学生对公民自身、对国家以及对公民与国家之间关系的认识和了解，促进公民国家认同功能的实现，强化其对于国家的情感上的热爱和心理上的归属感，继而激发学生的爱国之心、报国之情。

第三部分主干课程为港澳法治，这一部分课程力图在讲解宪法、基本法原理和讲授典型案例的基础上运用案例分析、规范分析、价值分析等分析方法，进一步全面深入地讲授"一国两制"的基本理论和基本法适用的法律方法，结合香港特别行政区和澳门特别行政区发展的现实情况，启发学生获得发现、分析和解决问题的法治思维和方法，使他们了解基本法，体会"一国两制"精神，知晓基本法对于香港特别行政区和澳门特别行政区的稳定繁荣发展的重要意义。

 **参考文献**

陈弘毅，2010. 香港特别行政区的法治轨迹[M]. 北京：中国民主法制出版社.
焦洪昌，姚国建，2009. 港澳基本法概论[M]. 北京：中国政法大学出版社.
强世功，2010. 中国香港：政治与文化的视野[M]. 北京：生活·读书·新知三联书店.
王振民，2002. 中央与特别行政区关系：一种法治结构的解析[M]. 北京：清华大学出版社.
肖蔚云，1990. 一国两制与香港基本法律制度[M]. 北京：北京大学出版社.
肖蔚云，2003. 论香港基本法[M]. 北京：北京大学出版社.

实战型法律职业技能训练对卓越法律人培养的重要贡献

法学院　韩桂君

 案例概述

"实战型法律职业技能训练"旨在实现真正的法学实践教学及培养"德法兼修"的卓越法律人。本课程遵循习近平总书记对法学教育提出的"立德树人"的育人理念，设置公益法律援助环节。学生在公益法律援助中，通过接待当事人、撰写法律文书、研究指导案例、参与案件调解或者出庭代理诉讼等活动，能够全面认知社会，体验真实的社会生活，了解法律运作机制，能够将法律理论与法律实务、实体法与程序法、法律思维与法律职业技能充分融为一体，使学校理论学习与社会法律实务无缝对接，实现德、智、体、美、劳"五育"并举的教育目标。学生援助社会弱者能够培养仁爱精神和形成法治理念，这属于德育的范畴；面对真实案件，学生需要运用法理学、宪法学、民法学、行政法学、诉讼法学、证据法学等法律知识，认定案件事实和适用法律，这属于智育的范畴；要达到实战型法律职业技能训练课程的要求，学生需要有强健的体魄，这属于体育的范畴；在公益法律援助的过程中，学生要注意言行举止，要着装得体、文书写作表达妥当、语言精确，这属于美育的范畴；不避寒暑地去法院立案庭值班、调查取证、整理证据、设计代理思路、帮助社会弱者开庭等既是脑力劳动又是体力劳动，这属于劳育的范畴。

一、基本信息

课程名称：实战型法律职业技能训练

授课对象：法学专业本科生

使用教材：《法律职业伦理学》，石先钰、韩桂君、陈光斌，高等教育出版社

学习内容：锻炼法律职业技能，提高职业素养

教学课时：32课时

二、课程思政教学整体设计思路

1. 理论知识内容与思政内容的融合

习近平总书记在全国教育大会上强调，要把立德树人融入思想道德教育、文化知识教育、社会实践教育各环节；在主持召开学校思想政治理论课教师座谈会时提出，要努力培养担当民族复兴大任的时代新人，培养德智体美劳全面发展的社会主义建设者和接班人，明确了教育工作的任务、方式和重心，强调了思政教育的重要性。

从法学教育的角度来看，法学生毕业后，大多将从事与法律有关的工作，事关社会公平之实现，更加需要德才兼备。因此法学教育不能局限于知识传授和技能训练，应将思政教育和法治信念培育作为重中之重。

本课程作为法学实践教学课程，通过多种教学方法并用的创新教育训练，使学生内生出追求社会正义的信念，在课程学习中不断训练法律职业技能。

2. 课程思政设计

本课程是在学生处理具体案件的过程中开展教学的，因此体现了在做中学的核心思想，每一个环节都能体现课程思政元素，能够将价值塑造、知识传授、能力培养三者融为一体，持续提升学生的课程学习体验，达到最佳的教学效果。

本课程将教学内容与课程思政元素进行了融合，具体安排如表1所示。

表 1 具体安排

周次	教学内容 主要内容	教学内容 重点、难点	课程思政元素
1	成为"德法兼修"的新时代法治人才	理解"德法兼修"的内涵及意义	社会公德、公平正义、专业与社会、实战能力
2~3	接待当事人时要注意什么	尊重每一个当事人,发现案件事实,实现社会生活与法律术语的对接	社会责任、法律意识、恻隐之心、专业知识、专业能力、终身学习
4	案情梳理记录的要点	确认法律事实,梳理与案件相关的法律制度、法律条文	逻辑思维、体悟人性、专业能力
5	如何有效地进行实务交流	了解当事人的家庭及经历,明确当事人诉求,传递准确法律信息	科学素养、换位思考、洞察人性、济世仁心
6	怎样分析一个案件	预判案件走向	责任担当、专业能力、认真负责
7	调查取证的注意事项	获得有效证据,消除证人出庭作证的忧虑	社会责任、专业能力、认知社会、有效沟通、专业实践、仔细求证
8	一份优秀的法律文书是怎样写作的	用精炼的语言、正确的标点符号表达当事人诉求,陈述事实和理由	严谨细致、专业素养、语言精炼、减少漏洞、以理服人、条分缕析
9	参与调解与谈判	准确把握当事人的目标,并妥当地实现目标	社会价值、技能运用、以理服人、公平正义、消弭冲突
10	走进法庭(一):律师的庭前准备	开庭材料完备、代理策略合适、预设对方抗辩情形	担当精神、职业伦理、准备充分、求真务实
11	走进法庭(二):庭审的技巧	开庭陈词、举证质证、法庭辩论	遵守规则、尊重各方、有理有据、言行文明
12	情绪疏解(一):与普通人的交流与情绪疏解	对于情绪急躁、性格鲁莽、性情偏执的当事人的有效应对方法	仁爱慈善、宽厚包容、以理服人、换位思考
13~14	情绪疏解(二):法律人如何平衡自己的内心	当遇到无法帮助而又很值得同情的当事人时,如何平衡自己的内心	坚持信念、心地光明、耐心引导、充满希望
15~16	法律职业伦理	法官、律师、检察官、警察等如何达到法律职业伦理的要求	法律规范、社会责任、公平正义、职业伦理、政治意识、大局意识

三、教学目标

1. 课程教学目标

通过学习本课程，学生能够在做中学，牢固掌握法律知识，将理论与实践相结合，树立法治信念，培养技能。

2. 思政育人目标

通过学习本课程，学生能够为社会弱者服务，在实践中做到德法兼修、知行合一。

四、教学实施过程

（一）实践教学和课堂教学

本课程的教学主要分为实践教学和课堂教学两部分。

1. 实践教学

"实战型法律援助"是本课程的核心实践教学部分，也是主要教学活动，具体包括值班接待当事人、案情登记、小组讨论、案情分析、调查取证、法律文书写作与审批、调解与谈判、庭前准备（实战型模拟开庭）、庭审技巧学习、当事人情绪疏导、代理开庭、开庭后反馈与反思提高等环节。课程要求学生每周按照排班表在实践教学基地值班，亲自接待当事人，面对面提供法律咨询、法律援助等公益服务。这一实践安排为学生提供了亲身参与社会实践的机会，将教育同生产劳动和社会实践相结合，使学生在做中学、学思结合、知行合一，提高了学生解决问题的能力；使学生在接触真实案件时体味思政教育的本质，坚定为人民服务、保护社会弱者的法治信念。在实践环节中，学生可依照课程规范获得案源，经审批后代写文书及代理案件。值班结束当天，学生须以小组为单位讨论所接待的案件，并及时交流疑难问题，编写会议纪要。全体学生需根据亲身实践经历，在每次课堂上以小组为单位分享、讨论案例。在实践教学过程中，教师应随时审批法律文书，帮助学生解答实践中产生的问题。

2. 课堂教学

课堂教学是实践教学的补充,由授课教师讲授专业知识,由学生分享所办案件涉及的法律知识和法律理论,以及实务技巧和注意事项等。教师全程指导学生办理案件,包括审批文书、讨论是否接受当事人的委托以及办理案件策略的选择等,并对学生办理案件的情况进行点评。教师应引导并帮助学生全面复盘,从案件中反思如何避免纠纷发生、如何自我管理、如何更好地分配时间以提高效率、如何更好地撰写法律文书、如何更好地与当事人及法官沟通等。教师应结合鲜活的现实案例进一步深化思政教育,使学生在亲身经历的基础上深刻领悟课程思政元素的含义,让学生明白在日常一言一行中践行社会主义核心价值观之必要性及其具体做法,让学生明白当下的言行决定未来的言行,对于正确的价值观,不仅要"知道",更要"做到"。

(二)解决的重点问题

(1)解决思政教育与专业教育、社会服务联系不紧密、结合不充分的问题。思政教育不能只停留在书本和口号中,必须与现实相结合。通过实战型法律职业技能训练,学生可以在专业理论学习中增强社会责任感,坚定理想信念、法治信仰;学生可以将"读万卷书"与"行万里路"相结合,扎根中国大地了解国情民情,在实践中增长智慧才干,在艰苦奋斗中锤炼意志品质。

(2)解决法学教育长期重理论、轻实践的痼疾。实战型法律职业技能训练有助于学生通过办理真实案件全面提升法律实务技能,在实践中领悟法学的精神。

(3)解决传统课堂单方面灌输式教学的弊端。本课程以问题为导向,激励学生在理论学习和法律实践中发挥主动性,主动寻找问题,主动探究问题,主动解决问题。

(4)解决学校人才培养成果与社会需求不匹配的难题。学校应与法院、律师事务所等法律实践基地建立合作关系,共同培养既懂理论又能实践的高素质法律人,建立和深化当前社会所需的协同育人机制,打通法学院通往社会的"最后一千米"。

(5)解决学生缺乏学习激情导致学习效率不高的问题。本课程有助于激发学生的学习激情,在参与鲜活的真实案件时,学生需要探索法律理论的具体应用方法,这可以给他们带来全新的认知体验和求知激情。

（三）教学方法与载体途径

1. 教学方法

（1）实践参与法。学生通过实践亲身体悟教学内容。

（2）理论讲授法。教师通过简明生动的课堂讲解向学生传授理论及思想。

（3）小组讨论法。学生分为不同小组，小组间通过互相交流、互相提问的方式增进对教学内容的了解。

（4）个人展示法。通过让学生自己走上讲台进行直观的展示，提升其对教学内容的掌握水平。

（5）读书引导法。引导、组织学生阅读法学名著。

（6）现场指导法。学生现场向教师请教问题，教师当场予以解答。

（7）讲座交流法。邀请知名学者、专业人士、资深法律行业工作者为学生普及、教授不同领域的专业知识及法律行业的职业技能。

（8）比赛激励法。通过举办专业技能比赛（模拟接待当事人大赛等）激发学生的学习兴趣，提升其学习能力。

2. 载体途径

现阶段本课程主要依托校法律援助与保护中心、司法局、立案庭等进行实践，同时邀请理论界与实务界的多位知名学者进行培训授课，融理论与实践于一炉，让学生在处理真实案件的过程中体会社会万象，在法律援助志愿工作中提升法律理论水平与职业技能水平，成为创新型人才。

（四）课程思政教学的具体实施过程

本课程的思政教学与每一个实践环节都紧密相关。

具体的实践环节如下所示：

（1）值班接待当事人；

（2）案情登记（填写接待咨询表）；

（3）小组讨论；

（4）案情分析；

（5）调查取证；

（6）法律文书写作与审批；

（7）调解与谈判；

（8）庭前准备（实战型模拟开庭）；

（9）庭审技巧学习；

（10）当事人情绪疏导；

（11）代理开庭；

（12）开庭后反馈与反思提高；等等。

思政教学既包括教师在整个教学活动全过程的引导和与学生的讨论，还包括学生自我体悟以及学生之间的互相激励。尤其是在与当事人、证人、对方律师、法庭工作人员等的互动过程中，学生能够深刻体察人情百态、社会万象、人性幽明以及名利诱惑、义利之辨、公义与私利之纠缠。

思政教学与实战型法律职业技能训练融合的框架见图1。

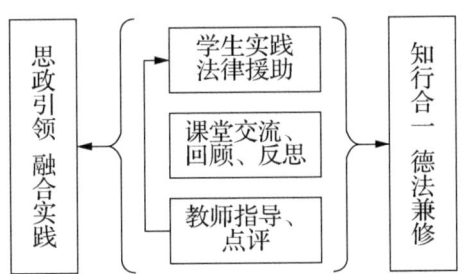

图 1　思政教学与实战型法律职业技能训练融合的框架

与课程思政元素结合的教学案例与对应教学设计见表2。

表 2　与课程思政元素结合的教学案例与对应教学设计

课程思政元素	教学案例	对应教学设计
如何协调自身利益与当事人利益的冲突	当事人要求学生为其打字	引导学生思考当事人的立场、想法等是否妥当；让学生学会分辨事实与观点、公益援助的界限等
利他与利己	援助案件占用大量时间	引导学生将利己融入利他之中，掌握事半功倍的方法，消除纠结，提高效率；确实无法融入时，引导学生寻找替代方案，转委托其他学生或者推荐其他公益律师

续表

课程思政元素	教学案例	对应教学设计
坚守更高道德标准	个人道德信念与职业道德信念冲突	当事人存在谎话连篇、不讲诚信，或者家暴妻子等行为，导致学生不愿意为其服务，而职业道德信念要求律师应依法为当事人合法利益代理。需要引导学生讨论，如何把个人价值判断及追求与职业活动适当分离，从而理性提供法律专业服务；或者能否拒绝代理，如果拒绝代理，在接待过程中了解到的案件信息能否披露

五、案例反思

1. 评价方式

本课程突破了传统的"书面考试"成绩评定方式，以学生在实践中办理案件的每一个环节的表现及办案质量等综合表现为评分依据，采取小组学生自评、成员互评、值班地点管理人员反馈、教师评定、当事人评价等方法综合评定成绩。本课程的成绩评定方式注重学生平时的行为模式，以及其与各方主体的互动方式，学生的一言一行都是评定依据。因此，本课程的成绩评定方式是综合了学生的品德修养、知识学习、技能提升三方面因素进行的过程性考核评价方式。

2. 反思

本课程花费学生的时间较多，每周至少值班半天（3~4小时），案件讨论花费2小时左右，案例研究、分享、研讨、理论学习花费3小时左右。全过程需要学生具有高度的自觉性和主动性，学生要能够与合作伙伴进行良好的沟通和协作，要跟当事人保持联系，对当事人的正当权益负责，等等。教师要全程进行督导和质量把控。综合来看，目前课程学分设置偏低。

教育是一个面向未来的成长过程。有些关键因素很难外化呈现，有些品质很难在短期体现出来。因此，教育项目的成效是需要学生在未来职业生涯中进行回顾评价的。

六、教学效果

本课程开展思政教学的效果显著。学生大多能扎扎实实地接待当事人，对老弱病残当事人给予特殊的照顾和服务，耐心细致地解答法律问题，撰写符合规范要求的法律文书，与当事人保持联系，在立案庭协助立案当事人完成立案事宜，在小组讨论中集思广益并且形成良好的团队协作关系，在外出途中能够互相照顾，在开庭时能够遵守法庭秩序、尊重法官。本课程的每一个教学环节都能潜移默化地对学生进行价值塑造，帮助其巩固所学知识、提高职业素养。

参考文献

陈鼓应，2020. 老子今注今译[M]. 北京：中华书局.
韩桂君，刘纯泽，王小康，2023.《论语》的逻辑[M]. 北京：北京理工大学出版社.
石先钰，韩桂君，陈光斌，2019. 法律职业伦理学[M]. 北京：高等教育出版社.
习近平，2014. 习近平谈治国理政[M]. 北京：外文出版社.

思维方式之变革

法学院　尹生

课前,引导学生观看电影《楚门的世界》《卢旺达饭店》等。课中,教师介绍拟态环境、信息孤岛、专业壁垒和心理投射这四种主要的认知误区,让学生反思:自己是否也曾步入上述各类认知误区?如何跳出认知误区,做一个独立思考、有主见的人?本课程还将结合实例,探索制度移植的奥秘。本课程在介绍诺贝尔经济学奖获得者奥利弗·威廉姆森的制度层次理论的基础上,阐明制度移植最大的雷区是移植与自己国家最底层制度严重不匹配甚至完全对立的制度。

一、基本信息

课程名称:涉外法律实务

授课对象:法学专业本科生

使用教材:《学会提问(原书第10版)》,尼尔·布朗、斯图尔特·基利,吴礼敬译,机械工业出版社

学习内容:思维方式变革

教学课时:3课时

二、课程思政教学整体设计思路

信息时代,我们每个人都像"盲人摸象"中的"盲人"一样,只能获取部分信息,所获信息还真假难辨,每个人对同样信息的反馈可能也不一样。"尽信书,则不如无书",

信息时代的年轻网民们通常太过依赖网络和书本资讯，越来越不愿意与真人面对面交流和到田间地头实践，很容易与现实脱节，出现严重的认知偏差。

本课程旨在优化学生的思维方式，帮助学生跳出信息茧房，打破专业壁垒、书本束缚，练就不被虚假信息和邪恶势力误导的思辨能力和定力；揭示制度的奥秘，全方位加深学生对相关国际法和国内法的理解，维护以联合国为核心的国际体系和以国际法为基础的国际秩序，培养学生运用专业知识坚决捍卫国家、民族和企业权益的勇气、志气、才气和能力。

三、教学目标

1. 课程教学目标

本课程旨在解决本科教育中存在的突出问题，如课堂教学中学生主体地位不足、课堂教学的信息化程度不高、学生学术阅读和案例研讨不足、学生法律实务能力和创新能力薄弱、各专业学习相对封闭等。本课程通过线上线下结合的教学方式，跨专业研讨典型涉外案例，激发学生主动探索的欲望，开阔学生的视野，树立跨专业研学风气，全方位培养学生的家国情怀、全局思维、独立思考能力和实践创新能力。

2. 思政育人目标

本课程旨在培养具有坚定的理想信念、强烈的家国情怀、深邃的世界眼光、宽广的全球胸怀、精通涉外交流和谈判的综合型、复合型涉外法治人才。

四、教学实施过程

本课程遵循"授人以鱼，不如授人以渔"的理念，在教学过程中使学生的主体地位充分体现，教师只起关键的引导、点评、纠错、释疑等作用。

本课程的主要内容包括：

（1）远离认知误区；

（2）探索制度移植的奥秘。

(一)远离认知误区

1. 拟态环境

1922年,沃尔特·李普曼在其著作《公众舆论》中首次提出了"拟态环境"这一传播学概念,又称"似而非环境",是指大众传播活动造就的信息环境。拟态环境并不是对客观环境的镜子式的再现,而是新闻媒体通过对信息进行选择、加工和报道,重新加以结构化后向人们所展现的环境。鉴于时间、精力和条件的限制,人们不可能完全通过体验的方式去了解身外的世界,他们大多通过新闻媒体去了解世界。基于此,人们的认知和行为不可能完全是对客观环境及其变化做出的反应,而是对新闻媒体造就的拟态环境的反应。因为新闻媒体本身所处的环境,所持有的新闻观、意识形态观念、政治立场和实际利益追求不同,所以它们大多具有特定的倾向性,并不一定能全面、客观、真实地反映客观环境。因此,人们基于拟态环境的认知和行为也可能步入误区。信息时代,海量信息扑面而来,如何去伪存真,的确非常需要智慧和理性。不过,我们如果保持批判性思维,运用"大胆假设、小心求证"的科学研究方法,就可以在很大程度上避免被拟态环境局限和误导。

2. 信息孤岛

信息孤岛最初是一个计算机概念,是指相互之间在功能上不关联互助、在信息上不共享互换,以及信息与业务流程和应用相互脱节的计算机应用系统。随着信息时代的来临,它逐渐演变为一个传播学概念,指的是不同地域、不同国家、不同领域、不同行业、不同单位或不同部门之间,由于种种原因,彼此的信息完全孤立和脱节,其间存在不同程度的信息阻塞,难以实现信息的相互交流。信息孤岛是当今世界普遍存在的问题,其产生有一定的必然性,产生的原因主要包括:保护国家机密和安全、保护商业机密和知识产权、保护个人隐私、精细化的组织分化和职责分化背景下必然产生的业务脱节等。

与拟态环境不同,信息孤岛为我们界定了可获取信息的类别和数量的边界。我们每个人都在特定的信息孤岛中,我们知道的某些信息别人不知道,别人知道的某些信息我们也无从知道,我们每个人的分析、判断、选择和决策都是基于信息孤岛,即有限的信息。我们的认知，我们的行为，都在信息孤岛的范畴内运行。特别是在大数据推算的背景下，各种平台会投其所好地为用户推送内容，基于每个人的喜好生成千差万别的个性化的信息孤岛。信息孤岛不可怕，可怕的是我们没有意识到信息孤岛的存在，不做调查研究，也不爱与人交流，总以为自己获取了全部信息，由此认为自己的认知、分析、判断、决策和行为毫无问题，深陷信息孤岛的认知误区无法自拔。

3. 专业壁垒

世界上的万事万物，其形成、变化和发展，都需要借助多学科专业知识才能得以阐释。那我们为什么要分学科、分专业，人为地、机械地割裂相互关联的理论体系呢？理由很简单，为了深度探索，为了分工协作，为了精益求精。不过，专业细分将我们隔离在不同的知识领域里，我们应跳出自己的知识领域，积极获取其他专业知识。

4. 心理投射

在心理学上，"投射"一词是指个人将自己的思想、态度、愿望、情绪、性格等个性特征，不自觉地反应于外界事物或者他人的一种心理作用，也就是个人的人格结构对其感知、组织以及解释环境的方式产生影响的过程。"心理投射"这一术语由西格蒙德·弗洛伊德首次提出，并由卡尔·亚伯拉罕和安娜·弗洛伊德进一步完善。

现实生活中，我们对外界刺激的反应一般取决于当时的情境，但是我们个人的心理结构、过去的经验、对将来的期望，也就是我们的人格结构，对我们反应的性质和方向，也会产生很大的影响，甚至是决定性影响。

（二）探索制度移植的奥秘

世界上最难移植的制度是什么？制度移植需要避开的最大雷区是什么？诺贝尔经济学奖获得者奥利弗·威廉姆森的制度层次理论将制度的演化分为四个层次，其中，最底层的制度最难改变，即第一层次的嵌入制度或称为社会和文化的基础，它包括非正式制度、习俗、传统、道德和社会规范、宗教以及语言和认知等方面。这个层级的制度是社会制度的基础，其变化非常缓慢。从实例可以看出，制度移植最大的雷区是移植与自己国家最底层制度严重不匹配甚至完全对立的制度。

五、案例反思

本课程采用积分累进制进行考核，课程全程的每一项学习和研讨任务都有相应的分值。课堂研讨的成绩包括学生演讲汇报和互动，互动既包括学生自己演讲汇报时的互动效果，也包括别人演讲汇报时该学生的评论、质疑或提问等互动效果。

本课程探讨了一些跨学科经典案例，课堂研讨的内容充实有深度、气氛热烈有新意，学生参与度和学习兴趣高。

六、教学效果

本课程的教学方式实现了由"以教师为中心"向"以学生为主体、教师为引导"的转变、由"以传授知识为核心"向"以培养学术创新能力为核心"的转变等。在教师的指导下，学生课前预习，思考相关问题，并查找相关资料进行阅读，试图解决问题；上课时集体研讨，每位学生都有机会充分陈述自己的观点。课堂研讨过程中，教师的引导、纠错、释疑和深度研究导引功能可以得到充分发挥，课后学生就相关问题继续追踪进行更深层次的探讨。通过学习本课程，学生既可以丰富多学科知识、拓宽学术视野，又可以深度探索案例中所蕴含的法律、政治、经济和社会等问题，实现多学科知识的深度融合和应用。

参考文献

布朗，基利，2013. 学会提问：原书第 10 版[M]. 吴礼敬，译. 北京：机械工业出版社.
重庆市律师协会，2021. 涉外法律实务指引[M]. 北京：知识产权出版社.
张春良，等，2019. 中国涉外商事仲裁法律实务[M]. 厦门：厦门大学出版社.
张法连，张玉林，2021. 涉外法律实务教程：上[M]. 北京：中国人民大学出版社.
张法连，张玉林，2021. 涉外法律实务教程：下[M]. 北京：中国人民大学出版社.
张晓君，2019. 最高人民法院公报（涉外）案例精析[M]. 厦门：厦门大学出版社.

知法爱法，做新时代尊法学法守法用法好青年

法学院　陈军

 案例概述

本课程通过举办法学知识竞赛活动，引导学生脚踏实地学好"以案说法"课程。促使大学生积极参与，团结协作；巩固法律知识，提高应用能力；明确责任和使命，提升法律素质，形成正确的法治观及积极的世界观、人生观和价值观。

在方法上，本课程充分利用现代信息技术，使用雨课堂发布法学知识竞赛试题，设定竞赛时间和规则。依据提交答案的先后顺序和答题的准确性评分。

本课程坚持以学生发展为中心，强化激励机制，激发学生的学法热情和志趣；引导学生明确自己的责任和使命，努力做合格公民和新时代尊法学法守法用法好青年，为实现中华民族伟大复兴而奋斗。

一、基本信息

课程名称：以案说法

授课对象：全校本科生

使用教材：自编讲义

学习内容：举办法学知识竞赛活动

教学课时：2课时

二、课程思政教学整体设计思路

本课程采取线上线下混合式教学方法，通过举办法学知识竞赛活动，促使学生巩固法律知识，提高应用能力，做新时代尊法学法守法用法好青年。

在法学知识竞赛的内容方面，本课程从"以案说法"在中国大学 MOOC 平台的单元测验题库中抽出 111 道题，作为法学知识竞赛试题。

三、教学目标

1. 课程教学目标

（1）引导学生复习本课程主要知识点，加深学生对相关知识点的理解和应用。

（2）了解学生对本课程知识的掌握程度。

2. 思政育人目标

（1）使学生深刻理解我国以宪法为统帅的中国特色社会主义法律体系，增强法律意识。

（2）引导学生积极参与，提高团结协作能力，增强参与意识、公民意识和责任意识；坚定"四个自信"。

（3）激发学生内心深处的社会责任感和历史使命感，明确自己的责任和使命。使他们自觉行动起来，德法兼修、知行合一，提高法律素质，形成正确的中国特色社会主义法治观以及积极的世界观、人生观和价值观。使学生努力做一个合格公民和新时代尊法学法守法用法好青年，为实现中华民族伟大复兴而努力。

四、教学实施过程

1. 准备阶段

（1）从"以案说法"在中国大学 MOOC 平台的单元测验题库中抽出 111 道题，制作法学知识竞赛试题。

（2）在电脑上测试，确保上课时能正常使用。

（3）将试题导入雨课堂，并设置好竞赛时间和规则。

（4）打开课程二维码，请学生进入课堂。

2. 线下面授阶段

（1）宣布本课程的教学安排和竞赛规则，请全体学生参与答题。宣布奖励标准和基本流程——以提交答案的先后顺序和答题的准确性为标准，前三名获得个人奖；以小组每个成员得分相加所得的总分除以小组人数所得平均分为标准，平均分第一名获得集体奖。为集体奖获奖小组全体成员和个人奖获奖成员颁发奖品，并合影留念。

（2）通过雨课堂发布法学知识竞赛试题，竞赛开始。

（3）法学知识竞赛结束后，由各小组组长统计小组得分。

（4）教师宣布获奖小组和个人名单。

（5）下课（如果还有时间，请学生根据竞赛情况，自行复习；如有问题向教师提出，由教师答疑）。

五、案例反思

本课程紧密围绕教学目标，结合教学重点设置法学知识竞赛内容，使试题难易适当；充分利用信息化手段，方便高效；学生积极参与、团结协作，较好实现了教学目标。本课程也使学生明确了自身的责任与使命，增强了参与意识、公民意识、法律意识和责任意识。但本课程仍有以下需要进一步改进的地方。

（1）进一步明确课程思政目标，挖掘课程思政元素。

本课程的教学仍存在课程思政目标比较模糊的问题，课程思政元素也需要进一步挖掘。要做到让学生在知法守法的同时，真正认同法律。

（2）进一步优化法学知识竞赛内容，突出新时代法治建设新成果。

在法学知识竞赛题目的设计上，要进一步结合新时代我国社会主义法治建设的新成果，与时俱进，将体现新时代我国社会主义法治建设进步的标志性成果，在竞赛试题中体现出来。

（3）进一步创新法学知识竞赛方式，提升学生的参与度。

在设置"通过雨课堂参加竞赛"这个学生必须参加的项目的同时，增设抢答环节，以创造更多互动机会，让学生参与教学过程。在这一过程中，抓住他们的每一个闪光点，多鼓励、肯定他们，让他们享受到成功的喜悦、学法的乐趣，从而增强自信心，更自觉地学习法律知识，提升教学效果。

六、教学效果

1. 课程学习效果立竿见影

通过参加竞赛,学生对"以案说法"课程的知识点有了更深的印象,对新时代我国社会主义法治建设的成果有了更深入的了解。

2. 学生上课的积极性、注意力、兴趣明显增强

举行知识竞赛使学生参与课堂教学的积极性大增,竞赛中,学生注意力高度集中,对法学的学习兴趣也明显增强。

3. 线上学习效果优良

法学知识竞赛活动使学生脚踏实地学好了"以案说法"在中国大学 MOOC 平台上的线上课程知识,对学生线上课程取得良好成绩起到了很好的促进作用。本课程学生的线上学习成绩优秀率(总成绩 85 分以上为优秀)达到了 90% 以上。

4. 学生的学习满意度比较高

90% 以上的学生在获得知识的同时,提高了分析和解决问题的能力,获得了积极的情感体验。

5. 较好地实现了思政育人目标

本课程增强了学生的参与意识、公民意识、法律意识和责任意识,促使学生明确责任和使命,提升法律素质,自觉行动起来,做新时代尊法学法守法用法好青年;使学生形成了正确的中国特色社会主义法治观及积极的世界观、人生观和价值观。

实现种业科技自立自强,保障我国粮食安全
——植物新品种权

法学院 陈默

 案例概述

"植物新品种权"(下文简称为"品种权")是"知识产权实务"课程中的重要内容。"知识产权实务"是在核心课程"知识产权法"的基础上设置的融通型课程。本课程以"提升学生的知识产权运用能力,锤炼学生的知识产权法学素养,使学生树立知识产权制度自信"为教学目标。课程特色可概括为以下四点内容。第一,凸显技术变革与创新发展对知识产权的影响,引导学生深入思考习近平总书记关于知识产权法治的重要论述。习近平总书记指出,创新是引领发展的第一动力,保护知识产权就是保护创新。面对人工智能、生物医药、大数据等新技术及新要素引发的社会革命,我国知识产权制度与时俱进、不断革新,从制度建设与运用两方面形成了激励创新的生动写照。第二,借助知识产权典型案例,讲好知识产权保护中国故事。课程将知识产权基础理论与我国知识产权法治紧密结合,引导学生运用基础知识解决知识产权实践难题,通过知识能力的提升强化学生的制度自信与制度认同,从而提高其研究知识产权的积极性。第三,通过鉴定式案例研习与法教义学方法,将课程思政元素有效、生动地融入知识产权法律制度的适用、论证与分析环节。第四,通过线上自学与线下授课相结合的方式全面升级课程内容并升华课程思想,提升学生的法律技能与专业素养。

一、基本信息

课程名称：知识产权实务

授课对象：知识产权专业本科生

使用教材：自编讲义

学习内容：品种权

教学课时：2课时

二、课程思政教学整体设计思路

本课程的重点教学内容是品种权的概念及保护范围等。自编讲义中对品种权的概念与保护范围已有详细的介绍。通过使用自编讲义、线上课程资源以及相关案例材料，学生对品种权的概念和保护范围可以有明确的认识。本课程对品种权内容的讲解主要从以下四个方面展开。

（1）从行为性质上看，品种权是一种独占实施权，其控制的是独占实施行为。这体现了品种权作为财产权的独占性、对世性以及绝对性，即他人未经许可，不得实施品种权控制的独占实施行为。

（2）从保护对象上看，品种权的保护对象是植物新品种，学生需掌握植物新品种的内涵及特征。但是仅仅掌握这些是不够的，学生还需要知道，权利人是通过何种手段对植物新品种实施控制的。

（3）从保护手段上看，品种权控制的是"繁殖材料"的独占实施行为。学生可能会提出问题：为什么需要通过控制"繁殖材料"来实现品种权的内容？品种权是知识产权，亦具有知识产权的基本特征——客体的非物质性，也就是说植物新品种其实是育种者的智力成果。这种智力成果的物质载体是品种的"繁殖材料"。"繁殖材料"携带了新品种的遗传信息，体现了新品种的特性。因此，权利人通过对"繁殖材料"的控制就可以实现对其智力成果"植物新品种"的控制。

（4）从行为类型上看，品种权控制的行为不仅覆盖种子盈利的主要行为，即生产、繁殖和为繁殖而进行处理、销售行为，还包括许诺销售、进口、出口以及为实施上述行为进行储存等行为。

行为性质决定品种权的保护强度，保护对象体现了品种权作为知识产权的基本特征，保护手段则是品种权得以实现的具体方式，行为类型全面覆盖了种子生产盈利的全周期。只有掌握上述四个要点，学生才能在个案分析中恰当地通过"三段论"展开法律适用与法律论证。

在教学过程中，授课教师应当通过教学设计在"课前、课中、课后"三个环节实现课程思政元素与教学内容的有机融合。

在课前，授课教师可以通过引入品种权保护典型案例实现对学生价值观的塑造，引导学生形成解决品种权侵权纠纷的正确法律观念。种子固化了育种者的智力劳动成果，是育种成果的有形载体，品种权保护就是通过控制种子的生产与流通，使品种权牢牢掌握在育种者手中。学生应结合品种权侵权纠纷案例，对品种权保护的制度价值进行正确提炼。学生面临的学习痛点通常在于他们难以通过法条的记忆与背诵理解品种权的内容。也就是说，仅仅通过案例的引入无法全面实现学生对品种权保护认知的提升。因此，教师需要结合教学目标在课程开篇设置具体情境，对案例进行深入剖析，以便引起学生思考并激发学生解决法律实践难题的兴趣。授课教师还应当通过对案例事实的层级式分析降低学生对理解品种权保护"技术事实"的畏难情绪。

在课中，授课教师应着重培养学生对品种权保护的认同感与制度自信。品种权控制行为种类的增加为我国承担更加严格的国际义务做好了充分准备。植物新品种的国际保护规则是通过《国际植物新品种保护公约》（下文简称"UPOV公约"）形成的。UPOV公约有两个版本：1978年文本和1991年文本。在1978年文本中，品种权只控制"以商业销售为目的之生产；提供出售；市场销售"三项行为，而1991年文本则赋予育种者控制"生产或繁殖；为繁殖而进行的种子处理；提供销售；售出或其他市场销售；出口；进口；用于上述目的的原种制作"七项行为。由此看来，尽管我国目前加入的是1978年文本，但是修正后的《中华人民共和国种子法》的实施已经为我国加入1991年文本做好了准备。在课程结尾时，授课教师应进一步总结课程内容的重点、难点——讲解的重点是品种权内容的四项要点，理解的难点是品种权的法律功能。

在课后，授课教师可以结合课前与课中提炼的思政内容布置延伸阅读材料，促使学生思考品种权的社会功能，并归纳总结品种权保护与育种技术创新、国家粮食安全保障等现实需求之间的联系。

三、教学目标

1. 课程教学目标

本课程基于最新的《中华人民共和国种子法》实施前后中华人民共和国最高人民法院发布的司法解释、指导性案例和典型案例展开分析讨论，力争实现以下教学目标。

第一，要求学生熟练掌握鉴定式案例研习方法，锤炼知识产权法律思维。通过方法与思维的训练，学生应当熟练掌握侵害品种权的请求权基础以及抗辩事由。

第二，帮助学生从利益平衡的理论视角形成正确的法律观。知识产权相关法律具有保护知识产权与维护公共利益的双重目的，利益平衡是知识产权相关法律价值构造的内核。为实现植物新品种权保护的公平、正义，国家同样需要在品种权保护与限制之间作出恰当的制度安排。学生应结合疑难案例，对品种权保护制度的价值目标进行正确提炼。

2. 思政育人目标

课程以习近平法治思想为基本指导，强化马克思主义思想对于实务教学的指导作用，帮助学生构建正确的世界观、人生观和价值观。习近平法治思想和新发展理念是关于中国法治与发展问题的理性思维和实践经验总结，对新时代知识产权制度建设具有思想引领作用。本课程以品种权保护为例，帮助学生理解习近平总书记关于知识产权法治的重要论述。在实现课程教学目标的基础上，激发学生的学习兴趣，通过典型案例的引入促使学生思考品种权在我国种业制度中的地位和作用，从而促使学生理解品种权保护与育种技术创新、国家粮食安全保障等现实需求的关联。在国际化视野之下，课程结合育种技术发展的最新趋势，要求学生了解我国种业法律制度及品种权国际规则，引导学生深入思考我国如何在国际保护规则的制定中提高品种权保护的话语权，激发学生完善品种权保护制度的使命感。

四、教学实施过程

课程按照"线上准备、案例研习、理论讲解、提升素养"的思路展开，通过"提出疑问，解读疑问，思想升华，价值塑造"实现课程内容与思政内容的有机融合。

在线上准备阶段，教师要求学生在课前利用智慧树平台的线上课程——"知识产权法"自学"植物新品种权"一章的内容，以便学生掌握品种权保护的基础知识。授课教师利用雨课堂发布调查问卷，要求学生对基础概念及知识点进行归纳总结，并回答下列问题：

（1）植物新品种的定义；

（2）品种权的保护范围。

授课教师结合学生对问题的回答情况进行学情分析。要求学生利用从中国裁判文书网下载的典型案例判决书等相关材料，为案例研习做好准备。

通过学情分析可以发现，学生在理解本课程的基础知识时存在以下误区。

（1）学生对植物新品种的概念理解不到位。植物新品种的定义性规范是判断植物新品种侵权是否成立的前提。学生没有正确地理解育种技术与品种权保护制度之间的联系。除此之外，我国品种权法律保护分为两条路径，即行政保护路径与私权保护路径，学生对上述保护路径的特点与优势掌握得不到位。

（2）学生在理解品种权的保护范围时存在知识点盲区，学生的理解局限于法律规范中"独占实施权"的规定，并没有将品种权保护与其定义性规范、限制性规范有机地结合在一起。由此看出学生对品种权保护的法学分析仍然缺乏系统性和严谨性。对品种权保护的基础性理解决定了学生对我国种业政策、种业法律制度以及品种权国际规则的掌握和接受程度。

在此基础上，授课教师应对鉴定式案例研习方法以及鉴定式案例研习报告的撰写进行基本介绍。

接下来，教师可以引入以下案例展开对品种权的讲解。通过中华人民共和国最高人民法院发布的指导性案例"三红蜜柚"植物新品种侵权案讲解品种权保护的内容；通过中华人民共和国最高人民法院公布的典型案例"青海蕨麻1号"案讲解品种权的性质；通过海南自由贸易港知识产权法院审理的"隆科638S"案讲解品种权的内容；通过"南粳9108"案讲解品种权的限制。在此环节，由授课教师介绍案件的基本信息，由学生分别代表权利人以及被诉侵权方对其请求进行阐述，并讨论其诉讼请求或抗辩理由能否成立，通过鉴定式案例研习的方式全面检视品种权保护的请求权基础规范以及抗辩规范。

"三红蜜柚"植物新品种侵权案中涉及的植物新品种侵权行为成立的前提在于，被诉侵权方存在销售植物新品种"繁殖材料"的行为。本案的裁判发生在新《中华人民共和国种子法》实施之前。但是从育种技术的发展趋势来看，扩大"繁殖材料"的范围符合育种技术发展的普遍规律，能准确体现其科学内涵。扩大"繁殖材料"的范围也促使我国品种权保护制度向UPOV公约（1991年文本）的要求与标准靠拢。本案中，司法者提出了"繁殖材料"界定的三项构成要件，所得裁判结果合理地平衡了育种者与消费者之间的利益，为新《中华人民共和国种子法》中修订"繁殖材料"的概念起到良好的铺垫作用。

在"青海蕨麻1号"案中，司法者在全面审查原告方请求权基础的前提下，通过明确区分品种审定和品种授权行为，否定了原告的请求权基础。本案的裁判结果表明，我国品种权保护的范围和程度已超过UPOV公约（1978年文本）的要求。从目前我国育种技术发展的水平和现状来看，不宜将品种权保护范围扩大至包括所有的植物种或属。

"隆科638S"案是2021年海南自由贸易港知识产权法院公开审理的第一宗知识产权案件——植物新品种侵权纠纷案，本案传递的"保护品种权人正当权益"的司法声音增强了育种者的信心，为种业创新"南繁基地"的发展提供了有力的司法助推。本案的原告是"隆科638S"水稻的品种权人，2020年，原告在三亚发现被告利用"隆科638S"进行大面积育种。经行政机关查处，被告生产涉嫌侵权种子439包，合计约35120斤[①]。此后，被告将全部涉案侵权种子运至江西省萍乡市，并将其储存在一处厂房内。在执法部门发现该批种子之后，种子数量剩余23500斤。对此，被告虽然主张没有销售该批种子，但是对种子的去处却无法提出证据加以证明。为查明本案所涉技术事实，法庭邀请了育种专家作为技术调查官。经证明，"隆科638S"是杂交水稻"隆两

---

① 1斤为0.5千克，下同。

优 1377"的母本,"隆科 638S"自身也是杂交水稻,不能单独繁育后代,如果不用"隆科 638S"作为母本与父本进行杂交,就无法繁育下一代杂交水稻。本案的关键事实是,被告购买了品种权保护的种子然后将其用作母本,与其购买的父本结合进行繁育。此外,被告将繁育的种子用于商业化目的,即用于销售。因此被告所实施的行为属于法条中的"为商业目的将该授权品种的繁殖材料重复使用于生产另一品种的繁殖材料",即将品种权保护的繁殖材料用作"父本或母本"的行为。在被告的行为已经超出"自繁自用"所允许的合法规模的情形下,被告的行为构成侵权。

在"南粳 9108"案中,司法者明确指出,品种权限制规则"自繁自用例外"适用的主体应是以家庭联产承包责任制的形式签订农村土地承包合同的农民个人,不包括合作社、种粮大户、家庭农场等新型农业经营主体。适用的土地范围应是通过家庭联产承包责任制承包的土地,不包括通过各种流转方式获得经营权的土地。适用的种子用途也应以自用为限,除了法律规定可以在当地集贸市场上出售、串换剩余的常规种子,不能通过各种交易形式将所生产、留用的种子提供给他人使用。本案结合案情事实明确了"自繁自用例外"的适用条件。这说明法律的解释与适用是一门流连于法律规范与案情事实方面的技艺。法学建构包括两个方面:一是概念构造,即将法律规范回溯到更为抽象的概念与制度上去;二是事实归入,即将特定事实归入既有的法学范畴之下。在法律适用的过程中,我们不但需要寻找合适的请求权基础规范或抗辩规范,还要通过法教义学的作业方式,对规范成立的前提进行准确提炼,再结合裁剪过的案情事实,通过涵摄的方式对案件是否适用具体的法律规范进行推理和演绎。

在引导学生完成案例分析之后,授课教师应展开理论讲解。授课教师应结合前述典型案例帮助学生理解习近平总书记关于知识产权保护、粮食安全的重要论述,促使学生思考我国品种权保护制度在保障粮食安全方面的功能与作用。2020 年,习近平总书记在主持中共中央政治局第二十五次集体学习时强调"创新是引领发展的第一动力,保护知识产权就是保护创新。"2022 年 4 月,习近平总书记在海南考察时指出,"要围绕保障粮食安全和重要农产品供给集中攻关,实现种业科技自立自强、种源自主可控,用中国种子保障中国粮食安全"。在粮食安全法治保障体系中,种业创新激励机制被赋予重要使命。通过品种权保护制度给予育种者充足的保护，不但体现了现代产权制度界权确权的规范功能，还能实现促进育种技术接轨世界先进水平的社会功能。在品种权保护制度发挥其应尽功能的前提下，不仅育种者可以得到足够的激励，人民群众在农业、林业、园艺等领域获得新特性、高品质植物品种的需求也可以得到满足。只有提升我国育种水平，激发育种者培育新品种的动力，才能保障我国粮食安全。

此外，授课教师还应当启发学生思考我国植物新品种权保护制度与国际规则之间的关系，引导学生正确认识我国司法政策中体现出的"强保护、同保护"理念。首先，我国在聚焦品种权保护实践问题的前提下，构建了与国际接轨又立足于本土的品种权保护制度。目前，我国已经构筑了以新《中华人民共和国种子法》为主体，包括《中华人民共和国植物新品种保护条例》在内的完备、系统、协调的品种权保护制度。新《中华人民共和国种子法》的出台与实施全面加强了品种权保护，体现了法律制度适应育种技术发展的灵活性、前瞻性、科学性，并且向世界传递出我国加强品种权保护的信心与决心。其次，我国还通过强化司法保护、协同行政保护等多重方式有效、公平地协调了育种者保护与育种技术传播等利益诉求。

最后，授课教师应总结育种技术对品种权保护制度的影响，再次强调品种权保护对激励创新的重要作用，重申品种权在种业法律制度与种业法治体系内的价值。要求学生从育种者、农民、科学家、涉外主体等多重视角出发，厘清品种权保护中的民事法律关系与潜在利益冲突。授课教师可以建议学生重点关注涉外植物新品种权保护案件中的疑难问题并持续思考我国如何在履行国际义务的同时构建符合我国育种技术水平以及育种发展需求的品种权保护制度。

五、案例反思

在教学内容方面，课程引入前沿案例，不断拓宽学生知识面。首先，通过提炼关键法律问题的方式提高学生对案例教学的兴趣。其次，进行重要法律事实的提炼，充分引导学生思考实践问题。最后，分析品种权内容的四项要点，帮助学生利用"三段论"形成法律与事实的涵摄，从而形成知识点的迁移。知识产权方面的法律人才应当具备全面的知识背景，对知识产权方面法律人才的培养应当朝向融通化、国际化的方向发展。这就要求课程设计合理地融入国际视野、域外视野以及技术背景，充分关注我国种业法治中的实际问题与疑难问题。

在教学方法上，课程通过互动式的教学方法强化学生对知识点的理解，提升学生主动学习的能力。知识回顾的缺失会导致学生只能对法条规定进行机械记忆而无法整体地、系统地理解品种权保护的内容。通过增设"知识回顾"的教学环节可以解决上述问题。对品种权内容进行的"要点式"法律分析提升了学生利用基础知识解决实际问题的能力。在教学内容中引入包括案例和理论在内的新材料也可以提高学生学习的积极性与主动性。

除此之外，课程采取了灵活度高、参与性强的教学方式。在开展课程的内容设计时，授课教师可以采用线上与线下有机结合的方式进行教学创新。设置线上环节的目的是帮助学生巩固知识点，并促使学生通过自主学习发现问题、提出问题。在线下的答疑环节，授课教师需要重点解决疑难问题，破除传统的思维定式。在线下的讲授环节，授课教师还可以通过案例教学提升学生理论联系实际的能力，同时通过互动讨论与课堂展示等手段提升学生的课堂参与度。

六、教学效果

首先，本课程能够全面提升学生的道德素养，培养学生的家国情怀。通过对本课程的学习，学生能够领会习近平总书记有关知识产权法治的论述，能够深度理解我国品种权的法律功能与社会功能。通过正确认识品种权的法律功能，学生能够形成品种权保护的制度自信。通过思考品种权的社会功能，学生能够理解品种权保护与激励种业创新、保障国家粮食安全等国家政策的联系。

其次，本课程提升了学生运用基础知识解决现实问题的能力，促使学生树立正确的法律观。根据教学思路，授课教师在教学内容中始终坚持以品种权保护为价值引领，引导学生形成解决品种权纠纷的正确法律观。

最后，本课程以鉴定式案例研习报告为载体检验学生的学习效果，教师做到了有问必答，能够对学生产生正向反馈与正向激励。

 参考文献

《知识产权法学》编写组，2019. 知识产权法学[M]. 北京：高等教育出版社.
李菊丹，2022. 生物技术背景下我国植物新品种保护对策研究[M]. 北京：法律出版社.
吴汉东，2021. 知识产权法[M]. 北京：法律出版社.
吴香香，2021. 请求权基础：方法、体系与实例[M]. 北京：北京大学出版社.

法治中国，主权至上

刑事司法学院　林慧青

 案例概述

"涉外警务学"让学生能够全面、系统地掌握涉外警务的基本概念、基础理论；掌握涉外刑事管辖权的确立，以及涉外刑事案件处置的程序和方式；了解跨国追捕与遣返的基本内容，以及国际警务合作的基本原理、合作的方式和途径等。教师应在课程教学的过程中让学生充分体会到公安机关在维护国家安全和领土主权完整、维护边境地区治安秩序和出入境管理秩序等方面的重要职能，尤其应让学生体会到，在涉外治安行政执法和涉外刑事执法中，应始终将国家主权放在首位，在涉外警务处置的每个环节中都要贯彻和体现国家主权原则，建设法治中国。

一、基本信息

课程名称：涉外警务学

授课对象：公安专业本科生

使用教材：自编讲义

学习内容：涉外警务的相关内容

教学课时：32课时

二、课程思政教学整体设计思路

涉外警务学以涉外警务的基础理论、涉外警务的法律依据、涉外警务工作，以及与公安机关有关的涉外活动现象、规律和对策为研究对象。作为涉外警务学研究对象的涉外警务工作，涵盖公安机关在维护国家安全和领土主权完整、维护边境地区治安

秩序和出入境管理秩序方面的重要职能，既包括涉外治安行政执法，又包含涉外刑事执法。

（1）在涉外警务原则和涉外案件处置的教学中强调维护国家主权的观念，增强学生对国家和民族的认同感，培养学生的爱国热情。

（2）在涉及公安工作的教学中强调要坚持党的领导，坚定中国特色社会主义道路自信、理论自信、制度自信、文化自信。

（3）在涉外警务处置过程的教学中强调法治思想、法治原则，引导学生将依法治国理念贯穿整个涉外警务处置过程。

（4）在涉及国际合作的教学中强调主权平等、对等互惠，激励学生不断追求国家的富强、民主、文明、和谐和社会的自由、平等、公正、法治。

三、教学目标

1. 课程教学目标

（1）强化依法行政的理念教育，注重对学生的科学思维方法训练和科学精神培养。

（2）使学生熟知涉外警务的基本概念、基础理论，理解涉外行政案件处置的程序、处罚方式和措施，掌握涉外刑事管辖权的确立和涉外刑事案件处置的程序和方式，培养学生的法治理念和解决实际问题的能力。

（3）使学生了解跨国追捕与遣返的概念，掌握引渡制度和驱逐出境制度的内容以及其在跨国追捕与遣返中的作用。

（4）使学生掌握国际警务合作的基本原理、合作的方式和途径，了解外交关系和涉外警务的联系以及外交关系在涉外警务中的作用。

2. 思政育人目标

（1）提高学生分析问题和解决问题的能力。

（2）激发学生依法治国、爱岗敬业、无私奉献的家国情怀和使命担当，培养学生的国际视野、合作精神。

四、教学实施过程

(一)教学过程

1. 课前阶段

(1)制定教学大纲。

在本课程教学大纲的教学目标中增加思政育人目标,把思政育人目标和课程教学目标融为一体,充分体现学生学习知识的初衷、价值和意义,让社会主义核心价值观贯穿于专业课"求真"的全过程。

(2)准备教案。

教师应将每次课所要讲授的知识点中的课程思政元素挖掘出来,作为当次课的教学目标,并将社会主义核心价值观的基本内涵、主要内容纳入教学布局,做到专业教育与思政教育相融共进,引导学生做社会主义核心价值观的坚定信仰者、积极传播者、模范践行者。

2. 课中阶段

在以教师讲授为主的基础上,充分采用多种方式让学生从被动地学习转向主动地学习,并且主动将所学付诸实践。

(1)案例教学法。

在上课前,教师应做好充分准备,了解社会热点,精选案例,找到本课程与社会现实、学生思想动态的契合点。具体来说,可将学生分为几个小组,组内成员分工合作进行实际案例分析,培养学生自主学习、与人探讨的协作精神,使学生实现思政内容的自我教育。在教师点评环节,教师应再一次深层次地挖掘案例中的课程思政元素,对学生进行诚信教育、爱国主义教育、团队合作意识教育等。

(2)情景教学法。

在课堂上,教师应向学生剖析本课程对应的工作岗位,将教学中的项目任务变成工作中的真实工作任务,要求学生按照岗位标准去完成并按职业标准对其进行评价。通过模拟真实的工作环境下的对话、行为，本课程将思政教育具体化，培养学生爱岗敬业、严谨负责的职业精神。

（3）任务驱动法。

将课程内容分割成若干个工作任务分配给学生，并采取分组形式完成任务。组内各成员应分工明确，各司其职，相对独立又相互合作。在整个工作任务的实施过程中，教师应通过正确引导，使学生有所领悟：在走上工作岗位后，自己工作的完成情况不仅决定了个人得失，而且会影响团队的整体利益，这在无形中培养了学生的团队协作精神和集体主义价值观。

（4）课堂或网络社区讨论法。

教师应针对课程内容，在课堂上或者网络社区内发起话题讨论，最后进行引导性总结。学生应踊跃发言，充分探讨，碰撞观点。

3. 课后阶段

（1）课后反思。

教师应引导学生课后结合专业课知识点提炼思政内容，通过作业、论文、设计、问答等多种方式深入思考自己在课堂上学到的内容、自己的感悟，从而主动将社会主义核心价值观内化为精神追求、外化为自觉行动。

（2）和辅导员的思政教育相结合。

教师应主动和辅导员沟通，通过多种方式开展专题教育，共同承担对学生的思想教育工作，比如采用主题班会、播放教育影片、组织参观、综合实践、素质拓展等方式提高学生的参与度，让学生从被动的接受教育者成为主动的学习者，甚至成为思政教育的传播者，提高思政课的思想性、亲和力、吸引力。

（二）课程思政元素提炼

课程思政元素与其对应的教学案例和教学设计见表1。

表 1　课程思政元素与其对应的教学案例和教学设计

课程思政元素	教学案例	教学设计
引导学生树立和维护主权意识，激发学生的家国情怀与使命担当	湄公河"10·5"中国船员遇害案	课前布置视频观看任务，课中讲述维护国家主权原则、确立涉外刑事管辖权的重要性，课后组织学生讨论
引导学生牢固树立法治思维，坚定走中国特色社会主义法治道路的理想和信念，深化对法治理念、法治原则、重要法律概念的认知	公安部"猎狐"行动	通过介绍"猎狐"行动，让学生深切体会到祖国强大起来了，体会到依法治国的重要性
引导学生养成遵纪守法、爱岗敬业、无私奉献、诚实守信、公道办事、开拓创新的职业品格和行为习惯	厦门远华特大走私案	让学生自行收集材料，做成PPT，进行小组讨论，使自我学习和互相学习相结合
引导学生正确了解国际形势、国家和国家之间的关系，客观看待当代中国和外部世界的关系，认识到只有祖国强大、人民富强才能争取到国际社会的话语权，才能够保障本国公民的合法权益	阅读《撞死英国青年的美外交官妻子逮捕有望？英美取消其外交豁免权》	让学生自行收集材料，在讨论的基础之上撰写心得体会

五、案例反思

（1）在教学过程中，教师需着重强调教学目标，帮助学生理解国家法治建设与维护国家主权的内在联系。本课程的核心目标是加深学生对社会主义法治精神的认识，并加强他们对主权至上原则的理解。通过深入分析中国法律制度、国际关系中的主权问题及其对内外政策的影响，本课程能够有效帮助学生全面理解法治中国的含义。通过具体的案例分析，本课程不仅能够帮助学生深入理解公安机关在维护国家安全与社会秩序中的核心作用，还使学生明确了公安机关在涉外警务中的职责。在国际形势复杂多变的背景下，本课程特别强调了公安机关如何在全球化和边境治理中有效地履行职责，保障国家安全和领土完整。这不仅有助于学生掌握专业知识，更强化了他们对公安工作的理解，推动了课程目标的实现。

（2）本课程通过案例分析与理论讲授相结合的方式融合了多维度教学内容。例如，通过结合中国近些年在国际事务中表现的相关案例，特别是应对外部挑战与维护国家主权方面的实际案例，学生能够更加深刻地理解法治体系在保障国家主权方面的作用。

（3）除了传统的讲解式教学方法，本课程还引入了互动式讨论、案例分析、小组辩论等教学方法，极大地增强了学生的参与感。在分析国家主权的相关案例时，学生被分成小组，通过数字媒体展示和角色扮演相结合的方式，模拟中外警务合作，解决在执行过程中可能遇到的法律冲突问题。这种教学方法有效提高了学生的学习主动性，使学生不仅理解了相关法律原理，还提高了应对能力和实践操作能力。

六、教学效果

课程思政是为了立德树人。"育人"先"育德"，注重传道、授业、解惑的有机统一，一直是我国教育的优良传统。"涉外警务学"是公安学类课程，公安学本来就是一门政治性很强的社会学科，而法治总是同国家的政治制度相联系，是对国家政治制度和政治关系规范化、法治化的表达。因此，"涉外警务学"课程内容本身就体现了较强的思政性，本课程同时在课前、课中、课后融入了更多的课程思政元素，实现了知识传授与价值引领的有效结合。

参考文献

戴弗雷姆，2013. 警务全球化：国际警务合作的历史基础[M]. 薛丹云，孙茗，沈莉莉，译. 南京：南京出版社.
卢国学，2003. 国际刑警组织[M]. 北京：社会科学文献出版社.
马进保，1999. 国际犯罪与国际刑事司法协助[M]. 北京：法律出版社.
裴兆斌，刘聪，石可欣，等，2017. 海上跨国犯罪与国际刑事司法协助[M]. 北京：人民日报出版社.

讲好中国故事，加强中国国际传播力，促进文明交流互鉴

外国语学院　关绮

 案例概述

习近平总书记指出，要推进国际传播能力建设，讲好中国故事、传播好中国声音，向世界展现真实、立体、全面的中国，提高国家文化软实力和中华文化影响力。"综合商务英语"作为英语专业基础课程，要让学生在学习西方语言的同时，也学习、理解西方媒体运作的本质，同时思考外语人在跨文化国际传播中的责任和担当，思考应如何积极地传播"中国声音"，促进世界文明交流互鉴。

一、基本信息

课程名称：综合商务英语

授课对象：商务英语专业本科生

使用教材：《商务英语综合教程4学生用书（第二版）》，孙亚、杨颖莉，上海外语教育出版社

学习内容：What Makes Mainstream Media Mainstream（主流媒体何以成为主流）

教学课时：6课时

二、课程思政教学整体设计思路

本课程依据知识、能力、素质一体化目标，建立"三位一体"的课程思政教学体系；以素质教育为核心，精确选取切入点，展开教学，注重对学生商务英语专业应用

能力的培养；以学生为中心，设计课堂活动引导学生主动学习，主动实践。与此同时，课程应体现高阶性、创新性和挑战度。

本课程以西方媒体为切入点，以确立素质目标中的媒介素养（media literacy）为引领，引导学生了解西方媒体的本质。

在教学过程中，本课程着重突出三个方面的思政内容。

（1）引导学生认识西方主流媒体的本质特征。

（2）引导学生不盲目相信外媒上的观点、信息，培养学生的思辨能力，使学生以批判性思维去解读媒体信息。

（3）使学生认识到在国际舞台上话语权的重要性，以及中国对外宣传工作的重要性，将来讲好中国故事、传播好中国声音。

课程教学各环节的重点包括以下几个方面。

（1）在课前准备环节，根据课程主题结合思政内容设置课前思考题，指导学生提前阅读相关文献，引导学生根据思考题进行课前阅读和预习。

（2）在课中讲授环节，系统地将课程思政元素融入课程内容的讲授中，详略得当、重点突出。联系时事，注重文本分析。组织问答讨论，结合思政内容设计恰当的问题，引发学生多层次和多角度的思考和论辩，最大限度地调动全体学生的学习主动性和积极性。

（3）在要点总结环节，根据学生回答和讨论的情况，及时释疑解惑，总结课文内容的核心和要点，结合思政内容布置课后阅读文献和作业，引导学生在课后进行拓展学习和研究。

三、教学目标

1. 课程教学目标

通过学习本课程，学生应能系统地提高语言技能，掌握相关商务知识和文化知识。教师应注重商务英语技能和商务专业课程的合理衔接，注重培养学生的思辨能力、创新能力和跨文化交际能力。

本课程应能提升学生的人文素养，使学生了解主要英语国家的历史、社会、政治、经济、文化、科技等基本情况；应通过对比中外语言文化知识，使学生了解我国国情和国际发展动态；应引导学生理解并尊重世界文化的差异性和多样性，培养学生的家国情怀与国际视野；应引导学生关注本专业领域的全球重大问题，初步具有开展国际交流与合作的能力。

2. 思政育人目标

本课程旨在通过形式多样的课内外语言教学活动，引导学生了解世情国情党情民情，坚定中国特色社会主义道路自信、理论自信、制度自信、文化自信，提升社会责任感、民族认同感和自豪感。具体体现在以下两个方面。

通过教学案例1，让学生认识到媒体的特点是引导和造势，了解西方媒体的本质和特点，引导学生对比中西媒体的区别：西方媒体为背后的大财团服务，而我国的媒体是为人民服务。借此提高学生的媒体素养，使其将来能用西方理解的方式讲好中国故事、传播好中国声音。

通过教学案例2，一方面，使学生认识到没有调查研究就没有发言权，另一方面，使学生深刻理解习近平总书记关于"人类命运共同体""世界文明多样性""文明互鉴"等的理论阐述，认识到学习、了解世界各国人民的诉求和世界各国文化的重要性。

四、教学实施过程

教学实施过程分为课前、课中和课后活动。

【教学案例1】

（一）课前活动

（1）让学生阅读文章《张国庆：美国利益集团对媒体话语权的控制》。

（2）让学生阅读图书《娱乐至死》。

（3）引导学生思考：在媒体上看到的信息都一定是真实的吗？媒体的目的是什么？

（二）课中活动

（1）安排学生分组进行课堂展示，对课前的阅读和思考内容进行主题展示，讲述自己的观点（例如：自媒体时代媒体背后的意识形态）。

（2）教师分析课文的整体结构，引导学生把全文划分为五个部分，并总结每个部分的中心思想。

（3）各部分学习。

① 第一部分。

分析长难句。讲解文中的"媒体产品"概念。

② 第二部分。

文章指出美国媒体大多是精英媒体，即"elite media"，精英媒体又称为"agenda-setting media"，它的作用是"set the framework in which everyone else operates"。

文章用"direct""divert"来说明精英媒体的作用：分散人们的关注，也可以理解为麻痹人们的意识，愚弄人民大众，让人们只关注体育比赛、性丑闻或名人的性格、麻烦之类的琐事，而不关心重要的事情（serious stuff）。

课程思政元素：教师介绍"奶头娱乐"（tittytainment）以及《娱乐至死》的内容，让学生认识到美国媒体的目的。

③ 第三部分。

文章介绍了美国媒体的结构体系，其实质就是受利益集团操控的精英媒体，是"tyranny, hierarchic, controlled from above"。

④ 第四部分。

教师应让学生再次认识到媒体的产品就是媒体受众（The product is audiences）。精英媒体的运作方式就像商业机构的运作方式，涉及买方、卖方（In the case of the elite media, it's a big business）。

课程思政元素：美国没有绝对的新闻自由，美国媒体背后都有大财团操纵，媒体是为大财团的利益服务的。精英媒体的实质是宣传和操控。

⑤ 第五部分。

文章的最后一段总结了全文的中心：美国的媒体产品，不管是有形的还是无形的，其倾向都反映了围绕在媒体周围的买家和卖家的利益，即这些机构的利益。

课程思政元素：使学生认识到媒体报道、舆论导向的重要性，以及话语权的重要性。一方面，引导学生在阅读西方报刊、新闻时，辩证地看问题，不盲目相信。另一方面，带领学生反思我国的媒体宣传工作，使学生认识到西方媒体背后所反映的意识形态，认识到西方媒体抹黑中国、抵制中国的目的。面对这种情况，中国媒体需要应对挑战，向世界人民展现中国真实的样子。而作为英语专业的学生，要学好英语，掌握本领，为构建我国自主话语体系做出贡献。将来要用西方人听得懂的语言、以他们容易接受的方式为中国发声，讲好中国故事，传播好中国声音。

（三）课后活动

引导学生学习习近平在《习近平谈治国理政》里的论述。

【教学案例2】

在课文中，作者描述了在英国酒吧的一群英国人，他们在言谈中嘲笑、蔑视欧洲其他国家的人民，认为自己高人一等。作者认为这种国家偏见是荒谬可笑的，并批判了这些人，声称自己愿意做世界公民，在热爱自己国家的同时，也不蔑视、仇恨其他国家。

（一）课程思政要点

将跨文化交际意识、思辨思维、中国情怀融入教学过程中，引导学生在跨文化交际中，认识到各文化间存在差异，能以不卑不亢的态度进行交流，既不对其他国家抱有偏见，也不看低自己的国家，遵循平等相处的原则。同时，也要能维护自己国家的利益。

（二）课前活动

（1）安排学生分组讨论、分享国家偏见的定义及形成的原因，了解哲学家第欧根尼（Diogenes）、民族主义（nationalism）。

（2）安排学生预习单词ethnocentrism（民族优越感，本国中心主义）。

（3）让学生在网上搜索"世界偏见地图"。

（三）课中活动

（1）分析刻板印象（stereotype）与偏见（prejudice）的概念区别。

（2）课堂讨论。

让学生讨论：What does "the citizen of the world" mean?（如何定义"世界公民"？）What kind of qualities should a citizen of the world have?（"世界公民"应具备什么品质？）

世界公民是指一个不只关心自己的社区和国家，也关心世界上其他地方的事情的公民。他们关注世界上不平等的情况，了解不公正和贫穷的成因，亦愿意承担责任，身体力行减少贫穷与不公正。他们超越一国一族的狭隘情感，具有世界情怀。世界公民具有全球意识，促进可持续发展目标的实现，更有社会责任感，不仅为自己谋利，还会为社会各界的福祉行动。

世界公民应具备以下品质。

① 情感与价值观方面：尊重不同的文化与价值观念；设身处地地感受贫穷与不公正的状况；反思个人与世界的关系。

② 行动方面：身体力行，为个人的行为对世界的影响负责；愿意在社区甚至世界层面采取行动，为建设更公平、更可持续发展的世界而努力。

课程思政元素：让学生认识到"世界公民"的积极正面的含义，在将来的跨文化交往中能够认识文化的多样性，能平等对待世界各国人民并为全世界的发展贡献自己的力量。

让学生讨论：如何做好世界公民？"世界公民"理论与"人类命运共同体"理念有哪些相似之处？

在文章中，作者指出，那种认为国家偏见是爱国主义的自然且必需的延伸的观点是非常错误的。作者把盲目自夸自己国家的人比喻成需要依靠粗壮橡树的纤细藤条（the slender vine twists around the sturdy oak），因为他们自己没有力量（没有优点）。教师可以带领学生分析民族主义（nationalism）与爱国主义（patriotism）二者之间的关系，不能混淆二者。

"It is certain that I can love my own country without hating people from other nations or regarding them as inferior. And I could prefer the title of a citizen of the world to the appellation of a native of a specific country." 作者提出一个人可以做到热爱自己的国家，而不仇恨、蔑视其他国家的人。作者愿意做一个世界公民。

习近平同志在党的十九大报告中指出，我们呼吁，各国人民同心协力，构建人类命运共同体，建设持久和平、普遍安全、共同繁荣、开放包容、清洁美丽的世界。要相互尊重、平等协商，坚决摒弃冷战思维和强权政治，走对话而不对抗、结伴而不结盟的国与国交往新路……要尊重世界文明多样性，以文明交流超越文明隔阂、文明互鉴超越文明冲突、文明共存超越文明优越。

（We call on the people of all countries to work together to build a community with a shared future for mankind, to build an open, inclusive, clean, and beautiful world that enjoys lasting peace, universal security, and common prosperity. We should respect each other, discuss issues as equals, resolutely reject the Cold War mentality and power politics, and take a new approach to developing state-to-state relations with communication, not confrontation, and with partnership, not alliance…we should respect the diversity of civilizations. In handling relations among civilizations, let us replace estrangement with exchange, clashes with mutual learning, and superiority with coexistence.）

让学生分析："一带一路"倡议的英语翻译，为什么用"initiative"，而不用"project"或"proposal"？

让学生学习费孝通的名言：各美其美，美人之美，美美与共，天下大同。

Every form of beauty has its uniqueness;

precious is to appreciate other forms of beauty with openness;

if beauty represents itself with diversity and integrity,

the world will be blessed with harmony and unity.

（四）课后活动

（1）让学生课外查找、收集资料（目的：锻炼学生的自主学习能力），讨论一些跨国集团（如海尔集团、中国银行、比亚迪汽车等）在跨文化交流中是如何体现各国的平等的,是如何提升员工的跨文化交际意识的?

(2)写作训练:What is a citizen of the world? 可以从以下几点着手:definition, the process of becoming such a person, intercultural communication competence。

五、案例反思

在教学内容方面,通过文本学习,使学生了解西方世界的媒体是如何运行的,引导学生正确看待西方媒体;形成批判性思维,提升自身的媒介素养;通过对国家偏见的批判,理解世界公民的含义,更好地理解文明交流互鉴和"人类命运共同体"的意义。

本课程在教学过程中综合运用文本导读、问答教学、案例讨论等教学方式,充分调动学生学习的积极性和能动性,推动学生自主探究、深入思考,并通过课堂问答、集体讨论、课后作业、调查问卷等方式广泛收取教学反馈,检验教学成效。

六、教学效果

本课程达到了预先设计的教学目标,激发了学生的学习兴趣,实现了教学共振。本课程任务教学法和案例教学法运用恰当,教师能及时把握学生的心理。课堂气氛融洽,师生互动、生生互动氛围较好,学生思维活跃,能积极回答问题,并结合自己的情况进行拓展。

本课程鼓励学生多阅读、多思考,尊重文本、联系生活。课程中所采用的问题式教学方式使得课程的主要效果不再仅停留于使学生掌握语言知识、记住某些词汇和语法,也使学生深刻理解课文中的思想,使他们在面对现实生活中的一些难题时,能够有独立思考的能力,并具有解决问题的能力。当然,本课程也提高了学生在情感、价值和文化层面上对"四个自信"的认同度。

参考文献

王镇平,金利民,2014. 英语知识课程教学与思辨能力培养研究[M]. 北京:外语教学与研究出版社.

翻译之光：闪耀中国故事

外国语学院　张琦

 **案例概述**

"英语口译"是面向全校本科生开设的一门通识选修课程。根据教学目标和教学对象的不同，教学团队对传统英语口译教学的内容进行了重构与创新，旨在给本校学生提供"英语+专业融通"的技能培训，培养学生的国际化视野；突出通用性的语言表达技巧，选择具有鲜明专业特色的翻译材料，以期在教授口译知识的同时，更能满足选修该课程的学生的其他需求。

一、基本信息

课程名称：英语口译

授课对象：全校选修该课程的本科生

使用教材：自编讲义

学习内容：口译笔记符号

教学课时：4课时

二、课程思政教学整体设计思路

（一）树立政治认同，培养家国情怀

本课程能够培养学生的语言素养、逻辑素养、文化素养和政治素养。通过学习本课程，学生可以从各种材料中更深入地了解世界各国的历史、文化、政治体制等方面的知识。本课程的大多数语料均为国家的重要事件、政策和领导人的演讲，这些可以帮助

学生建立对自己国家的认同感。这种认同感可以激发学生为国家的利益和发展贡献力量的意识。同时，本课程通过介绍国家的文化遗产、传统价值观和社会发展等方面的内容，培养学生对国家的深厚情感和责任感。学生将通过学习了解国家的奋斗历程以及未来的发展方向，这将激发他们对国家的热爱和对社会进步的追求。

（二）讲好中国故事，传播中国声音

通过课堂上及课堂下的口译实践活动，学生有机会成为中国形象的传播者和代表。他们可以通过口译实践，翻译中国政府官员、企业家、学者等的演讲和访谈内容，将中国的政策、发展成就和文化传递给国际听众。这有助于展示中国的多样性、创新力和社会进步，以及凸显中国在全球事务中的贡献。

（三）提升专业技能，培养终身学习意识

本课程注重培养学生的终身学习意识。鉴于口译领域变化快速，学生需要不断学习和更新知识，提升语言能力和专业技能。本课程通过引导学生进行自主学习和不断实践，培养学生的学习能力和终身学习意识，使他们能够持续应对不同领域的挑战。

三、教学目标

1. 课程教学目标

（1）使学生掌握口译技巧，提升语言能力。

（2）使学生了解口译技能在本专业中的应用架构。

（3）使学生提升双语传译质量及表达技能。

（4）使学生能够熟练运用跨文化交际及沟通技巧。

2. 思政育人目标

（1）培养跨专业融通外语人才，助力中国涉外语言服务。

（2）培养学生自主学习的内驱力，使学生践行终身学习理念。

（3）引导学生讲好中国故事，提升家国意识和情怀。

四、教学实施过程

本课程按照"B(课程导入)+O(课程目标)+P(课前评估)+P(参与式学习)+P(课后评估)+S(总结与作业)"流程形成一个闭环教学体系,让学生每节课都能够学有所得。

1. 课程导入

在正式进入新的课程之前,教师引导学生一起回顾之前所学习过的口译技巧,对之前的课程学习做出总结。

随后,教师可以提出这样一个问题:口译笔记符号有什么作用呢?带着这样的问题,教师播放一段视频,该视频的左右两侧,分别是两位口译员听一则相同材料时的不同反应。其中,一位用口译笔记符号,另一位则不用口译笔记符号。教师可以通过对比来吸引学生的注意力,以此引入"口译笔记符号的优势是更加简洁与省时"这一内容。

2. 课程目标

教师应阐述本课程的教学目标,让学生有所准备。完成本课程后,学生应能够:

(1)掌握口译中的一些典型笔记符号;
(2)掌握记笔记符号的规则,了解自己创造符号的正确方法;
(3)探索记笔记的布局。

3. 课前评估

在上课之前,学生可以先进行自我评估——在学习本课程之前,我们是否已经掌握了一些符号可以为我们所用呢?引导学生分组讨论,并将各小组结论上传至企业微信群(现代化教学手段的运用),让学生了解生活中的一些符号是可以应用在口译中的。

4. 参与式学习

在课堂的主体教学部分中,教师应严格执行"以学生为中心"的情景式教学法,包括学生讨论、企业微信群分享、学生上台分享、教师展示等内容,整个课堂应处于一种沉浸式学习的状态。具体学习内容如下。

（1）口译笔记符号的理论介绍。

教师应介绍运用口译笔记符号的必要性和重要性，但也应提醒学生：口译笔记符号只是口译过程中的一个辅助工具，应与其他辅助工具和技巧结合在一起使用。同时，教师应帮助学生识别一些误区。

（2）笔记符号练习指南：常用口译笔记符号。

教师应讲解口译笔记符号的类别（主要有六种类型）：图形符号、缩写、箭头、数学符号、标点符号和汉字部首。教师在讲解一些常用符号作为参考时，也应鼓励学生用自己的方式创造新的符号。

（3）口译笔记材料练习。

在完成了对一些常用口译笔记符号的教学后，下一步就是对这些符号的运用方法进行教学。这里教师可以选择中美外交经典场景中的一个片段作为练习的材料，使学生在听材料的过程中，为祖国的强大感到自豪。

5. 课后评估

在课程主体内容教学完成后，教师应留出一些时间让学生总结一下从当天的课程中学习到了什么内容，并邀请一些学生代表发言。最后，教师应对此进行总结性的评估。

6. 总结与作业

课程结束后，教师应总结本课程的重点内容，布置作业，并推荐拓展阅读内容。

五、案例反思

"英语口译"作为一门通识选修课程，每学期都会开设，未来教师需要从以下几个方面提升教学效果。

1. 不断更新教学内容与练习材料，增强教学的实用性

"英语口译"是面向全校本科生的一门通识选修课程，教学内容和练习材料应该反映真实的口译需求。通过引入真实的对话、演讲等录音材料，学生可以更好地了解真实的口译过程中可能面临的挑战和机遇。同时，教师可以根据学生的反馈和实际需求，及时更新教学内容和练习材料，确保其与实际需求保持一致。不断更新教学内容与练习

材料可以培养学生应对不同情况的能力。口译员需要快速理解需翻译内容并将其转化为其他语言，因此，通过提供多样化的教学内容和练习材料，学生可以接触到各种不同的语言风格、口音和语速，从而提高他们的适应能力和应变能力。

2. **不断创新教学方法，增加学生的课外实践活动**

教师可以采用模拟真实口译环境的教学方法提高学生的学习效果。例如，组织模拟会议、辩论赛、新闻发布会等活动，让学生扮演口译员的角色进行口译实践。这样的活动可以让学生更好地了解和适应真实的口译环境，并改善他们的口译技巧和应变能力。创新教学方法应该以培养学生的终身学习意识和提高学生的自我评估能力为目标。教师应鼓励学生主动寻找口译实践的机会，如参加国际会议、翻译比赛等活动。同时，教师也应该引导学生学会对自己的口译表现进行客观评估和反思，以不断提高自己的口译能力。

六、教学效果

本课程教学效果显著，学生非常喜爱本课程。学生通过本课程学到的技能能够有效地帮助他们参与各种社会实践项目，并在许多比赛中获奖。学生参与本课程课堂教学的积极性非常高。学习本课程后，学生的英语水平和沟通技巧有了全面提升。本课程还极具高阶性和挑战度，培养了学生分析和解决实际问题的能力，促进了他们团队合作能力的提高，增强了他们的自信心，为学生今后的深造和职业生涯发展奠定了坚实基础。总的来说，本课程极具创新性与实用性，取得了很好的教学效果，受到了学生的高度好评。

培养立足本国文化，推动中日良性互动的新时代日语人才

外国语学院　刘苏　李章杰

 案例概述

"基础日语"是为日语专业本科一年级学生开设的课程，对本专业其他课程起着重要的支撑作用。学生需要学习日语的假名、发音，以及形容词、动词的用法等基础语法。"基础日语"课程在打牢学生听说读写能力的同时，从跨文化视角出发，探寻词汇、语法、表达方式上中日交流的历史渊源，帮助学生充分理解日本在学习中国文化的过程中，其词汇、语法、表达方式等受到的深远影响。"基础日语"课程围绕校园概貌、家庭成员、学习与社团、礼仪规范四大主题，让学生在掌握基础日语交际表达方法的同时，养成良好学习、生活习惯，学会待人处事，也厚植家国情怀。本课程展示的这4课时，围绕校园概貌这个主题展开，是"基础日语"课程在完成假名、发音教学阶段后的第一个主题，符合入校新生的特点，可以使学生的语言学习与生活实际紧密相连。

一、基本信息

课程名称：基础日语

授课对象：日语专业本科生

使用教材：《综合日语（第一册）（第三版）》，彭广陆等，北京大学出版社

学习内容：如何用日语介绍场所

教学课时：4课时

二、课程思政教学整体设计思路

本课程围绕校园概貌主题展开，能促进学生了解学校的建校历史、学科设置，增强其校园主人翁意识。

通过单词的教学，本课程可以使学生进一步认识到日语和汉语的关系。这涉及语言的独立性和民族性，日本学者书写的史书里虽关于此的说法很多，但都不能不正视汉语特别是汉字对日语的至深影响。教师应梳理日语和汉语之间的关系，使学生在了解中日社会文化的交流情况与影响作用的同时，增强民族认同感与归属感，成为具有国际视野、家国情怀、使命担当的新时代外语人。

三、教学目标

1. 课程教学目标

（1）语言目标：使学生掌握形容词作定语的日语使用规则，表示近称、中称、远称的指示词的日语用法，以及时间、校园设施和课程设置的日语表达。

（2）能力目标：以教师讲授、学生分组发表等方式开展线下课堂教学活动。采用以产出为导向的教学方法，通过发现问题、解决问题的方式，培养学生的批判性思维以及深度学习、自主学习的能力，提高学生对日语的实际应用能力。

2. 思政育人目标

在单词教学过程中，教师通过日语词汇和汉语词汇的类似发音比较，引导学生探寻其背后的文化因素，增强学生的民族认同感和归属感；通过启发式教学方法提升学生解决问题的能力。

四、教学实施过程

本课程关注语言的功能意义、语言的情境真实性，关注文化因素，采用以产出为导向的启发式教学方法进行教学。

（一）小组发表导入：明确课程目标

发表主题为"介绍校园"，该任务于前一次课布置，学生组成小组协作完成。学生应在语言知识方面预习表示方位、高低、大小的词汇；在语法表达方面继续使用前一课学习的断定句来进行存在句的表达。

（1）学生拍摄校园图片并进行对话发表。教师应引导学生注意方位表达中近称、中称、远称的区分，以及说话人和听话人视角的转换。每个小组选取不同的校园建筑进行介绍，也可以让学生发现不一样的校园，不一样的美。

（2）教师应引导学生发现发表过程中的误用，例如形容词修饰名词时容易误加"の"，这是母语迁移造成的。发现问题之后，教师应在接下来的教学环节中解决问题，这样既有益于学生对知识点的牢固掌握，也能培养学生不断探索、积极思考的能力。

（二）语言知识讲授：词汇、语法讲解

教师应对上一环节学生的发表进行评价，针对词汇、语法展开启发式教学：讲解日语词汇的发音特点、音读和训读原则；讲解近称、中称、远称的语义功能与语用功能，让学生了解日语语言中对亲疏关系的不同表达方式。

（1）有些日语词汇，例如"朝""夜"等，都是借用的汉字，这类日语词汇，读音是日本原有的发音，但在大量的中国书籍被带到日本的过程中，汉字逐渐被日本引入，这对于日语的表记具有重要意义。还有一些日语词汇，例如"学生""教育""研究"等词汇，则是近代日本学者在学习西方哲学等的过程中，由于发现日语固有词汇无法表达其含义，只好先用汉字翻译出来，同时这些词汇又输入了中国。但是，有些词汇在汉语和日语中意义却完全不同。在跨文化交流中，词汇理解上的偏差是表象，其代表的是语言背后的文化差异，所以我们只有了解历史渊源，才能更好地交流沟通。

（2）语法方面，本课程的重点是形容词作定语的日语使用方法。本课程打破传统教学直接讲解使用规则的模式，让学生先听课文音频，辨别出形容词，再结合课件上的例

句，试着总结形容词词形上的特点，以及接续名词时的变化规律，培养学生自主学习和独立思考的能力。

（三）互动输出与评价

（1）让学生模仿课程中讲到的社团介绍的应用文，按照日语书面表达规范，在课上完成一篇关于学校概貌的小作文。完成后，让学生将小作文发送至企业微信群，教师随机抽取五篇进行讲评。讲评时，学生自评重点关注表达的逻辑条理性，教师评价主要反馈语法等方面的问题，如数词的使用、二类形容词作定语的使用规则、段首空格的使用等。

（2）教师总结课程内容：中日同形的词汇要注意含义上是否不同，避免交流时因为词义的偏差出现误会；介绍校园时，要注意方位、视角转化的表达以及形容词修饰名词的使用方法，同时也要注意亲疏关系在表达方式上的差异。

五、案例反思

本课程采用线下授课方式，教师应在课前布置作业，提示预习要点。口头发表要求全员准备，学生不仅可以借此了解本课程的词汇知识，还可以在分组拍摄校园设施、练习会话的过程中增强团队协作能力；课中通过启发式教学方法，总结词汇的音读、训读原则和语法规则等；课后布置拓展阅读，为学生今后自主阅读相关文献的日语版、参加大赛打下坚实的语言基础，提高学生的自学能力。

从课堂发表和课上小作文写作来看，本课程今后可以设置更多的话题供学生自主选择，在提升学生语言能力的同时也要更注重实践应用。拓展学习方面，教师还可以向学生推荐中国国际广播电台等日语平台，让学生用日语了解身边事，提升其日语学习的兴趣。

【教师反思】

本课程的主题是校园概貌，贴合学生的实际生活，是受到学生喜爱的内容，且对于大一新生而言，熟悉学校也意义重大。学生课前准备比较充分，表达欲望强烈。但由于课堂时间有限，不能让所有学生发表，今后可以利用数字教学平台让全体学生发布小组发表的视频，既方便相互学习，也可以作为教学研究的素材。

六、教学效果

本课程基本达到了预期的课程教学目标和思政育人目标。

在预习及课堂发表环节，学生能够使用日语介绍校园实景，提升了学生的资料收集整理能力、语言表达能力、自主学习能力。

课程通过介绍汉字文化对日语的影响，坚定了学生的文化自信，同时让学生能从日语的视角进一步理解汉字文化。

语法教学环节采用的启发式教学方法提升了学生解决问题的能力。

通过理解亲疏关系在日语表达中的重要性，学生在学习语言的同时可以结合日本文化来理解语言现象，明确了日语学习不仅要掌握语言技能，还要探寻背后的文化因素，这为其今后的日语学习指明了方向。

【学生课后感言】

学生一：学好日语，对于推动中日良性互动具有重要意义，我想这就是学习日语的意义所在，也是这门课的意义所在。

学生二：在发表环节，我们小组除了拍摄校园景观作为对话素材，还学会了使用日语词典学习词汇。通过教师的反馈，我们能发现表达中存在的共性问题。之后教师再讲解，我们就能有针对性地学习。总的来说，这堂课让我们收获满满。

提高互译水平，讲好中国故事

外国语学院　田川

 案例概述

"商务口译（2）"课程是面向商务英语专业本科三年级学生开设的专业选修课，主要培养学生在通用以及商务场景下的英语口译能力和表达能力，以及在跨文化背景下的交际和沟通能力。对于本课程的教学，传统的教学模式注重口译技能的培养，包括听力理解、短时记忆、口译笔记和公众演讲等，而这些技能需要大量的练习和实践才能被熟练掌握，特别是口译过程中脑记和笔记的精力分配和协调能力需要投入大量时间练习才能得以提高。同时，口译的及时性要求口译员熟记大量的习惯用语和专业术语，容易使大量教学活动集中在"识记"和"理解"的初阶思维层面展开，缺乏对于练习材料中发言人立场、观点的讨论，不能有效引导学生形成正确的价值观，使得学生的思辨能力难以得到训练和提高。教师只有将家国情怀、理想追求、价值认同和道德修养等元素融入课程教学之中，使之与课程内容和课堂活动无缝衔接，才能实现知识传授、能力培养和价值塑造的有机统一。"商务口译（2）"课程通过对"旅游文化""中国传统文化""经济改革""电子商务""商业会展""外商投资""企业战略""商务谈判"八个专题的讲授，在文本对比中让学生了解世界文化的多样性和中国特色社会主义文化的先进性，引导学生坚定马克思主义理想信念、厚植爱党爱国情怀、传承中华优秀传统文化，从而培养德智体美劳全面发展的社会主义建设者和接班人。

一、基本信息

课程名称：商务口译（2）

授课对象：商务英语专业本科生

使用教材：《高级口译教程（第五版）》，梅德明，上海外语教育出版社

学习内容："经济改革"专题

教学课时：2课时

二、课程思政教学整体设计思路

本课程主要通过对"经济改革"专题材料的讲解、练习和讨论，引导学生从多元文化角度审视中国的发展过程，同时强调正确的历史观和国家观，培养学生的爱国情怀和民族自豪感。

本课程在教学中着重突出三个方面的思政内容：

一是将专业技能与课程思政元素相结合，在教学过程中强调专业术语的准确翻译，同时引导学生理解专业术语背后的文化和政治含义；

二是将批判性思维与价值判断相结合，鼓励学生发展批判性思维，通过对比分析不同文化背景下的表述差异，培养学生的价值判断能力；

三是将历史文化与现代发展相结合，以历史事件和现代发展成就作为教学案例，让学生了解中国近现代史的发展脉络，以及改革开放给国家带来的深刻变化，从而深化学生对中国特色社会主义道路的认识。

课程教学各环节的重点包括以下几个方面。

（1）在课前导入环节，通过播放具有启发性的纪录片片段，引导学生从不同视角了解中国改革开放的发展历程。

（2）在课堂练习环节，通过模拟练习、角色扮演和小组讨论等互动教学方式，融入课程思政元素，提高学生的口译实践能力。

（3）在课后拓展环节，布置与当前经济社会发展相关的课后任务，如模拟口译最新的经济数据，鼓励学生关注国家发展，引导学生提高自主学习和终身学习的能力。

三、教学目标

1. 课程教学目标

本课程主要通过课堂讲解、教师示范、模拟练习和视频观摩等多种方式，介绍口译

的发展历史和口译员的工作特点，训练学生的短时记忆能力、综合概括能力和笔记能力，增强学生接收信息、转换信息和表达信息的能力，提高学生对于相关专题内容的熟悉程度，并增强学生在公开场合进行讲演的能力。

2. 思政育人目标

本课程在教学中不仅着眼于加强学生的外语实际运用能力，更着力提升学生的中华文化素养，把家国情怀、文化自信、社会责任等元素融入学科专业知识，帮助学生深入理解中西方文化差异，树立对中华文化的自信心，提升对中华民族的自豪感，提高向世界介绍中华优秀传统文化和现代社会、经济、科技发展成就的口译水平。

四、教学实施过程

"商务口译"相关课程的第一阶段内容，主要是培养学生的口译基本技能，包括听力理解、短时记忆、口译笔记和公众演讲等，以提高学生的话语分析能力、逻辑思维能力、语言组织能力、双语表达能力和现场记录能力；第二阶段内容则围绕社会、经济、商务相关话题来开展教学，希望在巩固学生口译基本技能的同时，锻炼其双语即时转换的能力。

本课程以"经济改革"为主题，教学实施过程如下所示。

1. 课前导入

播放英国历史学家迈克尔·伍德撰稿的纪录片《中国改革开放的故事》片段，让学生通过一个西方人的视角对于中国改革开放的成果与发展有新的了解，学习一些专有名词的表达。接着，教师应对与本话题相关的中文词汇作重点讲解，包括"一国两制""一带一路"、脱贫攻坚、小康社会、中国特色社会主义等，了解我国官方发布的英文译文，体会其中蕴含的深层含义。如"一国两制"的译文是"one country, two systems"，但许多外刊的表述是"one country with two systems"，这就需要教师引导学生对两种表达进行批判性分析：后者作为名词短语代表了既定现实，未能反映出"one country, two systems"短语中"one country"作为已知信息的大前提，以及"two systems"作为中国领导人的创新思维这些深层含义。这个例子充分说明，词语的选择会影响受众的价值判断。口译员一定要提高对语言的敏感度，在是非曲直和民族大义问题上，应该有鲜明的政治立场和崇高的爱国主义精神。

2. 课堂练习

本课程的练习材料，选自上海外语教育出版社《高级口译教程（第五版）》中一篇介绍中国发展的文章。

【例 1】"**Let China sleep, for when she awakes she will shake the world**", runs Napoleon's famous saying. He was ahead of his time, but now the dragon is certainly stirring. Since 1978, when **Deng Xiaoping first set his country on a path of economic reform**, its GDP has grown by an average of 9.5% a year, three times the rate in the United States, and faster than in any other economy.

对于该段落的第一句话，教师应引导学生思考这句引文的背景。在 19 世纪末，西方列强认识到中国巨大而虚弱的本质，从而抱有遏制、瓜分中国的念头。所以该句的准确译文应该是"让中国沉睡下去吧，因为她一旦醒来，就会震撼世界"。有人把它译成"中国是一头沉睡的巨龙，一旦醒来将震撼世界"，这样的翻译突出了中国具有的巨大潜力，意在指出中国只是当时尚未觉醒，当她重新崛起之后，世界的格局将发生翻天覆地的变化。虽然文字显得激动人心，但传递的信息背离了原文的含义，容易让中文受众误判讲话者的真实意图，将西方国家对中国警惕、遏制的态度误解为夸赞和认同。对于改革开放的相关描述，教师也要引导学生选用中文语境里的正式表达，如"**在邓小平同志的卓越领导下，中国人民开创了改革开放的伟大事业 / 开启了改革开放的伟大征程**"，而非简单的"邓小平把他的国家领上了经济改革之路"。

【例 2】In fact, China was the largest economy for much of the recorded history. Until the 15th century, China had the highest income per head and was the technological leader. But then it suddenly **turned its back on the world**. Its rulers imposed strict limits on international trade and tightened their control on new technology. Measured by GDP per person it was overtaken by Europe by 1500, but it remained the world's biggest economy for long thereafter. In 1820 it still accounted for 30% of world GDP. However, by 1950, after a century of anarchy, warlordism, foreign suppression, **civil war** and the war against Japanese invasion, its share of world output had fallen to less than 5%.

对于该段落中关于中国历史事件的描述，教师要引导学生结合中国历史的相关知识，把 15 世纪的时间定位到明朝，明确 "turned its back on the world" 不是简单地对世界不理不睬，而是实行了一些限制对外贸易的政策。要通过提问，让学生思考当时采取这些政策的原因，启发他们探究开放、发展、富强之间的关系。另外，对于中国近代史上一些重要阶段的表述也要准确，如 "civil war" 不能简单地翻译成内战，而要根据具体时间翻译成第一次或第二次国内革命战争时期。

由于英文材料的叙述方式和中文的表述习惯有所不同，所以教师对于和中国历史文化相关的内容，一方面要对学生进行详细说明，另一方面要选择内容相近的中文文本供学生阅读，让学生通过对平行文本的学习，熟悉中文语境下的相关表述习惯，掌握一些双语互译的表达方式。

【例 3】中国有着对外开放的光辉历史。早在 2000 多年前，中国汉朝就开始与西域交往，开辟了著名的陆上丝绸之路。在 7 世纪至 8 世纪中国唐代的鼎盛时期，中国对外交往也非常频繁。15 世纪中国明代初期，航海家郑和七下西洋，最远到达了非洲的东海岸，带去中国的茶叶、丝绸和瓷器，表明那时中国有着相当强大的航海能力和综合国力。但郑和下西洋之后，中国的封建统治者却故步自封，限制乃至放弃海上活动，采取了"片板不得出海"的政策，从而失去了一次重要的发展机遇。17 世纪后期至 18 世纪末，是中国清代的鼎盛时期，史称"康乾盛世"。那个时期，中国的工业产量位居世界前列。但正是那个时期，欧洲诸国先后开始了近代资产阶级革命和产业革命，社会生产力迅速发展，后来居上。

【例 4】在 5000 多年的历史长河中，中华民族为人类文明进步作出了巨大贡献，同时也走过了曲折艰辛的道路。特别是从 1840 年鸦片战争以来的 160 多年间（2006 年发表的演讲，现为"180 多年间"，本段其他时间也以 2006 年为基准），中国人民为摆脱积贫积弱的境遇，实现民族复兴，前仆后继，顽强斗争，使中华民族的命运发生了深刻变化。95 年前（1911 年），中国人民通过辛亥革命推翻了统治中国几千年的君主专制制度，为中国的进步打开了闸门。57 年前（1949 年），中国人民经过长期浴血奋斗实现了民族独立和人民解放，建立了人民当家作主的新中国。28年前（1978年），中国人民开始了改革开放和现代化建设的伟大历史进程，经过艰苦创业取得了举世瞩目的巨大成就。

通过对以上平行文本的学习，学生不仅了解了专有名词的准确表达方式，更知道了在阅读、翻译英文材料时应持有正确的政治立场，还通过古今发展的对比，中外表述的对比，理解了改革开放给我们的国家和人民带来的幸福生活。

3. 课后拓展

课堂的容量毕竟有限，通过讲解和讨论，学生基本熟悉了相关词汇的表达，但对于最新的经济发展数据还不一定了解。教师应给学生布置以下拓展任务：参考往年的中华人民共和国国务院新闻办公室就国民经济运行情况举行的发布会实况（配有交替传译），对近期公布的国民经济运行数据进行口译练习，两人一组，分别担任发言人和口译员，录制交替传译视频并提交。通过练习，学生一方面可以了解当前中国经济发展的现状，另一方面能对数字翻译这一口译中的难点再次进行复习和巩固。

通过以上课前、课中、课后的教学安排，学生对中国近现代史，以及改革开放的历程与成就有了较为清晰的了解，认识到中国共产党为什么能领导中国走向伟大复兴。同时，学生用英文介绍中国改革开放和现代化建设成就的能力也得到了较好的锻炼和提高。

五、案例反思

为了了解课程教学的效果，本课程建立了较为科学的考核评价机制，从学生的课堂表现、课后独立练习、小组集体协作、期末口试等方面来进行考察。当学生能流利、顺畅地用英汉双语介绍中国社会、政治、经济、文化发展各方面的信息，能和同伴合作完成新时代中国特色社会主义相关内容的展示时，就达到了课程对学生学术能力和人文素质提升方面的要求。

当然，由于本课程课时的限制，课堂上练习、讲解的内容还是较为有限，今后教师可以结合数字教学平台，给学生提供更多学习资源和指导。

六、教学效果

通过对本课程的学习，超过 10% 的选修本课程的学生立志在翻译领域继续进行深入的学习和研究，多名学生通过了全国翻译专业资格考试。

参考文献

梅德明，2020. 高级口译教程[M]. 5 版. 上海：上海外语教育出版社.

用法语介绍当代中国,以初心站稳中国立场

外国语学院 董小春

 案例概述

本课程旨在通过深入挖掘课文主题,结合新时代中国建设成就,实现课程教学目标与思政育人目标的整合。本课程通过合理处理思政材料,深入融合课程思政元素,使学生深入了解当代中国发展水平,树立正确价值观,并能在此基础上熟练使用法语介绍当代中国。

本课程以中国在脱贫攻坚方面取得的成就为主要思政内容,利用与课文主题相近的导入材料,向学生展示部分地区脱贫前后教学条件的对比,让学生深刻认识国家脱贫攻坚工作的成效。教师通过讲解真实案例,引导学生理解社会主义核心价值观,激发学生的爱国情怀和民族自豪感,帮助学生深刻认识中国社会现实,培养学生的社会责任感和历史使命感。

一、基本信息

课程名称:高级法语(1)

授课对象:法语专业本科生

使用教材:《法语(第四册)》,马晓宏,外语教学与研究出版社

学习内容:课文《高中的变化》

教学课时:2课时

二、课程思政教学整体设计思路

本课程在讲解课文的基础上,深入挖掘课文主题,结合新时代中国建设成就,着力将语法、阅读、写作、口语等外语基本技能教学内容与思政教学内容整合,实现课程思

政的具体化和科学化，提高课程思政的可行性，使学生深入了解当代中国发展水平，树立正确价值观，并能在此基础上熟练使用法语介绍当代中国。

在教学过程中，本课程以我国在脱贫攻坚方面取得的成就为主要思政内容。借助与课文主题相近的导入材料，向学生直观展示部分地区在脱贫前后教学条件的对比，展示中国政府在脱贫攻坚工作中的付出和取得的成果。本课程通过真实案例，生动展示了社会主义核心价值观；通过展示国家在教育和脱贫攻坚方面取得的成就，激发学生的爱国情怀和民族自豪感。通过对课程思政元素的挖掘，教师可以引导学生深入理解中国的社会现实，培养他们的社会责任感和历史使命感，同时也能够提高他们对国家政策和社会发展的认知水平。

课程教学各环节的重点包括以下几个。

（1）在课程导入环节，通过提问和讨论，激发学生对教育主题的兴趣，引导学生思考教育的意义；利用纪录片《无穷之路》中关于教育扶贫的视频片段，让学生直观感受中国教育的发展和变化。

（2）在课中讲授环节，分段教授课文《高中的变化》，通过阅读理解、语法练习和口语练习，帮助学生理解课文内容，使学生掌握法语时态的使用方法；结合课文内容和中国教育发展的实际情况，引导学生认识中国教育制度的优势和中国在脱贫攻坚方面取得的成就，使学生树立正确价值观。

（3）在课后总结环节，重点总结复合过去时、愈过去时和未完成过去时的用法，并通过练习让学生能够熟练运用这些时态表达方式；通过口语练习，让学生用法语表达对教育脱贫攻坚的看法，分享个人经历，提高口语表达能力；鼓励学生写作（描述自己高中或初中的变化），加深学生对过去时态用法的理解。

总的来说，本课程旨在通过整合法语基本技能教学内容和思政教学内容，提高学生的法语水平，同时加深学生对中国教育发展的认识和理解，提升学生的综合素质。

三、教学目标

1. 课程教学目标

（1）使学生理解课文主题，了解课文的写作手法。

（2）使学生熟练掌握法语三种过去时态的用法，并能从过去时态的搭配使用角度进行文本分析。

（3）使学生能够正确使用过去时态和现在时态表达"过去"和"现在"的对比；能够正确表达对立和让步逻辑关系。

2. 思政育人目标

（1）通过中法的对比和现在与过去的对比，让学生深入了解我国基础教育的发展成就，提升民族自豪感。

（2）通过口语表达、写作等任务，让学生了解教育的重要性和我国教育制度的优势。

（3）引导学生牢固树立正确价值观，提高学生的思想水平、政治觉悟、道德品质、文化素养。

四、教学实施过程

1. 课程导入

教师可以通过提问引入主题，这一阶段主要完成思政育人目标。围绕本课主题——教育提出第一个问题：教育让你们想到什么？然后提出第二个问题：为什么大家很珍惜受教育的时光，你们曾经历过什么样的事情？由学生自由发挥，教师适当总结。

播放一段选自纪录片《无穷之路》的视频。这是由媒体人陈贝儿主创的反映全国脱贫攻坚的纪录片，陈贝儿因该纪录片获得"感动中国 2021 年度人物"称号。

视频主要内容概述：云南怒江傈僳族自治州的学龄儿童以前上学要走很远的路，需要翻过陡峭的山，有的还需要坐溜索越过激流。这样一来，许多十三四岁的青少年从未受过教育，或者未完成义务教育便辍学回家务农。自全国扶贫工作开展后，福贡县委为了解决失学问题，于 2019 年开办了寄宿制普职教育融合班，采用义务教育和职业技能教育相结合的模式，专门为失学青少年提供教育。

根据视频内容提问：你从视频中看到了什么？哪些片段给你留下了深刻印象？教师将涉及的要点写在黑板上，并形成如表 1 所示板书，留作后面语法（如过去时态的表达）练习之用。

表 1　板书设计

PASSÉ 过去	PRÉSENT 现在
1. difficile d'aller à l'école 上学难 　　- manque de transport 交通不便 2. forte volonté de travailler 打工意愿强烈 　　- en ignorer l'importance 认识不足 　　- la pauvreté 贫穷	1. nouvelle école 新学校 　　- éducation gratuite 免费教育 2. formation professionnelle 职业教育

2. 课中讲授

（1）课文引言部分（10分钟）。

要求学生阅读，并设置问题，使学生对课文的主题有所了解。

在此基础上介绍这段文字中的一些专有名词，包括电影、高中等与法国文化相关的内容，帮助学生更好地理解课文；本篇课文的主题是"高中发生的变化"，可以以此为话题，组织学生开展口语练习的热身活动。

（2）课文第1段（15分钟）。

要求学生阅读第1段文字，并向学生提问：这段文字的主要内容是什么？在问答过程中，引导学生提出基于本段文字的语法点（各种过去时态的搭配使用方法）。

教师可以总结本段文字中使用的过去时态，提醒学生注意这几种过去时态在时间上的联系，并以文中所用动词为例进行讲解；复习用于讲述过去事件的时态，结合表1的板书，要求学生使用适当的时态来讲述播放的视频中当地学生以前上学的情景。

（3）课文第2~4段（15分钟）。

要求学生阅读第2~4段文字，并就该部分的主题进行提问。教师可根据学生的回答对该部分文本进行深入的挖掘，引导学生对该部分用到的对比手法进行解析。

（4）课文第5段（15分钟）。

要求学生阅读第5段文字，并引导学生找出该段的主题。

教师可就该部分文本的重要单词"truc"展开解析；讲解未完成过去时的运用方法，要求学生注意本段中使用的时态（未完成过去时、现在时）；结合表1的板书，要求学生使用适当的时态来讲述播放的视频中当地学生现在上学的情景。

教师可邀请学生尝试用法语解说视频内容。要求学生自由分组，以小组为单位进行准备，之后以小组为单位进行现场解说。

在讲解该部分内容时，教师可以通过对比中法两国教学条件的变迁，使学生了解中国在教育工作方面取得的卓越成效，让学生直观、深入地了解我国在改善教育条件、脱贫攻坚方面取得的巨大成就。

3. 课后总结

教师可就全文提及的多处时态变化进行提问，要求学生简单归类并举例。同时，教师可布置相应的课后作业。

五、案例反思

思政内容的融入对学生的语言水平要求较高，对于部分语言水平较差的学生来说，课堂互动会相对较少，这部分学生容易沦为课堂教学的旁观者。

学生在准备思政内容的相关资料时，自主性比较强，话题选择空间和难易程度可以由自己把控，成绩好的学生可以准备难度高的资料，成绩稍差的学生可以准备难度较低的资料。但是教材的难度是逐渐提升的，这样一来，对于部分学生来说，教材内容学起来会相较于思政内容难度更大，这可能造成这些学生对教材内容掌握不足的情况。

有的思政内容教学需要配合课前、课后的准备和复习、总结工作，会占用学生大量的课余时间，在这样的情况下，有的学生会偷懒，进行选择性准备和选择性学习，从而没有及时、认真完成教学计划的全部内容。

六、教学效果

通过开展课程思政教学，学生对本课程的学习兴趣明显增强，自主学习的习惯逐渐养成，教学效果得到明显优化。主要表现在以下几个方面。

（1）课堂氛围。本课程选择的思政材料贴近生活，一方面可以让学生打消对新课、新内容的畏难情绪，另一方面还能让学生的注意力保持高度集中，提高学生在课堂上的参与度。

（2）学习动力。新增思政内容不属于原来教材的内容，教师需要以多种手段开展教学。但由于这部分内容比起教材内容来，更贴近学生的现实生活，所以更容易引起学生的共鸣，学生操作起来也更简单易行，无论其法语语言水平如何都可以参与其中。这样一来，学生觉得难度可以接受、内容更加实用，从课前准备到课上应用、从输入到产出的时间跨度短，学习劲头也就更足。

（3）学习成果。在学生积极性被调动的前提下，大部分学生对学习的态度也会变得更加积极。课前，学生积极按照课文主题准备阅读材料并收集资料，为上课做好充分准备；课上，学生对于参与课堂教学活动保持主动，表现出较高的积极性，对于教师设计的教学环节和布置的教学任务都能积极认真地参与并完成，能够展示出丰富的成果，如课堂陈述、对话表演、案例分析等。

（4）学习习惯。多数学生通过学习新增的思政内容，在学习习惯上有所进步，改变了以往专注于语法学习等容易使语言学习变得枯燥无趣的形式，更注重语言的实际应用，其间获得的成就感可以变成推动学生攻克下一个专题的动力，最终形成良性循环。

董小春，2022. 法语语法分级渐进[M]. 北京：中国宇航出版社.

增强理论自信，建构中国特色新闻学理论体系

新闻与文化传播学院　王大丽

案例概述

本课程通过将马克思主义新闻观与中国特色社会主义伟大实践相结合进行深入探讨，引导学生增强对中国特色新闻学理论体系的理论自信。在教学过程中，教师以经典案例和前沿研究为基础，系统梳理中国特色新闻学的理论基础、实践经验和国际视野。本课程通过对比分析中国特色新闻学理论体系与西方新闻学理论体系的异同，使学生深刻理解中国特色新闻学在指导新闻实践、服务国家发展方面的独特优势。

课程还注重培养学生的思辨能力和创新思维，鼓励学生积极参与课堂讨论，就新闻领域的热点问题发表见解。通过课程学习，学生不仅能够掌握中国特色新闻学理论体系的核心内容，还能够用科学的理论武装头脑，指导未来的新闻实践工作。本课程的思政教学的成功实施，为培养具有坚定政治立场、深厚理论素养和扎实实践能力的新闻人才提供了有力支持。

一、基本信息

课程名称：新闻学概论

授课对象：新闻专业本科生

使用教材：《新闻学概论（第二版）》,《新闻学概论》编写组，高等教育出版社

学习内容：探讨马克思主义新闻观与中国特色社会主义伟大实践的结合

教学课时：48课时

二、课程思政教学整体设计思路

本课程旨在帮助学生掌握中国特色新闻学理论体系的基本内涵、基本理论和核心内容;深入理解马克思主义新闻观及其在中国新闻事业中的应用与发展;了解中国特色新闻学"三大体系"(学科体系、学术体系、话语体系)的构建历程和重要意义。同时,本课程也旨在培养学生运用所学理论分析和解决新闻实践问题的能力;提升学生的理论概括能力和思辨能力,使学生能够初步运用马克思主义新闻观观察和分析新闻现象;强化学生的新闻敏感性和社会责任感。

在教学过程中,本课程着重突出三个方面的思政内容。

(1)马克思主义新闻观与中国特色新闻学理论体系的融合。课程首先强调马克思主义新闻观在构建中国特色新闻学理论体系中的核心地位。通过深入讲解马克思主义新闻观的基本原理和核心观点,引导学生理解其对中国新闻事业发展的指导意义。同时,课程注重将马克思主义新闻观与中国特色社会主义伟大实践相结合,分析中国特色新闻学理论体系在反映国家意志、服务社会发展方面的独特性和优势。

(2)增强理论自信。课程重点培养学生对中国特色新闻学理论体系的理论自信。通过系统梳理中国特色新闻学的发展历程、理论基础和实践成果,让学生深刻认识到中国特色新闻学理论体系的科学性和先进性。通过对比分析中西方新闻学理论的异同,课程帮助学生树立对中国特色新闻学理论体系的自信心和自豪感,增强学生在新闻实践中的理论自觉和理论自信。

(3)新闻实践中的价值引领与责任担当。课程不仅关注理论知识的传授,还注重引导学生将所学理论应用于新闻实践。通过案例分析、讨论交流等方式,课程帮助学生理解新闻工作者在社会中的责任和使命,强调新闻工作者应成为党的政策主张的传播者、时代风云的记录者、社会进步的推动者和公平正义的守望者,培养学生的社会责任感和使命感,使其在新闻实践中能够坚守职业道德、传递正能量。

三、教学目标

1. 课程教学目标

第一，带领学生认识中国特色新闻学理论体系的基础概念和主要内容，从而帮助学生对中国特色新闻学理论体系架构有清晰的认知。

第二，带领学生学习中国新闻事业的发展历史及现状，梳理新闻事业与中国基本国情、党的发展及社会发展之间的密切关系，从而使学生对新闻事业有更加全面的认知。

具体而言，本课程通过对中国特色新闻学理论的本源、定义、基本特征等理论知识的讲解，使学生对中国特色新闻学理论体系的基本内涵有基础的认识；通过讲解中国特色新闻学理论体系的价值，以及新闻在互联网与新媒体中的发展，培养学生与时俱进的观念和相应的专业素养；通过讲解新闻工作的党性原则和基本方针，让学生树立正确的价值观，为学生对本专业其他课程的学习打下基础，同时使学生陶冶思想情操，提升人文素养，传播正能量、弘扬中华优秀传统文化。

2. 思政育人目标

本课程以树立正确世界观、人生观和价值观为培养理念，以坚定马克思主义信仰、共产主义远大理想和中国特色社会主义共同理想为培养要求，以增强对中国特色新闻学最新发展的理解为培养目标，立足于中国新闻传播事业中的实际问题，切实提升学生对中国特色新闻学理论体系的理论自信。

四、教学实施过程

新时代，国内外政治、经济形势发生了深刻变化，与此同时，新闻行业也呈现出媒体融合发展、互联网科技振兴、大数据和人工智能兴起等新趋势，这些新变化和新趋势对中国的新闻工作、舆论工作、宣传工作提出了新挑战，也对高校的马克思主义新闻观教育提出了新要求。"新闻学概论"在课程体系建设中不断总结并践行着马克思主义新闻观教育的"三步走原则"，取得了良好成效。

1. 第一步：在新闻史观相关课时的课程体系中梳理马克思主义新闻观的历史脉络

马克思主义新闻观不是某些概念的简单堆砌和某些原则的机械铺陈，而是在历史中不断传承、在实践中不断发展形成的。为了让学生对马克思主义新闻观的历史脉络有清晰的认知，本课程在教学中，通过对中国共产党新闻思想发展历程的梳理，让学生充分理解中国共产党理论家对马克思主义新闻观进行的理论传承和创新发展。此外，本课程不仅讲述马克思、恩格斯、列宁等早期理论家的理论成果及思想，帮助学生梳理马克思主义新闻观的早期发展脉络，而且注重将马克思主义新闻观同资本主义新闻思想进行多元比较，让学生清晰认识到马克思主义新闻观在世界新闻理论体系中的地位、作用及鲜明特征。

2. 第二步：在新闻理论相关课时的课程体系中贯穿马克思主义新闻观的核心内容

马克思主义新闻观是马克思主义对于新闻现象和新闻传播活动总的观点和看法，其核心是马克思主义经典作家和中国共产党历届领导人关于无产阶级新闻事业性质、功能、原则、规律的一系列基本观点，涉及诸如新闻本源、新闻本质及新闻传播规律等许多根本性问题，是马克思主义在新闻传播领域的体现，更是我国新闻工作的思想指针。

为了让学生对马克思主义新闻观的核心内容有深入的理解，"新闻学概论"课程共有 27 课时涉及马克思主义新闻观的内容（共 48 课时），具体包括新闻的本源、新闻真实、中国社会主义新闻事业的性质与任务、党性原则、新闻宣传、舆论导向、舆论监督、中国社会主义新闻出版自由的性质与特点、中国特色社会主义新闻法治建设、中国新闻事业管理的基本原则与主要内容、中国新闻事业管理的体制机制及管理特点、中国新闻队伍建设等内容。

此外，在进行马克思主义新闻观的理论教学时，"新闻学概论"课程不仅讲授微观层面（专业层面）的理论、原则，也努力将作为科学思想体系的马克思主义的理论、方法整体传授给学生。

3. 第三步：在新闻业务相关课时的课程体系中落实新时代马克思主义新闻观的具体要求

在理清了马克思主义新闻观的历史脉络，掌握了马克思主义新闻观的核心内容的基础上，教师在"新闻学概论"新闻业务相关课时的授课中，努力引导学生落实新时代马克思主义新闻观的具体要求。习近平总书记为党的新闻舆论工作提出了关乎职责和使命的 48 字方针：高举旗帜、引领导向，围绕中心、服务大局，团结人民、鼓舞士气，成风化人、凝心聚力，澄清谬误、明辨是非，联接中外、沟通世界。这 48 字方针从思想内涵、方向把握、媒体规律、目标宗旨上为媒体工作指明了方向，对新闻工作者提出了新的要求：坚持创新，从理念、内容、体裁、形式、方法、手段、业态、体制、机制等方面增强媒体传播的针对性和实效性，从而提高新闻舆论的传播力、引导力、影响力、公信力。为了实现上述目标，本课程在教学中教授学生如何在实际操作中践行实事求是、创新发展等具体要求，并且在专业实践中，帮助学生做好政治把关，提高政治站位，指导学生做好新闻宣传、舆论引导等具体操作。

在上述"三步走原则"的引领之下，我们在新闻学教育的三大板块——历史、理论和实践中充分融入了马克思主义新闻观的具体内容，使得学生对马克思主义新闻观产生了全面、深刻的认知。

五、案例反思

（1）课程思政元素与新闻学专业知识的结合不够紧密：在课程设计过程中，教师虽加入了一些课程思政元素，但是这些元素与新闻学专业知识的有机融合尚需进一步改善。

（2）缺乏多元化的教学方法和手段：本课程更多地采取了传统的教学方法和手段，对于多元教学方法和手段的使用较少。

（3）缺乏真实的行业实践经验：本课程偏向于从理论层面上讲解课程思政元素，而没有充分利用行业实践经验来引导学生对课程思政元素进行分析和理解，有可能导致学生难以真正体会思政教育的重要性。

为了提高课程思政教学效果，教师可以采取以下措施。

（1）加强课程思政元素与新闻学专业知识的有机融合：在备课过程中应该深入挖掘课程思政元素，并将其与新闻学专业知识有机地融合在一起，通过真实案例、行业实践等方式呈现给学生，以更好地引导学生理解和掌握。

（2）采用多元化的教学方法和手段：教师应该根据不同的教学内容和学生的学习特点，采用多种教学方法和手段，如案例分析、角色扮演、小组讨论等，以更好地引导学生思考和探索。

（3）引入真实的新闻案例和行业实践经验：充分利用真实的新闻案例和行业实践经验来引导学生分析和理解课程思政元素，通过案例分析、角色扮演等方式让学生亲身体验和实践，以更好地体会思政教育的重要性。

总之，本课程的课程思政教学需要不断加强和完善，应通过多种方法和手段将课程思政元素与新闻学专业知识有机地融合在一起，引导学生建构正确的中国特色新闻学理论体系，树立正确的新闻观念和价值观，真正做到理论自信。

六、教学效果

（1）《中南财经政法大学学报》在"三全育人"综合改革和"五个思政"专项试点建设成果专栏中，对本课程进行了重点报道和推介（见图1）。

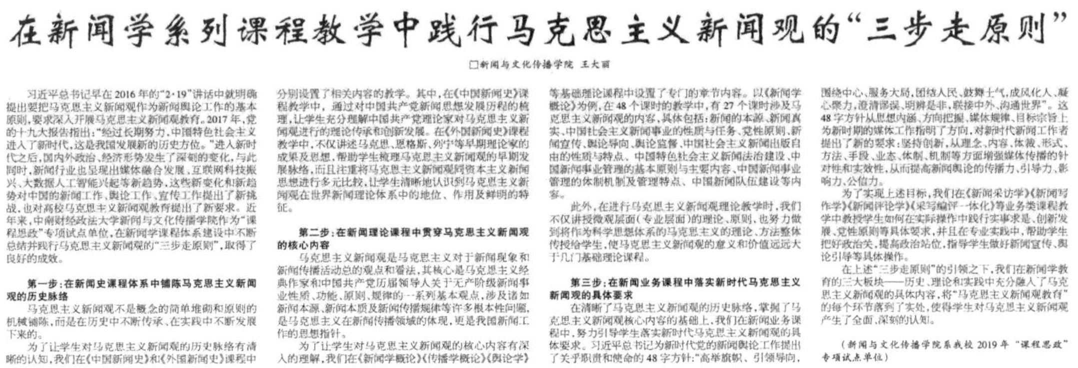

图 1 相关报道

（2）教学改革的效果主要体现在如下几个方面。

第一，学生通过学习"新闻学概论"课程中的思政内容，能够更加充分、全面地了解新闻的本质、新闻事业的本质，更加笃定自己的新闻理想，坚定自己从事新闻事业的信念。

学生课堂学习反馈示例如下。

> 在未来，我将更加坚定自己的新闻理想，始终坚守新闻报道的"真实性"，坚信这一点不会动摇；我将反思自己在沟通表达上存在的问题，管理自己的情绪，防止矛盾激化；我也将学习在小组合作中明确责任意识，树立时间观念，尽量减少拖延。虽然当前社会上有很多"新闻无用"的声音，认为新闻迟早会在新媒体浪潮中湮灭。但于我而言，在大学时光里，我在专业课的学习中找到了自己的热爱和自己的价值。我喜欢拍摄，喜欢记录下生活中的一切，或美好，或痛苦，但都真实；我喜欢剪辑，喜欢在众多原始素材中梳理逻辑，用图像和声音向观众讲述流畅完整的故事；我喜欢理论学习，喜欢利用充满思辨的传播学理论更清晰地认识这个世界。我热爱新闻。虽然不知道这会不会是我以后赖以生存的职业，但我愿意相信，新闻不死。

第二，学生通过学习"新闻学概论"课程中的思政内容，对党报的责任与义务、宣传和舆论的本质、党性原则等内容有了更加深刻的理解，对当前党的舆论宣传工作的具体思路有了清晰的认知，充分意识到了学习新闻基础理论、马克思主义新闻观的重要性，也为学生毕业以后从事新闻工作打下了坚实的理论基础。

第三，学生通过学习"新闻学概论"课程中的思政内容，对资本主义新闻界鼓吹的所谓"新闻自由""新闻客观主义"等内容有了更加清晰的认知，发现了其虚伪性和片面性，对中国特色新闻学理论体系与西方新闻学理论体系的不同，有了系统性的认识。

在实践中理解马克思主义新闻观的中国化

新闻与文化传播学院　肖迪　王继周

案例概述

"马克思主义新闻观"课程作为新闻传播学的核心基础理论课程，致力于培养政治素质过硬、理论知识丰富、专业技能突出的新闻传播人才。本课程内容全面涵盖了马克思主义杰出理论家、战略家和革命家对新闻传播活动及其规律的深刻见解，系统梳理了马克思主义新闻观的形成、发展与创新历程。通过深入学习本课程，学生将掌握在马克思主义新闻观指导下进行新闻与信息传播活动所需的思想、政治、组织、业务、道德、伦理及经营规范。本课程不仅为当代大学生提供了解读和分析新闻传播现象的理论与方法，还能显著提升其识别、辨别和评估新闻信息和传播媒介的能力，帮助学生真正理解马克思主义新闻观，树立正确的新闻舆论工作价值观，确保他们在未来的职业生涯中坚定地践行马克思主义新闻观的原则与规范。

一、基本信息

课程名称：马克思主义新闻观

授课对象：新闻相关专业本科生

使用教材：《马克思主义新闻观教程（第二版）》，陈力丹，中国人民大学出版社

学习内容：马克思主义新闻观中国化的理论基础、现实脉络与未来趋势

教学课时：6课时

二、课程思政教学整体设计思路

1. 理论基础：*深刻理解马克思主义新闻观中国化的内涵*

在课程的第一部分，我们将集中探讨马克思主义新闻观的理论基础及其中国化的内涵。通过教学，学生将系统学习马克思主义新闻观的基本概念、核心理论以及其在中国语境下的具体应用。课程将从马克思主义经典著作出发，结合中国新闻传播领域的实际情况，详细讲解马克思主义新闻观在中国的理论发展与实践创新。为了帮助学生对理论进行理解，教师在教学过程中将运用多种教学方法，包括讲授、讨论和案例分析等，帮助学生深刻领会马克思主义新闻观的基本原理及其在中国化过程中的重要意义。通过对这一部分的学习，学生不仅能够掌握马克思主义新闻观的基本理论，还能了解其在中国新闻传播实践中的具体应用，牢固树立正确的新闻传播观念。

2. 现实脉络：*分析马克思主义新闻观在中国的实践路径*

在课程的第二部分，我们将重点关注马克思主义新闻观的现实脉络与其在中国的实践路径。通过对历史和现实案例的分析，学生将了解马克思主义新闻观在中国新闻传播实践中的具体运用及其所取得的成就。教学内容将涵盖中国共产党在各个历史时期对新闻舆论工作的指导思想和具体实践，包括抗日战争时期的新闻宣传、新中国成立后的新闻事业发展、改革开放以来的媒体变革等。通过这些内容，学生将认识到马克思主义新闻观在中国新闻传播实践中的重要作用及其对中国社会发展的积极影响。同时，课程将引导学生关注当下新闻传播领域的热点问题和面临的挑战，探讨马克思主义新闻观在应对这些问题时的指导意义。通过案例分析、专题研讨和实践活动，学生将提升对马克思主义新闻观现实运用的理解和把握水平，增强实践能力。

3. 未来趋势：*展望马克思主义新闻观的创新路径与发展趋势*

在课程的第三部分，我们将展望马克思主义新闻观在未来的创新路径与发展趋势。随着信息技术的迅猛发展和媒体环境的不断变化，马克思主义新闻观也面临着新的挑战和机遇。课程将引导学生思考如何在新时代背景下，坚持和发展马克思主义新闻观。教学内容将涵盖新媒体技术的发展及其对新闻传播的影响、全球化背景下新闻传播格局的变化，以及人工智能、大数据等新技术在新闻传播中的应用。通过对这些前沿内容的学习，学生将了解马克思主义新闻观在新时代的创新路径和发展趋势。课程还将鼓励学生结合自身专业背景和兴趣，开展自主研究和创新实践，探索马克思主义新闻观在未来新闻传播实践中的新应用。通过对这一部分的学习，学生将具备前瞻性的思维和创新能力，能够在未来的新闻传播工作中，灵活运用马克思主义新闻观，推动新闻事业的健康发展。

三、教学目标

1. 课程教学目标

课程旨在通过系统的理论教学和实践分析，帮助学生全面掌握马克思主义新闻观的基本理论、历史发展及其在中国的具体应用。学生将深入了解马克思主义新闻观的基本概念和核心思想，理解其在中国新闻传播实践中的具体运用及其所取得的成就。课程还将引导学生关注当下新闻传播领域的热点问题和挑战，探讨马克思主义新闻观在应对这些问题时的指导意义。通过理论讲授、案例分析、专题研讨和实践活动，学生将提升对马克思主义新闻观的理解和把握水平，增强学生在实际工作中应用理论解决实际问题的能力。课程将特别结合 2016 年习近平总书记在党的新闻舆论工作座谈会上的重要讲话，以及党的十八大以来党中央关于新闻宣传工作的重要指示，深入探讨新时代中国新闻传播工作的方向和要求。通过学习马克思主义新闻观同中国特色社会主义伟大实践相结合的宝贵经验，学生将理解党性原则，认识到新闻工作在国家治理和社会发展中的重要作用。最终，学生将具备运用马克思主义新闻观分析和解决新闻传播实际问题的能力，成为具备扎实理论基础和实际操作能力的复合型新闻传播人才。

2. 思政育人目标

通过对马克思主义新闻观的系统学习，学生将树立正确的新闻传播观念，坚持党性原则，增强政治素养和社会责任感。课程将通过对历史和现实案例的分析，使学生认识到马克思主义新闻观在中国新闻传播实践中的重要作用及其对中国社会发展的积极影响，培养学生的爱国主义情怀和社会担当意识。同时，课程将引导学生关注新时代背景下的新闻传播新趋势，提升其对新媒体环境中新闻传播伦理和道德的认识。通过思政教育，学生将树立正确的价值观和职业道德，坚定信仰马克思主义新闻观，做到真学真懂真信，并在未来的职业生涯中践行马克思主义新闻观的原则与规范，成为新时代有理想、有本领、有担当的新闻传播工作者。

四、教学实施过程

1. 教学内容

本课程的教学内容设计遵循"知识传授和能力拓展相结合""夯实基础和前沿探索相结合""系统介绍与专题讲授相结合"三个原则，以确保学生在理论和实践方面获得全面发展。

第一，课程通过知识传授和能力拓展相结合的方式，帮助学生全面掌握马克思主义新闻观的基本理论，并提升其实际应用能力。在第一课时，教师将系统介绍马克思主义新闻观的基本概念、核心思想和形成背景，重点讲解马克思、恩格斯关于新闻传播的经典论述。这部分内容旨在为学生打下坚实的理论基础。接着，通过案例分析和课堂讨论，学生有机会将理论充分应用于对实际（热点）新闻事件的分析，培养自身运用马克思主义新闻观解决实际问题的能力。在第二课时，教师将详细讲解马克思主义新闻观在中国的引入、传播及其早期实践，重点介绍中国共产党早期对新闻工作的探索。通过对历史案例的分析，学生不仅能够理解马克思主义新闻观在中国的具体应用，还能提升对中国共产党新闻工作历史经验的评价能力。

第二，课程注重夯实基础和前沿探索相结合，确保学生既能掌握扎实的基础知识，又能跟上学科发展的前沿动态。在第三课时，教师将讲解改革开放以来中国新闻传播领域的重大变革，以及马克思主义新闻观在当代中国的具体应用。这部分内容旨在帮助学生全面了解中国新闻传播领域的发展历程和现状。紧接着，教师将通过分析当前（党的二十大以来）新闻传播中的典型案例，探讨其背后的理论支撑和实际效果，学生将能够拓展视野，培养创新思维。在第四课时，教师将介绍新媒体技术的发展及其对新闻传播的影响，以及马克思主义新闻观在新媒体环境下的创新与发展。通过分析具体案例，学生不仅能掌握新媒体时代新闻传播的特点和面临的挑战，还能提升应对新媒体环境的能力。

第三，课程通过系统介绍与专题讲授相结合的方式，确保学生对马克思主义新闻观的理解既全面系统，又深入具体。在第五课时，教师将全面讲解马克思主义新闻观中的伦理与道德要求、新闻工作者的职业道德与社会责任。这部分内容旨在帮助学生全面理解新闻伦理与职业道德的内涵。接着，通过典型案例分析，反思新闻伦理与道德失范现象，学生将能够提升职业道德素养。在第六课时，教师将总结马克思主义新闻观的中国化历程及其现实应用，展望未来发展的趋势和方向。通过结合当前社会热点，探讨马克思主义新闻观在未来新闻传播中的创新路径和发展趋势，学生将能够拓展视野，培养创新思维。

2. 教学方法

本课程的教学方法设计遵循"学与习相结合""尊重规律与创新相结合""文本训练与人本训练相结合"三个原则，旨在引导学生实现全面发展。

首先，课程通过学与习相结合的方式，帮助学生在理论学习和实际应用中获得全面发展。在讲授与讨论环节，教师系统讲解理论知识，学生通过小组讨论深化理解。例如，在讲授马克思主义新闻观的基本理论时，安排小组讨论经典论著及其核心观点对当代中国新闻传播实践的启示。学生通过讨论不仅能够加深对理论的理解，还能培养团队合作和沟通能力。在案例分析与实践环节，通过分析具体案例，学生能够提升将理论应用于实际问题的能力。例如，通过分析当代新闻传播中的典型案例，学生不仅能够提升实践能力，还能培养解决实际问题的能力。

其次，课程注重尊重规律与创新相结合，确保学生在掌握基础知识的同时，也能够培养创新思维。在遵循教学规律环节，根据教学内容的难易程度和学生的接受能力，教师循序渐进地进行知识传授和能力培养。例如，先讲解基础理论，再进行案例分析和实践应用，这样学生不仅能够系统掌握知识，还能逐步提升应用能力。在鼓励创新思维环节，教师应鼓励学生提出创新观点，探讨新媒体时代新闻传播的特点和面临的挑战，学生通过提出和探讨创新观点，不仅能够拓展视野，还能培养创新能力。

最后，课程通过文本训练与人本训练相结合的方式，确保学生在理论学习和实际应用中都能获得发展。在文本训练环节，通过阅读经典文献和进行案例分析，学生不仅能够提升理论素养，还能掌握分析问题的方法。例如，通过阅读马克思、恩格斯关于新闻传播的经典论述，并进行案例分析，学生不仅能够加深对理论的理解，还能提升分析问题的能力。在人本训练环节，通过角色扮演和模拟新闻发布会等实践活动，学生不仅能够提升实际操作能力，还能培养职业道德和社会责任感。例如，通过模拟新闻发布会，学生不仅能够提升新闻发布和沟通能力，还能增强社会责任感。

五、案例反思

通过系统的课程评价机制，我们能够直观地了解教学效果。学生的反馈意见为我们指明了改进方向。根据这些意见，我们适度调整教学内容和教学手段，以更好地满足学生的学习需求和期望。在教学周期内，我们利用数字媒体工具（如在线讨论平台）促进学生与教师之间、学生之间的互动。通过实时监控和分析这些讨论内容，我们能够及时调整教学细节，确保教学内容与学生的理解能力和兴趣相匹配。通过使用雨课堂、交互组件等智慧教学手段，我们能够实时了解学生对课堂内容的反馈。这些工具不仅能帮助我们了解学生的即时反应，还能让我们据此有针对性地更新视频等多媒体案例，使教学内容更加生动和贴近实际。

然而，课程也存在一些不足之处。马克思主义新闻观及其相关课程具有较强的理论性和政治性，学生可能难以长时间保持学习热情。为此，我们计划进一步加强互动式教学，通过小组讨论、角色扮演、案例模拟等方式，激发学生的学习兴趣和参与度。

通过以上反思与改进，我们希望能够进一步提升本课程的教学效果，使学生不仅能够深入理解理论知识，还能在实际新闻工作中灵活应用理论知识，成为宽口径、厚基础的复合型新闻传播人才。

六、教学效果

本课程的教学效果主要体现在同课程导向有关的四个方面：

一是学生的政治素养得以提高，具体体现在课堂问答互动中的制度认同、政策认知和大局意识三个层面；

二是学生的家国情怀得以彰显，具体表现在评论作品的国家认同、国情认知、文化传承、社会责任等方面；

三是学生的专业素养得到训练，包括求真务实和勇于探索两个方面，在分组展示活动中得以体现；

四是学生的伦理规范得到树立，具体体现在期末考核环节的理想信念、品德修养、职业操守三个方面。

 参考文献

陈力丹, 2006. 马克思主义新闻观思想体系[M]. 北京：中国人民大学出版社.
胡正荣, 孟丁炜, 2024. 从"自在"到"自为"构建以马克思主义新闻观为基石的国际传播自主知识体系[J]. 对外传播（3）：51-54.
李宝善, 2013. 自觉坚持马克思主义新闻观[J]. 求是（16）：36-38.
童兵, 2016. 马克思主义新闻观读本[M]. 上海：复旦大学出版社.
丁法章, 2007. 马克思主义新闻观的中国化及其运用[J]. 新闻记者（2）：3-9.
郑保卫, 郑权, 2023. 马克思主义新闻观中国化时代化的发展进程、基本特点及思想启示[J]. 当代传播（4）：4-11.

中外文明交流互鉴:《美狄亚》中的两性伦理与爱国主义

新闻与文化传播学院　张玉敏

案例概述

"外国文学"课程作为大学的人文素质课程,主要教学内容是引领学生阅读、赏析从古希腊时代到 19 世纪末的时间长河中产生的外国经典文学作品,从不同的角度阐释外国文学,尤其是西方文学蕴含的人学内涵。本课程可以使学生通过熟悉西方文学的历史脉络、经典作品、思潮流派等,了解外国文学和文化,拓宽国际视野,培养良好的跨文化交际与传播能力。

本课程具有如下特色。第一,本课程的教学内容以对外国文学中经典作品的鉴赏和导读为主,兼顾文学史的介绍,同时融合外国历史、哲学、美学、艺术等多方面的内容,突出素质教育的特色。第二,本课程致力于推动中外文明交流互鉴,立足新时代中国的发展需求,深入挖掘外国文学作品中的思想意蕴,引导学生树立正确的世界观、人生观和价值观。第三,本课程在引导学生赏析外国文学的同时,积极有效挖掘"课程思政元素",用润物细无声的方式引导学生自觉弘扬社会主义核心价值观,避免对外国文化盲目认同。第四,本课程打破陈旧的权威式文本解读模式,创建教师引导与学生批判相结合的文本多元化解读模式,寻找文本阐释和思政教育的契合点,将思政教育落到实处。

一、基本信息

课程名称:外国文学

授课对象:新闻专业本科生以及部分公共课选修学生

使用教材：《外国文学史（第二版）上册》和《外国文学史（第二版）下册》，《外国文学史》编写组，高等教育出版社

学习内容：欧里庇得斯悲剧《美狄亚》赏析

教学课时：2课时

二、课程思政教学整体设计思路

本课程主要讲授古希腊悲剧作家欧里庇得斯的作品《美狄亚》，引导学生赏析作家塑造的"杀子母亲"形象，并分析美狄亚杀子惩夫的原因。教学重点围绕美狄亚杀子的原因展开，突出三个方面的思政内容。一是通过对作家所处时代的古希腊社会背景进行分析，特别是对书中展现的古希腊社会男女关系的不平等进行分析，引导学生思考两性和谐相处的重要性，对社会中存在的性别对立现象进行反思和批判。二是通过分析美狄亚在古希腊社会中的边缘人身份，引导学生批判地看待西方文学作品中"危险的东方人"这一具有强烈意识形态的文学命题，帮助学生摒弃"西方文化中心论"，增强学生的文化自信。三是通过分析欧里庇得斯作为城邦剧作家创作的目的，引导学生思考悲剧背后的政治性，融入爱国主义思想教育。

三、教学目标

1. 课程教学目标

引导学生阅读赏析古希腊悲剧作家欧里庇得斯的代表作《美狄亚》，分析美狄亚杀子的原因及其背后女性与男性、边缘人群与主流社会、个人与国家三个层面的思想文化意蕴。

2. 思政育人目标

引导学生理解和尊重文化差异，对作品中具有强烈意识形态的思想进行批判，不盲目认同外国文学作品中的价值观。引导学生理解和弘扬社会主义核心价值观，更好地认同自己的文化身份，增强文化自信。

四、教学实施过程

（一）课堂导入

教师展示美狄亚故事的相关绘画作品，帮助学生回忆古希腊神话中伊阿宋和金羊毛的故事。欧里庇得斯将这个故事写成了悲剧《美狄亚》。但是和古希腊神话中英雄传说不同的是，在这部悲剧中，闪光的主角不再是男性英雄伊阿宋，而是一个原本在伊阿宋和金羊毛的故事中镶边的女性美狄亚。在此过程中，教师应引导学生关注《美狄亚》的文本，激发学生阅读原文的兴趣。

（二）教学内容展开

1. 分角色朗读，演绎文本中的经典对话

（1）剧中开场，欧里庇得斯借保姆之口诉说美狄亚的不幸。

（2）欧里庇得斯让美狄亚登台诉说自己的不幸。

展示两段台词原文，引导学生分析这两段台词的不同。美狄亚在讲述自己不幸经历的同时，让我们看到了古希腊全体女性的遭遇。美狄亚的这段台词被称为"世界妇女的第一个争取平等的宣言"。教师可以在此处介绍女性主义思想，让学生关注女性权益和两性平等，使学生意识到尊重女性和两性和谐相处的重要性。

2. 引导学生阅读原文和提问，逐步进入美狄亚杀子复仇的情节

（1）引导学生阅读原文，在此过程中教师应引导学生关注美狄亚杀子的无奈与痛苦。

（2）提出讨论问题：美狄亚为什么要杀死自己的两个儿子报复丈夫？

鼓励学生通过文本阅读寻找答案，使学生产生探究美狄亚杀子背后的原因与文本的深层次内涵的兴趣。

3. 结合文本分析美狄亚杀子惩夫的原因以及背后的思想文化内涵

（1）引导学生从文本中了解古希腊当时的社会背景。

教师帮助学生回顾埃斯库罗斯作品《俄瑞斯忒斯》三部曲中的情节，指出埃斯库罗斯通过悲剧提出了当时古希腊社会从母权制社会向父权制社会转变过程中出现的伦

理、正义和法律等社会问题。古希腊是十足的男权社会，男性享有很多特权。教师可以引导学生通过阅读原文体会古希腊男女关系的不平等。由于男性主导地位的确立是通过父子血缘关系来实现的，因此美狄亚清楚地认识到子对父的意义，以及通过杀死儿子给予父亲巨大打击的可能性。美狄亚杀子断后的行为在人类学上具有砸断血缘关系的枷锁，清除父亲印记的深层意义，矛头直指古希腊男权社会对女性的不公。美狄亚是借着对丈夫伊阿宋的报复对整个男权社会进行报复。悲剧意义由此超出了家庭悲剧和命运悲剧的范围，展示出女性文明对男性文明的反抗。在此过程中，教师应引导学生思考两性和谐相处的重要性，对社会中存在的性别对立现象进行反思和批判。

（2）引导学生通过文本阅读进一步分析美狄亚的身份。

美狄亚的身份是什么？她是一个外邦人。此外，她还是一个已婚生子、年老色衰的弃妇。她是古希腊社会的边缘人。因此伊阿宋与美狄亚的冲突不仅是朝三暮四的丈夫和伤心欲绝的弃妇之间的冲突，也是主流社会和边缘人群的冲突。美狄亚和自己的孩子长期遭受着城邦政治的践踏。在性别与政治的双重压迫下，美狄亚的反抗超出了个人复仇的狭隘范围，代表着边缘人群对主流社会的抗击。

引导学生批判地看待西方文学作品中"危险的东方人"这一具有强烈意识形态的文学命题。《美狄亚》正是这个母题下具有代表性的文学作品。在许多西方文学作品中，东方人代表着邪恶、残忍等较负面的形象。这种刻板形象忽视了东方文化的多样性和复杂性，对东方文化的传播产生了不良影响，强化了西方的种族主义和文化优越感。教师应帮助学生摒弃文化和思想偏见，增强文化自信，促进不同文化之间的平等交流。

（3）进一步引导学生分析欧里庇得斯作为城邦剧作家创作的目的，思考悲剧背后的政治性，融入爱国主义思想教育。

美狄亚为了伊阿宋斩断了自己几乎所有的社会联系，背叛了母邦，杀死了兄弟，最后却惨遭抛弃，这个情节有什么政治意味呢？美狄亚作为一国的公主，背叛了母邦，将自己个人的情欲置于母邦利益之上。从母邦的角度看，她的行为是否应该受到谴责呢？

引导学生思考，欧里庇得斯在表达对美狄亚同情的同时，也许也想借着这出悲剧告诫当时的观众，在任何情况下都不能背叛自己的母邦。如果甘当国家和人民的叛徒（不管是出于什么原因），那么最终就会走向悲剧的结局。在此过程中教师应引导学生树立爱国主义意识，永远忠于自己的国家。

（三）课堂总结

欧里庇得斯没有将美狄亚描绘成一位残暴的母亲。尽管她杀死了自己的孩子，但是她自己也是受害者。她是一个可怜的妻子，一个痛苦的母亲，一个被城邦政治践踏的边缘人。美狄亚用自己极端的方式惩罚了伊阿宋，但是自己也被痛苦折磨。悲剧家欧里庇得斯用这出悲剧提醒我们去关注那些在社会边缘遭受痛苦的人，教导我们在任何情况下都不能背叛自己的国家。

（四）课后延展

（1）根据课堂所学内容，撰写并分享一篇不少于600字的《美狄亚》赏析文章。

（2）结合现实生活，谈谈两性和谐相处、弱势群体关怀以及对国家忠诚等话题。

（3）观看电影《美狄亚》，思考文学作品与影视改编之间的关系。

五、案例反思

习近平总书记在2016年提出，"要用好课堂教学这个主渠道，思想政治理论课要坚持在改进中加强，提升思想政治教育亲和力和针对性，满足学生成长发展需求和期待，其他各门课都要守好一段渠、种好责任田，使各类课程与思想政治理论课同向同行，形成协同效应"。2020年，教育部印发了《高等学校课程思政建设指导纲要》，提出"建设高水平人才培养体系，必须将思想政治工作体系贯通其中"。"外国文学"课程是大学生接触西方文学和文化的前沿阵地，在塑造新时代大学生世界观、人生观和价值观，提升其道德修养和精神境界方面具有不可忽视的作用。长期以来，以西方意识形态和价值观为内核的课程，有可能使学生在学习之后产生与社会主义核心价值观相冲突的认识，甚至产生盲目的认同感。"外国文学"课程不可避免地存在这样的弊端。因此，"外国文学"课程在引导学生理解和欣赏外国文学的同时，更加需要思考应如何贯彻教育部的指导精神，积极有效地挖掘"课程思政元素"，用润物细无声的方式引导学生自觉弘扬社会主义核心价值观。

欧里庇得斯的悲剧《美狄亚》是一部受到学生喜爱并引发激烈讨论的作品。经过三轮教学实验，教师发现学生最感兴趣的话题是：美狄亚为何杀子报复丈夫？本课程便从此问题入手，分析美狄亚杀子的原因，反思女性与男性、边缘人群与主流社会、个人与国家之间的关系，并在赏析、讨论中引导学生对西方文学作品中具有强烈意识形态性的思想进行批判，坚定文化自信，弘扬社会主义核心价值观，实现课程"立德树人"的目标。

课程通过学生分角色朗读、小组讨论等方式，激发学生对文本的兴趣和自主探究的意识。教师还需开发多元化的教学手段，增加多学科知识之间的联系，注意理论联系实际。例如，教师可以引导学生在课后进一步探讨文学作品与影视改编之间的关系。在探讨文本所涉及的两性关系时，教师应引导学生思考两性和谐相处的重要意义，并对社会中存在的性别对立现象进行反思和批判。随着新的数字化教学手段引入本课程，教师应该进一步思考如何有效使用这些新手段活跃课堂气氛，提升学生参与度，从而进一步提升教学效果。

六、教学效果

融入"课程思政元素"的"外国文学"课程可以帮助学生在阅读和理解外国经典文学作品的过程中，对作品所涉及的西方价值观进行批判性思考。教师应鼓励学生对其中的优点和缺点进行辩证思考和分析，从而使学生理解与尊重文化差异，培养他们的跨文化交流能力。

同时，教师应通过对比和对话，引导学生深刻思考中国文化特质和社会主义核心价值观的内涵。学生可以通过将外国文学作品中的人物、情节和主题与中国文学作品中的人物、情节和主题进行对比和联系，更好地理解和认同自己的文化身份，增强文化自信。

总之,融入"课程思政元素"的"外国文学"课程在很大程度上实现了文学教育与思政教育的有机融合,理论性与现实性的统一,趣味性与深刻性的统一。本课程有大量新闻与文化传播学院之外的学生选修,深受学生的喜爱。

教育部课题组,2019. 深入学习习近平关于教育的重要论述[M]. 北京:人民出版社.

讲好中国古文论，镜鉴当代新文论

新闻与文化传播学院　张金梅

 案例概述

"中国古代文论"是面向汉语言文学专业三年级学生开设的一门专业选修课。本课程旨在总结中国古代文学理论的发展规律及演变历史，传承中华优秀传统文化，努力建构新时代文学理论体系。刘勰《文心雕龙》是中国文学批评理论的"前身"，也是国家级学会——中国《文心雕龙》学会（简称"龙学"）的研究对象，还是中南财经政法大学首任校长范文澜先生在"龙学"界堪称"里程碑"佳作的《文心雕龙注》的"本身"。本课程运用元典教学法，通过文本细读，以学生精读、教师讲授、互动讨论、课堂总结的方式，对《文心雕龙·序志》进行具体分析，展示刘勰的"初心"和"使命"，镜鉴当代中国特色社会主义新文论建设。在培养并提高学生文学鉴赏和理论批评能力的同时，提升学生的家国情怀和"文澜学识"，增强学生的民族自信心和自豪感。

一、基本信息

课程名称：中国古代文论

授课对象：汉语言文学专业本科生

使用教材：《中国文论名篇注析》，张金梅等，人民出版社

学习内容：《文心雕龙·序志》

教学课时：1课时

二、课程思政教学整体设计思路

本课程以马克思主义哲学、美学及文艺观为指导，以立德树人为根本，以培养具有较高文艺理论素养的文学爱好者、研究者和中学语文教育者为目标。教师应通过课程教学，引导学生形成健康、高尚的审美情趣，提升学生的人文素养和文学鉴赏水平，使学生了解马克思主义文艺观指导下的中国古代文学理论的发展规律；使学生掌握中国古代文学理论的基础知识、重要命题、一般原理以及相关的科学研究方法；使学生理解中国古代文学理论的概念范畴及建构逻辑；使学生了解先秦两汉、魏晋南北朝、唐宋、元明清、近代文学批评理论的历史演变；培养学生运用中国古代文学理论的基础知识、重要命题、一般原理以及相关的科学研究方法来分析、研究、评价文学现象的能力，为学生从事文学研究和中学语文教育及其他相关工作打好理论基础。

在教学过程中，本课程着重突出两个方面的思政内容。

其一，助力文艺理论体系建设。刘勰《文心雕龙》关于"文之枢纽""论文叙笔""剖情析采"的论述涵括了文学本质、文学体裁、文学创作、文学风格、文学接受、文学批评、文学发展等各种文学理论，体大虑周；刘勰"树德建言，岂好辩哉"的"立言"不朽精神和"就有深解，未足立家"的学术创新意识，对新时代文学理论体系、学术体系、话语体系的建构助益良多。

其二，指导学生创新实践训练。刘勰《文心雕龙·序志》关于《文心雕龙》书名由来、创作缘起、篇章结构、主要观点和研究方法的论述，范文澜先生在《文心雕龙·原道》和《文心雕龙·神思》后所画图表等，犹如项目申报书或学位论文开题报告的研究意义、研究目的、研究结构、主要观点、研究方法、思路简图的"范本"，对于学生申报各级各类大学生创新项目和撰写学位论文，都有借鉴和指导意义。

三、教学目标

1. 课程教学目标

本课程以《文心雕龙·序志》的文本细读为主，在详细分析刘勰《文心雕龙》的书名由来、创作缘起、篇章结构、主要观点、研究方法等基本问题的基础上，明晰《文心雕龙·序志》是一篇项目申请书或学位论文开题报告的"范本"。主要教学内容包括：其一，该书为什么取名《文心雕龙》——课题的研究意义；其二，刘勰为什么要写《文心雕龙》——课题的研究目的；其三，《文心雕龙》的篇章结构——课题的研究结构；其四，《文心雕龙》的主要观点——课题的主要观点；其五，《文心雕龙》的研究方法——课题的研究方法。

2. 思政育人目标

通过对中国古代文学理论发展规律和历史演变情况的系统总结与学习，学生能深入理解新时代中国特色社会主义文化，铸牢中华民族共同体意识；能不拘成见，大胆表达对文学现象的理解和认识，培养创新意识，挖掘发展潜能。

通过对《文心雕龙·序志》的学习，学生不仅能比较全面地了解刘勰的"初心"和"使命"，而且可以明确项目申报和论文撰写的基本规范，将"读""写"结合起来，切实培养并提高自身的文献阅读能力和理论分析水平。

四、教学实施过程

（一）学生精读

要求学生精读《文心雕龙·序志》，了解"龙学"发展简史，为教师讲授、互动讨论做好准备。

（二）教师讲授

1. 导入新课

在教学过程的初始环节，教师引导学生精读元典，查找相关文献资料。通过师生分享交流，增强教学活动的代入感和现实感，同时为后续环节对《文心雕龙·序志》的精讲做好铺垫。

（1）随机提问 3~4 位学生，请他们从不同角度分享自己对《文心雕龙·序志》的阅读体会及对"龙学"的大致了解。

（2）教师结合学生发言，从重要版本和历史评价两个层面进行总结。

① 《文心雕龙》的重要版本。

黄侃《文心雕龙札记》是《文心雕龙》研究的奠基力作。范文澜《文心雕龙注》是现今通行的对《文心雕龙》研究的入门读本。王利器《文心雕龙新书》和杨明照《文心雕龙校注》则资料较全且义理阐释深入，是 20 世纪 50 年代"龙学"研究名著。20 世纪 60 年代，陆侃如、牟世金《文心雕龙选译》和郭晋稀《文心雕龙译注十八篇》采用直译方式进行注释，对入门者也很有帮助。1977 年以来，"龙学"研究极大繁荣。王利器《文心雕龙校证》和杨明照《文心雕龙校注拾遗》堪称《文心雕龙》校勘史上的双子星；周振甫《文心雕龙注释》是"范注"以来最为完备的白话注释本；詹锳《文心雕龙义证》和祖保泉《文心雕龙解说》则在推广《文心雕龙》和深化人们对《文心雕龙》的理解方面具有重要意义。

② 《文心雕龙》的历史评价。

沈　约："大重之，谓为深得文理，常陈诸几案。"

孙光宪："后之品评，不复过此。"

胡应麟："刘勰之评，议论精凿。"

章学诚："体大而虑周""笼罩群言"。

鲁　迅："东则有刘彦和之《文心》，西则有亚里士多德之《诗学》，解析神质，苞举洪纤，开源发流，为世楷式。"

第一位《文心雕龙》全书的日文译者兴膳宏："《文心雕龙》规模宏大，体制详备，是中国文学批评史上了不起的杰作。"

2. 教师精讲

教师从《文心雕龙》的书名由来、创作缘起、篇章结构、主要观点、研究方法五个层面对《文心雕龙·序志》进行文本细读、精析。①

（1）《文心雕龙》的书名由来。

夫"文心"者，言为文之用心也。昔涓子《琴心》，王孙《巧心》，心哉美矣，故用之焉。古来文章，以雕缛成体，岂取驺奭之群言"雕龙"也？夫宇宙绵邈，黎献纷杂，拔萃出类，智术而已。岁月飘忽，性灵不居，腾声飞实，制作而已。夫人肖貌天地，禀

---

① 本案例中的《文心雕龙·序志》引自黄侃所著《文心雕龙札记》（2020 年版）。

性"五才",拟耳目于日月,方声气乎风雷,其超出万物,亦已灵矣。形甚草木之脆,名逾金石之坚,是以君子处世,树德建言,岂好辩哉?不得已也!

"文心",得于"夫'文心'者,言为文之用心也","用心"包括"用心之所在"和"心之如何用"两层含义。

"雕龙",得于"古来文章,以雕缛成体,岂取驺奭之群言'雕龙'也",精雕细刻犹如雕镂龙纹,故名"雕龙"。

(2)《文心雕龙》的创作缘起。

其一,描述平生所做两梦,阐明"建言""立家"之"初心"。

予生七龄,乃梦彩云若锦,则攀而采之。齿在逾立,则尝夜梦执丹漆之礼器,随仲尼而南行。旦而寤,乃怡然而喜:大哉,圣人之难见哉,乃小子之垂梦欤!自生民以来,未有如夫子者也!敷赞圣旨,莫若注经,而马、郑诸儒,弘之已精;就有深解,未足立家。

其二,评述文坛研究现状,阐明"述先哲""益后生"之"使命"。

详观近代之论文者多矣!至如魏文述《典》,陈思序《书》,应玚《文论》,陆机《文赋》,仲洽《流别》,弘范《翰林》,各照隅隙,鲜观衢路;或臧否当时之才,或铨品前修之文,或泛举雅俗之旨,或撮题篇章之意。魏《典》密而不周,陈《书》辩而无当,应《论》华而疏略,陆《赋》巧而碎乱,《流别》精而少功,《翰林》浅而寡要。又君山、公干之徒,吉甫、士龙之辈,泛议文意,往往间出,并未能振叶以寻根,观澜而索源。不述先哲之诰,无益后生之虑。

(3)《文心雕龙》的篇章结构。

盖《文心》之作也,本乎道,师乎圣,体乎经,酌乎纬,变乎《骚》:文之枢纽,亦云极矣。若乃论文叙笔,则囿别区分;原始以表末,释名以章义,选文以定篇,敷理以举统:上篇以上,纲领明矣。至于剖情析采,笼圈条贯,摛《神》《性》,图《风》《势》,苞《会》《通》,阅《声》《字》,崇替于《时序》,褒贬于《才略》,怊怅于《知音》,耿介于《程器》,长怀《序志》,以驭群篇:下篇以下,毛目显矣。位理定名,彰乎大衍之数,其为文用,四十九篇而已。

《文心雕龙》结构严密，体系宏大。全书共 50 篇，凡 37000 余字。前 25 篇 "明纲领"，包括 "文之枢纽"："本乎道，师乎圣，体乎经，酌乎纬，变乎《骚》"，即本体论，指《原道》《征圣》《宗经》《正纬》《辨骚》5 篇；"论文叙笔"，指从《明诗》至《书记》的 20 篇，即文体论，前 10 篇为有韵之文，后 10 篇为无韵之笔。体例为 "原始以表末"（简述源流）；"释名以章义"（解释名称性质）；"选文以定篇"（评述作家作品）；"敷理以举统"（指陈体制风格及要求）。

后 25 篇 "显毛目"，即 "剖情析采"。其中，从《神思》至《总术》19 篇可并入创作论；《时序》至《程器》5 篇可并入批评论；最后 1 篇《序志》为总序。

（4）《文心雕龙》的主要观点。

详其本源，莫非经典。

唯文章之用，实经典枝条；"五礼" 资之以成，"六典" 因之致用，君臣所以炳焕，军国所以昭明，详其本源，莫非经典。而去圣久远，文体解散，辞人爱奇，言贵浮诡，饰羽尚画，文绣鞶帨，离本弥甚，将遂讹滥。盖《周书》论辞，贵乎体要；尼父陈训，恶乎异端。辞训之奥，宜体于要。

（5）《文心雕龙》的研究方法。

擘肌分理，唯务折中。

夫铨序一文为易，弥纶群言为难，虽复轻采毛发，深极骨髓，或有曲意密源，似近而远，辞所不载，亦不可胜数矣。及其品评成文，有同乎旧谈者，非雷同也，势自不可异也；有异乎前论者，非苟异也，理自不可同也。同之与异，不屑古今，擘肌分理，唯务折中。按辔文雅之场，环络藻绘之府，亦几乎备矣。但言不尽意，圣人所难；识在瓶管，何能矩矱？茫茫往代，既沉予闻；眇眇来世，倘尘彼观也。

（三）互动讨论

围绕《文心雕龙·序志》文本细读、精析，体会刘勰在特定历史文化境遇中的 "初心" 和 "使命"。

（1）刘勰写了平生所做的两个梦，这两个梦的象征意义是什么？

教师小结：含蓄地体现了刘勰 "立言不朽" 的 "初心"。

（2）如何理解"岂取"？

教师小结：刘勰力图扭转齐梁形式主义文风。

（3）刘勰是如何评述文坛研究现状的？

教师小结：刘勰采用点面结合评析方法，阐述"述先哲""益后生"之"使命"。

（4）马工程教材《文学理论》如何讨论分析文学体裁？对刘勰的文体论有何借鉴？

教师小结：马工程教材《文学理论》按"定义—简史—特征—分类"思路讨论分析诗歌、小说、剧本、散文四种文学体裁，是对刘勰"原始以表末，释名以章义，选文以定篇，敷理以举统"的借鉴和运用。

（四）课堂总结

（1）总结升华。刘勰的《文心雕龙·序志》犹如一篇规范的项目申报书或学位论文开题报告，刘勰对"立言不朽"的追求和《文心雕龙》的理论建构对建设新时代科学文学理论体系具有极其重要的启示意义。

（2）课后作业。范文澜先生在《文心雕龙注》中画了三个图表，请结合图表，谈谈你对刘勰《文心雕龙》理论架构的看法，并在下次课堂上讨论分享。

五、案例反思

1. 存在的问题

作为汉语言文学专业本科三年级学生的专业选修课，"中国古代文论"课程要在有限的课时里讲授先秦两汉、魏晋南北朝、唐宋、元明清、近代各历史时期不同的文学批评理论，如何精选文论名著佳篇，平衡文论发展历史是课程教学首要问题。

中国古代文学理论产生于古代社会，是用古人的语言，遵循古人的思维写成的，必然与我们今天的文学理论有一些隔阂与矛盾。如何剔除糟粕、传承精华，实现中国古代文学理论的"古为今用"，是师生需要共同努力的方面。

中国的文学理论与西方的文学理论源自两个不同的文化体系，各有特点，各有短长。在借鉴、学习西方文学理论时，如何以我为主、兼收并蓄，实现"洋为中用"，也是师生需要共同努力的方面。

2. 改进的思路

在讲授"中国古代文论"时，教师可以采取元典精读的方式，实现以点带面的效果，力争系统展现中国古代文学理论的发展规律与历史演变。

其一，结合中国古代文学理论名著佳篇，指导学生融合相应知识点，提高学生的文献阅读能力和理论分析水平。

其二，在注重"史"的同时，将"论"落到实处。让学生既知其然，又知其所以然，持续激发学生的学习兴趣。

其三，兼顾中国古代文学理论现代意义的阐释及其与西方文学理论的比较，为建构新时代科学文学理论体系培养"后备军"。

六、教学效果

本课程是汉语言文学专业的专业选修课，也是中国语言文学一级学科里各专业研究生入学考试的必考科目——文学理论的重要构成部分。从各方面反馈来看，本课程取得了良好的教学效果。

教材得到专家的全面好评。《中国文论名篇注析》在比较分析郭绍虞《中国历代文论选（一卷本）》、霍松林《古代文论名篇详注》、张少康《中国历代文论精选》及黄霖、蒋凡《中国历代文论选新编（精选本）》的篇目和体例的基础上，借鉴、吸收四大名家文论选本的优长，充分考虑高校"中国古代文论"课程教学的实际需要，精选先秦迄近代共 44 篇元典范文，分别按名篇正文、页下注释、选文题解、作者简介、选文详析、拓展阅读、延伸思考七大体例编撰，将四大名家的文论选本序列向前推进了一大步，具有鲜明的元典教学特色。教材被评论者誉为"中国文论元典教学教材的新开拓"（详见罗玲：《中国文论元典教学教材的新开拓——评张金梅〈中国文论名篇注析〉》，《湖北民族学院学报：哲学社会科学版》2016 年第 34 卷第 6 期），并作为"民族高校汉语言文学专业'一典三创'建设"的重要内容。

课程得到同行的充分肯定。校、院教学督导员、教师多次随堂听课，对课程思政育人的方式和效果、教学内容的展现方式都给予了较高评价。

课程得到学生的高度认可。作为一门专业选修课,"中国古代文论"自开设以来,一直受到学生的欢迎。从最近一年的考试成绩来看,最高分97分,最低分72分,平均分87.78分,成绩分布合理;从学生评教结果来看,最近两年的平均分为97.91分和98.04分,表明学生认可度较高。

参考文献

李延寿,1975. 南史[M]. 北京:中华书局.
姚思廉,1973. 梁书[M]. 北京:中华书局.

讲好中国美学，从工艺美术史开始

新闻与文化传播学院　苏也

 **案例概述**

"中国工艺美术简史"是数字媒体艺术专业本科生的专业理论选修课。本课程的教学目的是使学生充分了解中国各个历史时期的工艺美术成果，包括其所处时代的文化特征和民族特点；学习不同时期工艺美术的技法特色，包括工艺品的造型、色彩、装饰及审美倾向。工艺美术史是一个民族的精神文化史，同时也是这个民族的物质文化发展史。本课程在介绍各个历史时期及其相应的工艺美术杰作时，引导学生思考背后的历史原因、核心价值、美学观念和文化流变；讨论各个时代对美的理解和主流价值取向，如时代的审美标准、艺术的社会角色和文化的传播意义等。通过对这门课程的学习，学生可以更好地理解中国的历史演变，民族的美学源流，艺术与生活、经济的结合，技术与艺术的交融，精神与物质的交互作用，从而既为学生对数字媒体艺术专业的学习打下美学基础，也丰富了学生关于传统艺术与工艺技法的理论知识，更为学生理解中国历史、看懂中国美学、传播中国文化提供了丰富的知识和灵感。

一、基本信息

课程名称：中国工艺美术简史

授课对象：数字媒体艺术专业本科生

使用教材：自编讲义

学习内容：理解中国的历史演变，民族的美学源流，艺术与生活、经济的结合，技术与艺术的交融，精神与物质的交互作用

教学课时：32 课时

二、课程思政教学整体设计思路

中国的工艺美术技术需要薪火相传，中国美学更需要有新鲜血液去推广。本课程可以有效鼓励学生积极主动地去理解中国艺术，挖掘传统艺术 IP，用新媒介传递中国美学，挖掘传统艺术的创造性魅力，"讲好中国故事"。本课程以学习为主，拓展为辅，适当穿插横向思维讲解、中外比较研究和经典案例讨论，通过对工艺美术作品进行正确审美引导和价值观评述，对学生进行深入细致的人文精神的培育，把学生对民族、国家的热爱与自豪感融入对工艺美术作品的理解之中。本课程使学生在了解和掌握中国各个历史时期的工艺美术风格特点的基础上，重点了解中国工艺美术领域不同于西方的语言特征（如线条、笔墨、构图、透视、造型、色彩等），有利于学生充分认识传统文化的博大精深，从作品细节和历史史料中建立民族自信心和文化使命感。教师应鼓励学生主动积极地去承担传统文化传承与创新的历史任务，同时，教师应充分提升学生的横向思维能力，使学生将本课程与其他数字媒体艺术专业课程结合，进一步学习理论知识、史论知识与专业技能知识。

三、教学目标

1. 课程教学目标

本课程旨在引导学生深入梳理中国工艺美术史的发展脉络。由于课时有限，在教学中，本课程将选择最具代表性、典型性、民族性的艺术家及作品来具体讲解，从而展现中国历代审美趋向的变化和文化思想的发展；分别阐述不同历史时期的工艺美术种类、艺术流派、主要艺术家、经典作品等，加强学生对中国工艺美术史的认识，使学生理解其发展和演变的经济基础、文化根基和时代背景。

中国工艺美术是美学理念与物质生活的伟大结合，是民族智慧的艺术结晶。本课程的课程教学目标是通过对中国工艺美术历史脉络的梳理、经典作品的解读，激发学生对传统工艺美术的兴趣，达到拓宽美学视野、活跃创新思维、培养艺术趣味之作用，为学生的长远发展奠定基础，为学生的艺术创造力注入民族血液，使学生具有成为高素质艺术专业人才所必需的历史眼光和工艺知识。

在中国工艺美术史中，作品本身就是对工艺发展和审美意识变迁的视觉呈现。在教学过程中，教师应通过对大量名家名作的深入讲解，提升学生的艺术鉴赏、美学分析与辩证思维等专业能力，激发学生的灵感及创作热情，并为学生对其他数字媒体艺术专业课程的学习奠定必要的基础。

2. 思政育人目标

本课程通过对中国工艺美术史的发展脉络及经典作品进行梳理，积极引导学生树立正确的价值观。在中国发展的伟大历史中，每个历史时期都诞生了许多工艺美术杰作。在具体剖析这些文化成果的内容时，本课程将积极引导学生去主动思考作品背后的价值观念和文化观点；讨论每个时代对美的理解和价值取向，如审美标准、艺术的社会角色和文化的传播意义等。本课程通过对先秦时期、秦汉时期、三国两晋南北朝时期、隋唐时期、两宋时期、元明清时期的工艺美术史进行深入讲解，引导学生主动发现中式美学的渊源脉络，探讨文化的传承和创新，树立正确的价值观。

本课程通过对中国工艺美术史的讲解，引导学生坚定"文化自信"。课程设计强调中国传统文化对艺术创造的巨大影响力，以此引发学生对当代数字媒体艺术的思考，使学生从文化源头的灵感出发，挖掘中国传统美学对数字媒体艺术的影响；鼓励学生发挥自主学习能力，提高文化思考鉴赏能力；鼓励学生进行"比较式"的艺术分析，比较不同历史时期的工艺美术成果，比较不同地区间的工艺美术成果，比较同一媒介手段下中西方艺术的区别，并思考它们如何反映了社会、政治和文化变迁。

本课程用具体的实例分析、创意方案、项目策划，让学生思考如何在现代数字媒体领域发挥个人特长，指导学生用专业能力"讲好中国故事"——继承传统工艺美术的精髓，通过将数字绘画、平面设计、数字建模、数字动画、摄影、AI技术与其他学科进行交叉融合，用更多元化、更具创新精神的创作方式弘扬中华优秀传统文化，让中国工艺美术史中的国宝"活起来"，让中式美学发扬光大，并借助数字媒体艺术与技术"走出去"。

四、教学实施过程

在教学实施过程中，本课程以理论讲授与多媒体材料展示相结合的方式，全面调动学生对具体作品的理解与专业分析热情。要求每位学生通过手绘与拼贴画的形式，完成一份"中国工艺美术简史课程笔记"，让学生把课堂知识与自我学习相结合，把历史知识、美学理论与绘画、设计能力相结合，在夯实学生理论基础的同时，拓宽学生的知识面；让学生在了解灿烂的中华文明的同时，做到学以致用，博古通今，并发扬创新思维，拓展出具备时代性、独特性、艺术性的新思想、新创作。

本课程通过多元化的展示方式，结合具体数据、图像资料、互动视频、纪录片及相关设计方案等材料，帮助学生深入了解中国工艺美术发展史；采用以学习为主，拓展为辅，适当穿插横向思维讲解、中外比较研究和经典案例讨论的教学方式，使学生在了解和掌握中国各个历史时期工艺美术的风格特点的基础上，重点了解中国工艺美术领域不同于西方的语言特征（如线条、笔墨、构图、透视、造型、色彩等），充分认识传统文化的博大精深，从作品细节和历史史料中建立民族自信心和文化使命感。

本课程引导学生积极参与课堂讨论，组织课堂讨论小组，设计互动环节，让学生分享他们对工艺美术创作的个人看法，加深学生对中国历史、美学背景、人文学科的理解。这有助于拓宽学生的文化视野，同时能够促进学生之间的交流和辩论，有助于激发学生的创作灵感。

本课程设计实践项目，使学生将实际体验与艺术创作相结合，参与工艺美术的项目创作，例如制作传统工艺品、开发文化创意产品 IP 或建立相关 IP 的数字媒体艺术项目，实现技术与艺术的交融。这样的实践项目，不仅可以增强学生的创造力和美学感知能力，还可以让学生将工艺美术的历史与当前的文化创意产业运作联系起来，从而在弘扬中式美学的同时，对现代社会产生影响，帮助学生理解工艺美术与当代社会的关联。

五、案例反思

在教学内容方面，课程在教学中建立了积极的反馈制度，教师可以实时调整作业难度，同时安排对学生客观记忆能力、主观思考能力、知识拓展能力和创新思维能力的考核；并以学生的客观记忆能力、主观思考能力、知识拓展能力、创新思维能力为核心建立考核标准。根据学生的课堂表现及最终课程成果来看，学生的理论知识水平、横向思维能力及创意实践能力，都得到了较好的提升。综合来看，本课程可以对学生进行深入细致的人文精神的培育，把学生对民族和国家的热爱与自豪感融入对工艺美术作品的理解之中。尤其是通过对一些伟大作品"人性化设计"的具体讲解、对创作者爱国思想的阐述等，本课程把对学生的思政教育工作融入对中国工艺美术的史料分析之中。

高校艺术类课程教师应该转变思政教育观念，运用多元化、多维度的教学手段，鼓励学生"继承、发扬、探索、创新"。教师应在课上讲好专业知识，课后还可以通过组织学生观看展览、参与短期研学等校外实践活动，拓宽学生的视野，提高学生的综合审美能力和对文化产业的具体认知水平，发展学生的创新思维。从讲台到实践、从课本到社会，教师可以通过引导学生多渠道地与文化产业接触，把思政教育融入课程教学各个方面。

六、教学效果

中华文明五千年的丰厚积淀是所有艺术工作者的伟大宝库，在思政育人目标的指引下，教师可以先学习全新的教学理念，完善自身的知识体系，通过深入、系统地学习思政教育相关的知识，夯实自己的理论基础，为更好地把思政元素融入"中国工艺美术简史"课程奠定基础。中国的工艺美术技术需要薪火相传，中国美学更需要有新鲜血液去推广。通过这次的课程改革，新设计的课程模式可以有效鼓励学生积极主动地去理解中国艺术，挖掘传统艺术 IP，用新媒介传递中国美学，挖掘传统艺术的创造性魅力，"讲好中国故事"，让中华优秀传统文化以更具时代特色的方式"走出去"，承担起中华优秀传统文化传承与创新的伟大历史任务。

 参考文献

田蕾,2021. 课程思政有效融入美术鉴赏课程的研究与实践: 以陕西省城市经济学校工艺美术专业听障生为例[J]. 大众文艺(13): 207-208.

杨翔凤,2020. 思政元素融入中国工艺美术简史课程教学的路径[J]. 西部素质教育,6(11): 45-46.

打造商学新知与商业素养的"五个融通"

工商管理学院　刘凯

案例概述

课堂是立德树人的重要阵地，本课程是专业选修课，选课人数多、覆盖面广，在学生中具有较大的影响力和辐射作用。本课程主要通过设计教学大纲、深挖思政元素、创新"教赛互促"模式、运用先进教学工具、打造"第二课堂"五个"融通"的方式，引导学生树立正确的世界观、人生观和价值观，实现专业知识讲授和课程思政教学的有机统一。

一、基本信息

课程名称：商务谈判

授课对象：经济与管理类专业本科生（含留学生）

使用教材：《国际商务谈判：原理与实务》，巴里·莫德，吴易明译，中国人民大学出版社

学习内容：商务谈判的基本理论、基本知识和基本方法

教学课时：32学时

二、课程思政教学整体设计思路

"商务谈判"是为顺应时代发展开设的一门理论和实践密切结合的应用型专业课程。本课程在"新商科"的时代要求下，将思政内容与专业知识有机结合，让学生在谈判沟通过程中理解合作共赢的商务理念，在对外经贸谈判实践中理解诚信守法的职

责，增强底线思维，坚定"四个自信"。

本课程构建专业知识讲授与课程思政教学统一体系，将思政元素融入专业知识体系，实现商学知识、商务能力和商业素养有机整合。本课程主要基于"教材+案例"的模式进行讲授，其中教材为"商务谈判"课程使用的主流教材，案例大多为自编案例。

本课程通过教师讲授、角色互动、小组讨论、案例分析等教学方式，引导学生开展对"双赢"相关理念的学习和实践。教师围绕双赢的定义、意义、实现方式、成效等展开知识讲解，并针对鲜活案例，提炼案例中各方的冲突点，分析在案例背景下各方改变策略的原因是什么，这种改变的目的是什么，达到了怎样的效果。本课程通过分析重大公共事件下企业合作共赢的案例，引导学生从合作共赢的视角，思考和讨论现代商务领域中共商与共享、合作与发展的时代主题，从中感受中华民族以和为贵、求同存异的双赢思想，从而帮助学生提高商务谈判与沟通的职业素养。

三、课程目标

1. 课程教学目标

本课程是国际经济与贸易、工商管理等经济与管理类专业的专业选修课，围绕经管法融通的培养目标，注重培养学生的谈判意识、团队合作能力、沟通能力和共赢理念，对学生职业素养的培养也有着重要作用。

本课程旨在使学生树立正确的世界观与价值观，理解现代商务谈判的基本概念与理念，掌握商务谈判的程序及方法，学会运用商务谈判策略及技巧，了解商务谈判的惯例与规则，具备基本的商务能力及良好的职业素养；使学生了解商务谈判的基本理论与原则，特别是理解现代商务谈判的共赢理念与契约精神，同时了解国际商务谈判中文化、礼仪的重要性；使学生具备一般谈判及商务沟通的能力，善于发表独立见解，能系统梳理客观世界发展规律，具备较强的沟通表达能力和团队合作能力。

2. 思政育人目标

"商务谈判"课程结合"新商科"的时代要求,设计适合的思政映射和融入点,选择适当的教学手段和方法,将思政元素融入课程教学,解决课程价值引领缺位的问题,给学生的世界观、人生观、价值观以积极正面的引导,实现商务能力培养与职业素养培养的有机融合。

(1)本课程以习近平新时代中国特色社会主义思想铸魂育人,引导学生深刻理解并自觉遵守职业规范,增强职业责任感。

(2)使学生树立正确的世界观、人生观与价值观,引导学生形成共商、共建、共享的合作理念,培养学生的契约精神。

四、教学实施过程

(一)课程思政元素与教学内容的结合

本课程采用讲授、实践、竞赛相结合的教学模式,将思政教育贯穿理论讲授、实践理解及竞赛运用三个环节,通过"以学促赛,以赛促思,学思结合"的形式,让学生于无形之中感受并理解课程思政元素,达到润物细无声的效果。课程思政元素与教学内容的结合见表1。

表 1 课程思政元素与教学内容的结合

周次	章节	教学内容		课程思政元素(参照《高等学校课程思政建设指导纲要》)
		主要内容	重点、难点	
1	第一章	商务谈判概述	商务谈判的本质,国内外研究的概况和重要成果	共商、共建、共享的合作理念;爱国、敬业、诚信、友善的修养
2	第二章	商务谈判理念	商务谈判的基本原则、道德及法律约束	合作共赢;德法兼修的职业素养
3	第三章	商务谈判战略规划	商务谈判的"三知"分析、方案制定、谈判者素质	诚信、守法、明德理念;增强体质、健全人格、理想信念;国家与企业信息安全观
4	第四章	开局谈判	谈判气氛的建立,破冰的方式和策略	知行求真、诚信致远
5	第五章	磋商谈判	谈判僵局的处理,让步的时机与幅度	筑牢底线思维;冲突化解,锤炼意志

续表

周次	章节	教学内容		课程思政元素（参照《高等学校课程思政建设指导纲要》）
		主要内容	重点、难点	
6	第六章	签约与履约谈判	合同的订立及纠纷的防范与处理	契约精神与规则意识
7	第七章	谈判中的文化与礼仪	多元文化对商务谈判的影响	弘扬中华优秀传统文化；坚定守诚信、崇正义、尚和合、求大同的文化自信
8	课外实践	综合谈判模拟	规定时间内合理达成双边共赢谈判	提升团队协作、沟通说服、博弈抗压的综合能力；开拓创新的职业品格和行为习惯

本课程将教学内容与课程思政元素有机结合，以知识引导意识，以意识引导能力，按照在教学中理解、在互动中领会、在实践中运用的逻辑线展开教学。

（二）教学环节一：案例讨论

下文以第二章中"合作共赢"元素与教学内容的结合为例介绍本课程的实施过程。

为进一步深化学生对合作共赢理念的认识，帮助学生灵活运用商务谈判的学科知识，培养学生的应用能力和创新能力，本课程选取原创案例——MG医药集团与TS机械有限公司就口罩机故障的纠纷解决谈判，为学生进行讲解。

① 案例回顾了英国MG医药集团和中国TS机械有限公司之间纠纷产生的原因，分析了双方的利益诉求和磋商谈判的优劣势，展现了商务谈判中中方企业谈判方案的选择和策略的运用，体现了TS机械有限公司公司代表高超的谈判技巧。

② 引导学生思考：TS机械有限公司是如何将合作共赢理念融入谈判过程，并运用互惠式让步策略，成功将一次纠纷解决谈判转变为友好合作谈判的？

③ 小组讨论、课堂回答。

④ 总结：TS机械有限公司熟知双方的优劣势，合理巧用心理战术，结合情理，在以合同条款、法律中的不可抗力因素争取己方权利的同时，充分利用感情渲染手法，在出现僵局时展现出己方难处，也表达出长期合作、给予优惠的诚意，最终成功将纠纷解决谈判转变为友好合作谈判。

（三）教学环节二：案例总结

（1）案例点评：①合作共赢理念贯穿谈判，尽显中方"舍利取义"的价值担当；②谈判谋略运筹得当，兼施情理，化干戈为玉帛。

（2）总结与深化主题：本案例充分体现了中华民族守诚信、崇正义、尚和合、求大同的价值观，也体现了"构建人类命运共同体"的理念，对于指导学生参与社会实践、投身经济建设具有重要意义。

（3）布置课后作业：①谈判的交易条件包括哪些，关键的交易条件是什么？②为什么谈判最好是双赢的？③你认同 TS 机械有限公司这种"舍利取义"的做法吗？如果你是决策者，你会采取什么谈判策略？

五、案例反思

本课程的思政教育贯穿全部教学环节，教师在课程考核阶段应从课程内部和课程外部多维度考察课程思政的教学效果。

在课程内部，考核从日常教学行动、平时成绩评价和期末成绩评价三个方面展开。第一，在日常教学行动方面，以小组为单位进行整体评价，培养学生的集体意识、团队观念与契约精神。第二，在平时成绩评价方面，对于有创新见解的、积极向上的、谦虚礼让的和从未缺席的小组给予额外加分。第三，在期末成绩评价方面，设置满分为 100 分的三级指标体系，其中，思政考核指标约占 50 分，高度体现出本课程对课程思政的重视。

在课程外部，本课程还力求借助学生反馈、线上智慧评教系统、同行和督导反馈等多渠道，不断优化课程建设。第一，广泛搜集学生的意见、建议。每次课程结束时，向学生征集包括讲授内容、教学资源、考核方式甚至教学地点等整个课程的优化意见，对提出具有较高目标指向性、可行性、操作性和原创性建议的学生给予加分。第二，充分利用线上智慧评教系统。充分利用移动互联网教学平台"微助教"和教务部的评教系统，吸收课程改进意见。第三，重视同行和督导反馈。注重校、院、系各级同行的教学建议和督导的意见反馈，通过交流，发掘更为丰富的课程思政元素。

六、教学效果

本课程经过多年的打磨与优化，实现了商学新知与商业素养的"五个融通"。

第一，优化以课程思政为导向的教学大纲，切实做到专业与思政相融通。本课程根据"新商科"的时代要求和人才培养标准，每年对课程大纲进行优化和动态调整，真正从课程源头做到专业培养与思政教育的有机融通。

第二，充分挖掘课程思政元素，切实做到教书与育人相融通。切实培养学生的家国一体意识、法律思维、诚实守信意识等。

第三，创新"讲授+实践+竞赛"的教学模式，切实做到理论与实践相融通。例如，在课堂上引入历年全国性商务谈判案例，进行现场模拟，并选拔优秀的学生参加商务谈判大赛，让学生在实战中深刻领悟课程思政的真正意义，培养自身的规则意识、法律素养，真正实现学以致用的目标。

第四，运用先进教学工具，发挥多种教学平台的作用，切实做到"线下"与"线上"相融通。从现实教学条件来看，"商务谈判"课程的思政教育不仅可以在课堂上通过教师讲授的方式进行，而且可以通过微课、中国大学MOOC、雨课堂、微助教等"互联网+"智慧教学工具进行。

第五，打造"第二课堂"大思政协同育人模式，切实做到课程思政与社会思政相融通。例如，本课程在既有的课堂教学之外，还利用学校就业指导中心与企业的合作项目建立"第二课堂"，让课程思政从"第二课堂"走向社会思政，让思政教育得到更好的延伸与升华，让学生在实训中深刻领悟课程思政的真正意义，培养自身的规则意识、法律素养，成为有正确价值观的人才，实现学以致用的目标。

念好"山海经"、唱好"林草戏",学习贯彻习近平生态文明思想

工商管理学院 邓远建

案例概述

本课程以习近平生态文明思想为指导,坚持人与自然和谐共生理念,旨在培育学生的自然情怀、生态底蕴、科学素养,围绕学识、能力、素质"三位一体"的综合培养目标,从理念、知识、能力、素质等多个维度开展教学活动设计,坚持马克思主义方法论,培养学生回归自然、热爱自然、尊重自然、敬畏生命的品质,深化学生对农业农村高质量发展的认识。通过课堂教学、资料搜集、整理、展示,以及实践调研,学生可以深刻体会习近平生态文明思想和习近平总书记关于"三农"工作和乡村振兴战略重要论述的时代意义、理论意义、实践意义和世界意义,系统理解其背后中国的道路优势、理论优势、制度优势、文化优势。

一、基本信息

课程名称:农业生态经济学

授课对象:农林经济管理专业本科生

使用教材:《农业生态经济学》,严立冬,武汉大学出版社

学习内容:习近平生态文明思想

教学课时:3课时

二、课程思政教学整体设计思路

本课程开展课程思政的主要可利用资源包括习近平生态文明思想、习近平总书记关于"三农"工作和乡村振兴战略的重要论述、《中共中央 国务院关于加快推进生态文明建设的意见》,以及教师长期在教学、科研工作中搜集的第一手数据、案例资料和学术成果等。同时本课程与生态环境、自然资源、农业农村等部门建立合作关系,安排相应的课外实践活动作为对课堂学习的补充。

本课程从理念、知识、能力、素质等多个维度开展教学活动设计。在知识传授上,课程在课堂教学环节系统讲授习近平生态文明思想、农业生态经济理论,帮助学生建立起完善的知识体系;在能力培养上,课程围绕新型农业经营体系、农业绿色发展和美丽乡村建设等专题组织课堂展示,引导学生积极搜集相关资料,提高其综合思考能力和表达能力;在素质拓展上,课程通过农业生态经济实践调研活动帮助学生理论结合实际,完善人格、培育情感、树立正确价值观。

三、教学目标

1. 课程教学目标

(1)使学生深刻理解习近平生态文明思想的丰富内涵,了解生态文明与农业农村生态文明的联系,理解农业农村生态文明建设与农业高质量发展的关系。

(2)使学生理解农业生态经济理论的主要内容,掌握农业生态经济系统、农业生态经济规律、农业生态经济平衡与农业生态文明之间的内在逻辑。

(3)使学生了解农业生态经济实践的表现形式,理解生态文明建设中农业生态经济模式、农业生态经济规划、农业生态经济评价、农业生态资本运营、农业生态经济补偿与农业生态产品价值之间的关系。

(4)使学生了解政策安排和制度建设在农业生态经济发展中的重要意义,理解农业生态经济治理、农业生态经济安全、农业农村生态文明建设、农业生态经济管理、农业生态经济制度、农业生态经济发展的基本方略。

2. 思政育人目标

本课程旨在通过案例分享和实践教学，深入挖掘专业课程知识点与立德树人根本目标的契合点，积极探索"课程思政"和"思政课程"协同前行的有效实现路径，使课堂学习与农业农村生态文明建设实践有效对接，加深学生对习近平生态文明思想和习近平总书记关于"三农"工作和乡村振兴战略重要论述的理解，从而全面提高学生缘事析理、明辨是非的能力；助力学生成为德才兼备、全面发展的"三农"事业建设者和接班人，引导学生把爱国情、强国志、报国行自觉融入坚持和发展中国特色社会主义、全面建成社会主义现代化强国、实现中华民族伟大复兴的奋斗之中。

四、教学实施过程

（一）整体思路

本课程的课程实施过程按照"五个一"展开。

1. 坚持一个思想：习近平生态文明思想

本课程以习近平生态文明思想为指导，推动习近平生态文明思想进教材、进课堂、进头脑，将思政教育有机融入专业课程教学和实践教学各环节。

2. 围绕一个主题：中国农业农村生态文明建设

本课程紧紧围绕"中国农业农村生态文明建设"这一主题，不仅全面回顾中国农业绿色发展政策的实施历程，而且重点阐释习近平生态文明思想的深刻内涵，特别是习近平生态文明思想对农业农村生态文明建设实践的指导意义，客观评价中国生态文明建设成效和其对世界的贡献，向学生讲好"中国生态文明建设方案"。

3. 运用一个方法：马克思主义世界观和方法论

本课程以农业农村生态文明建设为主题，在引导学生分析问题的过程中，始终坚持马克思主义世界观和方法论，使学生充分认识中国生态文明建设的巨大成就，深刻体会习近平生态文明思想的时代意义、理论意义、实践意义、世界意义，系统理解这一成就背后中国的道路优势、理论优势、制度优势、文化优势。

4. 解决一个问题：专业课程教学与立德树人根本任务有机融合

中国的生态文明建设为世界环境保护和绿色发展作出了巨大贡献，本课程通过开展"中国农业农村生态文明建设"课程思政，使学生认识到"人因自然而生，人与自然是一种共生关系""自然界是人类社会产生、存在和发展的基础和前提""人与自然是生命共同体"，从而塑造学生的世界观、人生观、价值观，引导学生尊重自然、顺应自然、保护自然、敬畏生命。

5. 形成一个体系：专业课程思政教学体系

本课程通过探索与实践，形成了包含教学方法、教学手段、教学内容、教学途径、教学评价、教学反馈等的要素完整的、可复制的、可推广的专业课程思政教学体系，并推广到其他相关课程。

（二）教学实施的路径

本课程的教学过程分为课前、课中、课后三个环节，将习近平生态文明思想融入人才培养全过程，实现思政教育与知识理论教育的有机统一。教学具体从以下几个方面展开。

1. 课前——习近平生态文明思想和教学方案体系规划

第一，教师可以在课前邀请知名的学者为学生带来前沿专题讲座，让学生在课前初步培养学习兴趣，树立基本的生态文明价值观；第二，教师应在严格执行教学大纲基本要求的基础上，结合当前生态文明观和农业绿色发展实践，根据学生的专业需求和发展规划，对整体教学内容和课程体系进行升级和更新，构建内容完整、逻辑严密、层次清晰、系统性强的教学内容体系，制定一套适合"农业生态经济学"课程的教学方案体系。

2. 课中——习近平生态文明思想和专业课程的交融

教师应在翻转课堂、小班教学和团队教学等多种教学模式大融合的基础上，分章节并结合具体内容列举相关案例，深度嵌入习近平生态文明思想。同时，教师应在教学过程中强化学生的参与性、互动性，构建开放式教学模式，强调互动式教学过程，积极引导学生思考，使得理论课程内容具有开放性、前瞻性和实用性。

3. 课后——生态文明实践出真知

教师应结合农林经济管理专业背景，面向社会发展和服务需求，围绕生态文明建设和乡村振兴战略，鼓励学生深入"生态文明建设示范区""美丽乡村"等典型试点示范地区进行走访参观，带领学生开展课后问卷调查，在实践中促进学生社会主义生态文明观的建立。

（三）教学内容设计

"农业生态经济学"是一门多学科交叉的专业课程，属于专业必修课，也符合新农科发展的方向和要求。其课程核心内容包括农业生态经济学的内涵、发展历程、基本理论；生态经济服务价值评价方法体系；生态经济效益与生态补偿；等等。由于课程内容和课程核心思想与习近平生态文明思想高度相关，所以在进行具体教学内容的设计时，教师可以将习近平生态文明思想的六大原则充分运用到各个环节。

1. 坚持人与自然和谐共生

即坚持节约优先、保护优先、自然恢复为主的方针，多谋打基础、利长远的善事，多干保护自然、修复生态的实事，多做治山理水、显山露水的好事，让群众望得见山、看得见水、记得住乡愁，让自然生态美景永驻人间，还自然以宁静、和谐、美丽。习近平总书记不止一次地引用恩格斯"如果说人靠科学和创造性天才征服了自然力，那么自然力也对人进行报复"的重要判断。党的二十大报告指出："中国式现代化是人与自然和谐共生的现代化。""尊重自然、顺应自然、保护自然，是全面建设社会主义现代化国家的内在要求。必须牢固树立和践行绿水青山就是金山银山的理念，站在人与自然和谐共生的高度谋划发展。"具体来说，本课程从历史上国际国内农业生态环境问题和生态伦理危机出发，结合全球气候变化等鲜活案例，以"生态兴则文明兴，生态衰则文明衰"的生态文明变革"历史观"讲解农业生态经济学的产生背景与发展趋势，深入分析加强农业农村生态文明建设的必要性和紧迫性。

2. 绿水青山就是金山银山

即贯彻创新、协调、绿色、开放、共享的发展理念，加快形成节约资源和保护环境的空间格局、产业结构、生产方式、生活方式，把经济活动、人的行为限制在自然资源和生态环境能够承受的限度内，给自然生态留下休养生息的时间和空间。要加快划定并严守生态保护红线、环境质量底线、资源利用上线三条红线。从发展观的角度看，实现绿水青山就是金山银山，其实质就是要实现产业生态化和生态产业化，其中，如何体现农业生态经济价值是关键。在授课过程中，教师以有效实践"两山"理念的浙江省为例，引入当前水权、林权、渔权等自然资源产权的有偿使用和交易制度，以及生态权、排污权、碳（磷）排放权等环境资源产权的有偿使用和交易制度的试点案例实施情况，介绍生态服务价值的分类、发展，以及相关方法的原理、适用范围和操作步骤。

3. 良好生态环境是最普惠的民生福祉

即环境就是民生，青山就是美丽，蓝天也是幸福。党的二十大报告提出，深入推进环境污染防治。持续深入打好蓝天、碧水、净土保卫战。要坚持生态惠民、生态利民、生态为民，重点解决损害群众健康的突出环境问题，加快改善生态环境质量，提供更多优质生态产品，努力实现社会公平正义，不断满足人民日益增长的优美生态环境需要。要增强全民节约意识、环保意识、生态意识，培育生态道德和行为准则，开展全民绿色行动，动员全社会都以实际行动减少能源资源消耗和污染排放，为生态环境保护作出贡献。习近平总书记指出，良好生态环境是最公平的公共产品，是最普惠的民生福祉。本课程旨在使学生掌握农业农村生态文明建设与"三农"工作之间的关系。

4. 山水林田湖草是生命共同体

即要从系统工程和全局角度寻求新的治理之道，必须统筹兼顾、整体施策、多措并举，全方位、全地域、全过程开展生态文明建设。要深入实施山水林田湖草一体化生态保护和修复，开展大规模国土绿化行动，加快水土流失和荒漠化石漠化综合治理。山水林田湖草是一个相互依存、联系紧密的自然系统，共同构成了人类生存发展的物质基础。习近平总书记的山水林田湖草生命共同体系统思想与农业生态经济系统思想高度契合。教师可以在介绍农业生态经济学理论基础的过程中，深度还原生态位，包括农业生态经济系统组成、分类、结构、功能、外部性作用。同时，教师可以以学生熟悉的环境作为实例，比如校园生态系统，揭示农业生态经济系统的基本概念、基本矛盾，生态系统与经济系统的关系，以及山水林田湖草等生命共同体的相互作用关系。

5. 用最严格制度最严密法治保护生态环境

即生态环境是关系党的使命宗旨的重大政治问题，也是关系民生的重大社会问题。要加快制度创新，增加制度供给，完善制度配套，强化制度执行。要严格用制度管权治吏、护蓝增绿，有权必有责、有责必担当、失责必追究，保证党和国家关于生态文明建设决策部署落地生根见效。要落实领导干部生态文明建设责任制，严格考核问责。要下大气力抓住破坏生态环境的反面典型，释放出严加惩处的强烈信号。

6. 共谋全球生态文明建设

即要深度参与全球环境治理，增强我国在全球环境治理体系中的话语权和影响力，积极引导国际秩序变革方向，形成世界环境保护和可持续发展的解决方案。要结合"一带一路"倡议，让生态文明的理念和实践造福沿途各国人民，推进共建"一带一路"绿色发展。

在课堂教学的基础上，教师可以利用寒暑假带领学生开展农业农村生态文明实地调查，让学生撰写调研报告和调研心得，教师可以依据调研报告和调研心得了解教学效果。

五、案例反思

（一）教学中存在的问题

习近平生态文明思想是一个完整的理论体系，且在不断演进和发展，学生对其的理解还更多停留在理论和感性层面。同时，农业的自然属性明显，"农业生态经济学"是一门交叉学科，学生对农业生态经济理论如何应用于实践的关注较少，而且不够深入，这就造成理论对于实践的指导意义不足，甚至可能造成理论与实践脱节的情况。为此，教师需要进一步加强学生的理论素养，明确课程思政在"农业生态经济学"课程教学中的实践导向性，并不断优化课程思政案例设计。

(二) 改进思路

1. 课程思政的理论支撑需要进一步加强

党的十八大以来，习近平总书记以马克思主义政治家、战略家、理论家的深刻洞察力、敏锐判断力和战略定力，继承和发展马克思主义关于人与自然关系的思想精华和理论品格，深刻把握新时代我国人与自然关系的新形势新矛盾新特征，开展了一系列根本性、开创性、长远性工作，推动生态文明建设和生态环境保护从实践到认识发生历史性、转折性、全局性变化，形成了习近平生态文明思想。本课程应通过教学，使学生明白习近平生态文明思想在指导我国农业农村生态文明建设和农业生态环境保护方面所取得的历史性成就、发生的历史性变革；习近平生态文明思想是习近平新时代中国特色社会主义思想的重要组成部分，为推进美丽乡村建设、实现乡村生态振兴并促进共同富裕提供了根本遵循，具有重大时代意义、理论意义、实践意义和世界意义。

2. 课程思政的实践导向需要进一步明确

生态文明建设是关系中华民族永续发展的千年大计。习近平生态文明思想深刻把握人与自然的发展规律，紧扣时代命题，坚持开拓创新，充分体现了新思想的科学性、指导性和实践性的理论特质，充分展示了生态文明建设的实践伟力，是标志性、创新性、战略性的重大理论成果，是新时代生态文明建设的根本遵循，为推动生态文明建设提供了思想指引和实践指南。本课程应通过教学，引导学生做习近平生态文明思想的坚定信仰者、忠实践行者、有力推动者，将这一思想落实到具体行动上。

3. 课程思政的案例设计需要进一步优化

本课程通过列事实、举例子的方式让学生更直观地了解了中国农业绿色发展历程和多年来农业农村生态文明建设取得的巨大成就，以及进一步推进农业农村生态文明建设的主要举措。然而，某些案例主要针对农业农村生态文明建设，忽视了生态文明建设应该贯穿于农村政治建设、经济建设、社会建设和文化建设的各个方面和全过程。党的十八大以来，我国农业绿色发展取得长足进展，农业农村生态文明建设势头良好，未来如何全方位推进生态文明建设也是教育教学的重点。

六、教学效果

从实施成效来看，本课程成功培育了学生的自然观和"三农"情怀，深化了学生对习近平生态文明思想的认识，使学生对中国生态文明建设伟大成就充满自豪，从而担负起持续推进农业农村生态文明建设的责任。

通过开展专业课程思政教学改革，本课程充分发挥专业课程思政的教学作用，以习近平新时代中国特色社会主义思想为引领，加强课程教材、学生课堂、学术研讨及各类思想文化阵地建设管理，形成党建引领人才培养的长效机制，培育校内外相结合、理论与实践相结合的"党建+人才培养"模式，这种与专业课程教学紧密结合的思政教育模式具有较好的培育价值、学术价值和应用价值。

另外，本课程不仅在学校课堂上深入挖掘课程思政元素，积极宣讲和分析党的"三农"政策和生态文明理论，还围绕共同富裕、乡村振兴、绿色发展等主题，坚持每年组织学生开展大规模的田野调查研究，奔赴全国各地的农村地区、生态功能区、生态文明建设示范区、美丽乡村等，获得了大量的第一手数据和资料。同时，本课程还引导学生依据调研资料撰写相关调研报告和毕业论文，努力做到将学术论文写在祖国大地上。通过学习本课程，学生不仅可以掌握农业生态经济学的基本理论和生态文明理论基本原理，而且对习近平生态文明思想认识更加透彻，理解更加深刻，运用更加娴熟。本课程真正实现了专业课程教学与立德树人根本任务落实的有机结合。

参考文献

陈昌洪，熊运莲，2019. 低碳农业标准化发展机制与对策研究[M]. 北京：经济科学出版社.
顾海英，王常伟，曹林奎，等，2019. 气候变化背景下低碳农业发展研究[M]. 北京：科学出版社.
贾小红，等，2020. 农业生态节肥[M]. 北京：中国农业出版社.
李晓燕，2016. 健全农业生态环境补偿制度研究：基于生产功能与生态功能的视角[M]. 北京：经济科学出版社.
林卿，2020. 生态农业产业集群发展研究[M]. 北京：经济科学出版社.
林文雄，2019. 农业生态概论[M]. 北京：中国农业出版社.
刘连馥，2019. 中国绿色农业发展报告：2018[M]. 北京：中国农业出版社.
苏百义，2018. 农业生态文明论[M]. 北京：中国农业科学技术出版社.

王翠霞，2020. 生态农业系统动力学：管理策略的生成与仿真[M]. 北京：科学出版社.

王松良，考德威尔，2021. 农业生态学[M]. 2版. 北京：科学出版社.

文兰娇，胡伟艳，张安录，2020. 习近平生态文明思想与课程思政的融合和教学设计：以土地资源管理专业课程为例[J]. 黑龙江教师发展学院学报，39（2）：38-40.

吴乐知，2017. 中国低碳农业经济现状与发展模式研究[M]. 北京：中国农业出版社.

吴明红，2018. 思政课程中融入生态文明教育的实现模式探析[J]. 思想政治教育研究，34（3）：97-100.

严立冬，2015. 农业生态经济学[M]. 武汉：武汉大学出版社.

杨果，2016. 农民合作组织视角下我国低碳农业发展机制研究[M]. 北京：人民出版社.

余敦，付永琦，赵小敏，2019. 鄱阳湖生态经济区土地生态系统健康演变机理、预警与调控研究[M]. 北京：中国农业科学技术出版社.

袁建伟，晚春东，肖维鸽，等，2018. 中国绿色农业产业链发展模式研究[M]. 杭州：浙江工商大学出版社.

张燕，2019. 生态农业视域下新型职业农民培育研究[M]. 北京：中国纺织出版社有限公司.

赵成，2009，马克思的生态思想及其对我国生态文明建设的启示[J]. 马克思主义与现实（2）：188-190.

周宏春，江晓军，2019. 习近平生态文明思想的主要来源、组成部分与实践指引[J]. 中国人口·资源与环境，29（1）：1-10.

讲好红色旅游故事，体悟红色精神

工商管理学院　张大鹏

 案例概述

"红色旅游"通识教育课依托首批全国党建工作样板支部——旅游管理系党支部，深入贯彻落实党的二十大精神和习近平总书记强调的"用心用情用力保护好、管理好、运用好红色资源"等重要论述精神，通过若干重要红色旅游资源讲授红色旅游故事，在课程教学中充分展现新民主主义革命、社会主义革命和建设、改革开放和社会主义现代化建设、新时代中国特色社会主义的伟大成就，旨在帮助学生深刻理解党的百年奋斗历程和历史经验，引导学生体悟红色精神，如红船精神、长征精神、抗战精神、三线精神、脱贫攻坚精神。

一、基本信息

课程名称：红色旅游

授课对象：全校本科生

使用教材：自编讲义

学习内容：讲好红色旅游故事，体悟红色精神

教学课时：32 课时

二、课程思政教学整体设计思路

本课程将红色旅游故事与大学生通识教育有机结合，依托八个专题内容，将课程思政元素天然有机地融入课程教学内容中，旨在通过教学，激发学生学习红色文化的热情，引导学生传承"红色基因"，培养学生的爱党爱国爱校情怀。本课程蕴含着丰富的

红色文化、红色故事、红色精神，在每个专题嵌入了相应的课程思政元素，天然契合课程思政育人宗旨。

本课程主要采用理论讲解、案例研讨、情境模拟、现场教学、影像教学、专题报告等形式开展课堂教学，打造集"思政味""有趣味"和"有深味"于一体的通识教育课。本课程通过沉浸式教学，让学生在轻松有趣的氛围中了解红色旅游故事，培养学生深入思考的能力，为引导学生读懂中国提供生动有趣的平台。

三、教学目标

1. 课程教学目标

通过对本课程的学习，学生应该掌握红色旅游的概念与内涵，熟悉红色旅游的资源与文化，充分了解党史及相关伟大中国故事，深入理解红色精神，并能将红色精神融入自我成长过程。对学生的具体要求包括：

（1）学习了解红色旅游理论与实践知识体系的基本框架；

（2）联系实际进行思考，注重红色文化传承与应用；

（3）积极参与案例研讨等课程活动；

（4）熟悉中南财经政法大学的红色校史；

（5）充分了解党史，深入理解红色精神。

2. 思政育人目标

激发学生学习红色文化的热情，引导学生传承"红色基因"，培养学生的爱党爱国爱校情怀。

四、教学实施过程

本课程从红色旅游视角讲解红色文化及中国故事，旨在为学生提供一个了解百年党史、体悟红色文化的学习平台。本课程的教学实施过程从教学内容、教学案例和教学方式三个方面有机融入课程思政元素。

1. 教学内容天然融入课程思政元素

本课程通过若干重要红色旅游资源讲解红色故事，教学内容天然融入了丰富的课程思政元素，包括中国共产党在不同历史时期形成的红色精神，如红船精神、长征精神、抗战精神、三线精神、脱贫攻坚精神。这些专题内容能够激发学生学习红色文化的热情，引导学生传承"红色基因"，培养学生的爱党爱国爱校情怀。本课程共有八个专题（共32课时），分别如下：红色旅游发展与创新、红色旅游与红船启航、红色旅游与万里长征、红色旅游与抗日战争、红色旅游与三线建设、红色旅游与脱贫攻坚、红色旅游与乡村振兴、红色旅游与江城武汉。

2. 教学案例全面取材于红色经典

课程教学案例全面取材于我国红色经典文学、红色经典歌曲、红色经典影视、红色经典绘画等优秀作品，充分挖掘红色文化的时代价值，讲好红色故事，帮助学生增进文化认同，坚定文化自信。

3. 教学方式生动演绎家国情怀

本课程通过理论讲解、案例研讨、情境模拟、现场教学、影像教学、专题报告等形式开展课堂教学，激发学生学习红色文化的热情，调动学生的课堂参与积极性，生动演绎家国情怀，引导学生深刻感受国家力量、读懂中国。

以红色旅游与红船启航专题为例，本课程的教学实施过程可以总结如下。

（1）课程导入。通过导入神舟系列飞船相关视频及航天员故事，引导学生从震撼世界的神舟系列飞船回溯百余年前的一艘小小红船，由此进入红色旅游与红船启航专题。

（2）课程讲授。由中国共产党第一次全国代表大会会址参观游览经历分享开始，以实地拍摄照片为素材，并配合相关微视频，向学生讲授会址概况、南湖革命纪念馆及南湖旅游区等内容。

（3）小组讨论。课堂上组织若干小组进行头脑风暴式讨论，让学生以红色旅游为主题，现场设计南湖旅游区宣传语。

（4）课程思政元素融入。通过讲授红船精神的内涵与时代价值，增进学生对红船精神的理解和认同。

（5）课程总结。教师在课程最后梳理讲授的内容，总结重要知识点。

五、案例反思

本课程通过课堂互动、平时作业和期末考试等形式检验课程思政教学效果。首先，教师在讲授新内容前每次都会利用 10 分钟时间对上节课内容进行回顾和提问，并对即将讲授内容进行课前小测，以了解学生对相关思政内容的学习情况；其次，教师会布置有关红色旅游的平时作业，要求学生积极参与，高质量完成；最后，课程通过期末考试，强化学生对所学内容的记忆。

由于本课程是全校通识教育课，选课人数达到课堂最大容量 130 人，这对课堂互动的时间和参与人数以及课堂节奏有所限制，因此教师需要在以后的教学中运用多种方式加以改善，进一步提高课程思政教学效果。

六、教学效果

本课程自 2022 年 9 月份开设以来，每个学期的学生教学评价均在 96 分以上，课堂反响较好。

此外，在本课程授课教师指导下，多名学生参加第十二届、第十三届全国大学生红色旅游创意策划大赛并获奖（图 1）。

图 1　获奖证书

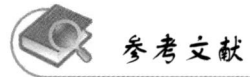 参考文献

丁晓平，2021. 红船启航[M]. 杭州：浙江教育出版社.
龚志强，刘欢，2019. 红色旅游理论与实践探索[M]. 北京：中国旅游出版社.
姜晓德，2015. 江汉保卫战：武汉大会战影像全纪录[M]. 北京：长城出版社.
李继锋，2015. 中国抗日战争全记录：1931—1945[M]. 南昌：二十一世纪出版社.
林娜，林业江，2020. 传承红色文化，培育旅游英才[M]. 北京：光明日报出版社.
刘弘，2018. 红色旅游之长征路[M]. 上海：上海社会科学院出版社.
刘统，2019. 红军长征记：原始记录[M]. 北京：生活·读书·新知三联书店.
人民论坛，2023. 乡村振兴：中国式现代化·协调发展之路[M]. 北京：中国科学技术出版社.
新华通讯社，原国务院扶贫开发领导小组办公室，2024. 决战决胜：中国脱贫攻坚的伟大实践[M]. 北京：新华出版社.
中共武汉市委党史研究室，2023. 中共中央在武汉：1927.4—1927.10[M]. 北京：中共党史出版社.
钟栎娜，岳超，2022. 红色旅游规划与开发[M]. 北京：旅游教育出版社.

"农"墨重彩好"丰"景,乡土田园促振兴

工商管理学院 孙绘淳

 案例概述

"中国农业与农村经济"课程旨在促进学生对农业和农村经济管理领域的深入理解,提升学生的知识应用能力。课程融合了农业和农村经济管理的基础理论、政策导向和前沿动态等相关内容,通过深入探讨中国农业与农村各领域的物质基础、社会经济关系、内部结构、发展历程及各要素之间的内在联系,全面揭示中国农业和农村的复杂性和多样性。课程通过案例分析、启发式思考和拓展阅读等多样化教学方法,将中国现代农业与农村的实践贯穿于教学全过程。教师在教学过程中要特别注重培养学生对跨学科知识的整合与应用能力、解释经济现象和解决经济问题的能力,培养学生的研究精神,深化学生对国家和社会的深切关怀。通过多种教学方法,本课程致力于在实现课程教学目标和思政育人目标的同时,为学生提供全面、深入且富有启发性的教育体验。

一、基本信息

课程名称:中国农业与农村经济

授课对象:工商管理学院本科生

使用教材:《农业经济学》,陈池波,武汉大学出版社

学习内容:农产品期货

教学课时:3课时

二、课程思政教学整体设计思路

本课程深入讲授了农产品期货在中国农业与农村经济中的关键作用,系统地从历史脉络和思想发展的角度剖析了期货市场在乡村振兴战略中的关键角色。本课程通过对期货标的物的详细阐释,展示了农产品如何成为期货合约中的交易对象,进一步探讨了期货市场在价格发现、风险管理和资源配置中的功能发挥,以及"保险+期货"等创新模式如何为农业风险管理提供新的解决方案。

在教学过程中,本课程着重突出三个方面的思政内容。一是通过引入农产品市场价格波动的真实案例,唤起学生对农业重要性的内在认同和对农民艰辛的了解,激发他们对农业风险管理的兴趣。二是通过深入分析期货市场在稳定农产品价格、保障农民收入中的作用,展现国家宏观政策对农业的坚定支持,期货市场在乡村振兴战略中的关键角色,以及期货市场与国家发展理念的紧密联系。三是通过课程内容的传授,强化学生对中国社会主义市场经济体制的认识,加深他们对国家宏观政策的理解,引导学生深入了解国家战略,激励他们为实现共同富裕和中华民族伟大复兴贡献力量。这三个方面的内容相互交织,旨在通过情感共鸣、知识传授和价值观塑造,引导学生增进对国家农业政策的认同,增强社会责任感和历史使命感。

课程教学环节包括课前准备、课中讲授、要点总结与课后作业布置。

在课前准备环节,学生需根据教师设置的与课程主题和思政内容相关的思考题,提前搜集文献,进行课前阅读和预习。这可以激发学生的学习积极性,培养学生的发散性思维。

在课中讲授环节,教师将课程思政元素与专业知识紧密结合,通过翔实深入的案例解析和互动问答讨论,引导学生从历史与现实、理论与实践的角度,全面理解农产品期货市场的重要性和复杂性。

在要点总结环节,教师根据学生的回答和讨论,及时地释疑解惑,明确课程的核心要点,为学生提供清晰的知识框架,并引出对下次课主题的介绍。

在课后作业布置环节,教师通过设计具有挑战性的研究题目,要求学生小组合作完成分析报告和课堂展示。这不仅可以帮助学生巩固所学内容,而且可以培养他们的研究能力、团队协作能力和公开演讲能力。

课程的每个教学环节都旨在促进学生的深度学习，提高他们对知识的理解和应用能力，确保教学目标的实现。

三、教学目标

1. 课程教学目标

本课程致力于深化学生对农产品期货市场的理解，使学生掌握经济学和管理学中相关的分析工具和理论。本课程的课程教学目标是培养学生对农产品期货市场的系统性认知能力，加深学生对市场运作机制、风险管理策略和价格发现功能的理解。同时，本课程引导学生通过分析与中国农产品期货市场相关的实践案例，提炼成功经验，进行规律性总结，以提升他们对期货工具在农业风险管理中应用的认知能力和分析能力。

2. 思政育人目标

本课程的思政育人目标是深化学生对农产品期货市场的认识与理解，引导他们深切关注国家农业现代化和农业风险管理，塑造具有强烈社会责任感和历史使命感的专业人才。本课程讲解了中国共产党在推动农业现代化和乡村振兴中的领导作用，通过案例分析，增进学生对国家农业政策的认同。同时，本课程鼓励学生拓宽国际视野，深入实践，提升运用期货工具进行农业风险管理的能力，为国家的农业发展和市场稳定贡献创新思维和实践智慧。本课程旨在通过这样的教学安排，激发学生对农产品期货的兴趣，培养他们为实现农业经济的稳定增长和农民福祉的提升贡献力量的意识和能力。

四、教学实施过程

在引导学生进行课前准备时，教师要求学生在课前阅读相关文献，包括关于期货市场基本原理的经济学著作和中国农产品期货市场的发展案例，引导学生思考以下问题：

（1）期货产品的基本功能和操作原理是什么，它们如何应用于农业领域？

（2）中国农产品期货市场的发展经历了哪些关键节点，当前市场有哪些特点？

在课中讲授环节，教师可在课程开始时概述农产品期货的重要性，通过引入苹果等鲜果价格波动的实例，直观地展示这些波动如何直接影响果农的经济收入和农业市场的稳定性。这种实际案例的引入不仅能够吸引学生的注意力，还能够让学生深刻理解农产品期货在降低价格波动风险、保障农民收入、稳定农产品市场供应等方面发挥的多维度作用。

在此基础上，教师可以将课程内容与中国农业面临的实际问题紧密联系，引导学生思考农产品期货如何为农业风险管理提供解决方案。教师应以生动的案例引入期货的概念，并与学生共同探讨鲜果期货产品的可行性，激发学生对课程内容的学习兴趣。

讲解新课程内容时，教师应引导学生深入探讨农产品期货市场概况、功能和可交易品种，利用图表和数据，结合实际案例，如郑州商品交易所的历史和发展，生动展示如何通过期货市场进行农产品价格风险管理。同时，教师还应通过多维度分析，引导学生深入讨论农产品期货标的物的条件以及"保险+期货"等创新模式的可行性和潜在价值，增强学习的互动性和趣味性。

在课堂讲授过程中，教师应结合学生对课前思考题的回答，解析文献中的重点段落，总结农产品期货市场在农业风险管理中的核心作用，并指出中国农产品期货市场是如何在吸收国际经验的同时，结合自身农业实际情况进行创新和发展的。此外，教师应重点解析相关文献，以文本导读、问答讨论等方式引导学生深入把握农产品期货的功能和市场机制。

教师应鼓励学生积极参与提问和分组讨论，提出自己的观点，并在小组内进行深入讨论。讨论将围绕农产品期货市场在中国农业风险管理中的作用、中国农产品期货市场的发展、中国农产品期货市场与国际农产品期货市场的异同，以及中国农业对期货市场的需求展开。

在要点总结环节，教师将根据学生的回答和讨论情况进行总结，指出农产品期货市场在中国农业发展中的重要作用，同时进一步总结"保险+期货"创新模式的应用前景，强调农产品期货不仅是农业风险管理的工具，还是推动农业现代化和市场化的关键因素。

在课后作业布置环节，教师应布置课后拓展阅读任务及课后作业，要求学生分析"保险+期货+银行""保险+期货+N"等创新模式的操作流程和实际效果，引导学生深入分析农产品期货的相关实际案例，并思考如何将理论知识应用于中国农业与农村经济的实践中。通过完成这些作业，学生能够将在课堂上学到的知识与现实世界的问题结合起来，提高分析能力和实践技能。

通过学习本课程，学生将深刻理解农产品期货的功能，掌握期货工具在农业风险管理中的应用方法，并认识到创新模式在农业现代化和乡村振兴中的重要作用。本课程旨在培养学生的创新意识和社会责任感，为他们成为未来农业和农村经济发展的推动者打下坚实的基础。

五、案例反思

在教学内容方面，本课程自然融合了丰富的思政内容，为培育学生的家国情怀、理想信念和科学精神提供了有力支撑，为学生理解中国特色社会主义乡村振兴道路和有中国特色的现代农业发展道路奠定了坚实基础。不过，教师需紧跟农业与农村经济的发展新趋势，积极整合时事新闻和案例，提炼时代精神，使思政教育与专业知识教学无缝对接。

在教学方式方面，为实现教学目标，本课程应在以下方面加以改进：将前沿科研成果和大数据分析技能融入课程，满足学生的个性化学习需求；通过案例讨论、小组讨论、问答教学、主题答辩等多样化的互动教学方式，培养学生的发散性思维，提升其实践能力；着重于培育学生的创新意识，激励他们将理论知识应用于实际情境，为乡村振兴注入新动力。

此外，教师应通过课堂互动、集体讨论、课后作业和调查问卷等方式收集教学反馈，全面评估教学效果。本课程的教学实践不仅加深了学生对知识的理解，提升了学生的应用能力，而且实现了思政教育与专业知识教学的有机结合。通过不断的吸收教学反馈和进行成效检验，课程可以得到持续优化，确保教学活动既能拓宽学生的学术视野，又能加深他们对社会责任的认识。

六、教学效果

本课程引导学生深入理解中国农业与农村经济的发展轨迹、取得的成就、特色及其内在机制。通过学习本课程，学生能够更深刻地掌握中国农业与农村经济的基本理论和方法,更全面地认识农业与农村在国家发展中的重要地位,从而在思考与实践中坚定对国家农业政策的信任和支持。

本课程旨在引导学生深刻理解中国农业与农村经济发展的必然性与必要性,把握其发展态势,从历史与现实、理论与实践相结合的视角,深入领会习近平新时代中国特色社会主义思想在农业与农村发展中的作用。这不仅增强了学生对中国共产党的创新理论的政治认同、思想认同、情感认同,而且使他们坚定了中国特色社会主义道路自信、理论自信、制度自信、文化自信,激励他们在未来的职业生涯中积极投身于农业强国和乡村全面振兴的伟大实践。

基于"两全、两拔高"的人力资源管理

工商管理学院　芦青

案例概述

"人力资源管理"课程以学生为中心,按BOPPPS("导言—学习目标—前测—参与式学习—后测—总结"六步闭环系统)教学模式展开教学,结合线上线下、翻转课堂等创新手段,帮助学生加深对人力资源管理整体性、系统性的理解,培养学生从自身、企业、社会等多个维度思考和解决人力资源管理问题的能力,提升学生的知识水平和专业素养,为其日后走上工作岗位或持续深造做好铺垫。

一、基本信息

课程名称:人力资源管理

授课对象:人力资源管理专业本科生

使用教材:《人力资源管理》,《人力资源管理》编写组,高等教育出版社

学习内容:人力资源管理的架构和体系,包括一个中心、两条主线和四项基本任务

教学课时:48课时

二、课程思政教学整体设计思路

本课程从教学目标出发,积极挖掘课程思政元素,结合教学内容选取思政素材,在此基础上进行宏观课程设计、微观课堂设计和课程思政设计,落实立德树人根本任务。

1. 宏观课程设计

本课程在进行宏观课程设计时，参照了国内外不同教材的内容体系，并基于过往实践，将其归纳为"一个中心、两条主线、四项基本任务"。具体而言，"一个中心"是指"以人岗匹配为中心"；"两条主线"是由"人岗匹配"的两个主体演化而来的，以"对人的研究"和"对岗位的研究"为主线；"四项基本任务"是指"人力资源管理的具体工作衍生为四项基本任务"，包括招聘与配置、培养与开发、绩效管理、薪酬与福利管理，即通俗意义上的"选、育、用、留"。这个体系总结归纳了本课程的核心、主线和基本模块，既可以在学生的学习过程中充当指南针，也可以帮助授课者在宏观上把握如何有效融合思政内容与理论知识（图1）。

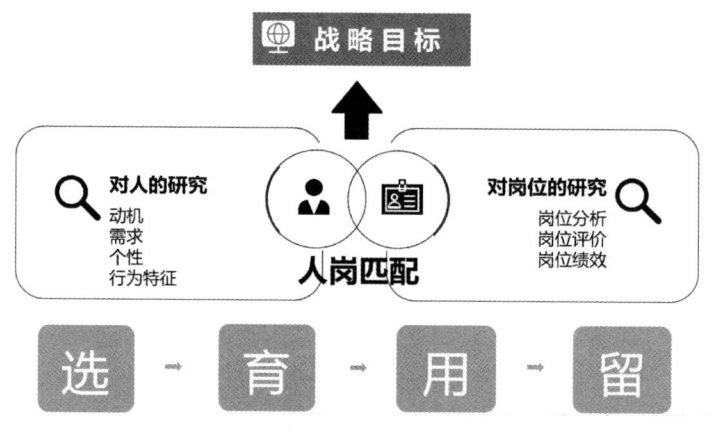

图 1　宏观课程设计

2. 微观课堂设计

为了使每一堂课的教学安排都更加合理，做到真正以学生为中心，教学团队采用了BOPPPS 教学模式，也即"导言—学习目标—前测—参与式学习—后测—总结"六步闭环系统（图2）。BOPPPS 教学模式的核心理念是以学生为中心，特色是师生互动，优势是可以兼容形式多样的教学手段。BOPPPS 教学模式不仅为教学提供了思路，也为课程思政元素的有机融入提供了非常好的切入路径。例如，导言中的有趣案例或故事可以融合课程思政元素；参与式学习中的小组探究及分享也可以巧妙地融合思政内容，做到思政内容的课堂全覆盖。

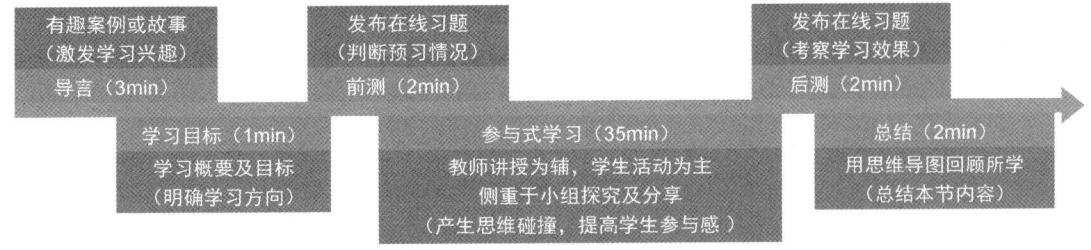

图 2　微观课堂设计

3. 课程思政设计

思政内容融入的全方位和全覆盖，构成"两全"。为了达到思政教学润物细无声的目的，本教学团队进一步做到"两拔高"。一是引导学生使用专业知识在宏观层面上去分析、去应用。例如，在讲授能力薪酬的时候，以"两弹一星"、屠呦呦发现青蒿素为例，引导学生认识到情怀的重要性，以及"最有价值的东西不一定是绩效薪酬能激励出来的"。二是在具体的专业知识点上不断拔高，把知识讲授上升到专业素养培养与德育的层面。例如，在讲解人力资源三支柱提出的背景时，让学生知道人力资源从业者必须与组织的其他业务人员紧密结合，共同服务于组织战略目标的实现。

本课程共有 10 项教学内容，每个部分的教学目标以及课程思政元素安排如表 1 所示。

表 1　教学内容、教学目标以及课程思政元素安排

周次	教学内容	教学目标	课程思政元素
1	人力资源管理导论	1. 理解人力资源管理的基本概念及原理； 2. 掌握人力资源管理几大模块的基本内容及相关理论； 3. 了解人力资源管理的发展演变与未来趋势； 4. 掌握战略人力资源管理的基本内涵	1. 通过讲解人力资源管理的演进历史，引导学生以史为鉴，培养自己紧跟组织发展步伐的专业素养，在组织的不同发展阶段，根据组织需要做好不同的工作，以适应组织发展； 2. 在课程开篇提升学生对人力资源管理的学习兴趣，使学生理解人力资源管理的重要意义，能在遇到问题时联系人力资源管理的相关知识进行思考

续表

周次	教学内容	教学目标	课程思政元素
2	工作分析	1. 了解工作分析的基本概念、内涵、程序； 2. 掌握工作分析的方法； 3. 了解职位评价的内涵、方法与步骤； 4. 掌握职位说明书的编写与管理； 5. 掌握工作设计的基本原则与方法	1. 通过教师的课堂演绎和引导，激发学生对工作分析的学习兴趣； 2. 通过讲解因岗设人与先人后岗的区别，培养学生的辩证思维方式，让学生明白不同的情境适用不同的工作分析前提； 3. 通过阐述工作分析对组织的重要意义，帮助学生在今后的人力资源管理工作中学会分析后续工作需要，并提前做好调查与规划，培养学生的大局观
3~4	人力资源规划	1. 理解人力资源规划的含义与内容； 2. 掌握人力资源预测的方法与步骤； 3. 了解人力资源规划的编写要求； 4. 掌握人才继任者计划的内涵及流程	1. 通过课堂演绎和引导，激发学生对人才继任者计划的学习兴趣； 2. 通过讲解人才继任者计划的评价标准，提升学生对于该计划在组织持续健康发展方面重要性的认识； 3. 通过阐述继任者选拔的要素，引导学生在今后的继任者选拔过程中关注文化与信任等的传承
5~6	员工招聘	1. 了解招聘的本质与内涵； 2. 掌握招聘的渠道和方法； 3. 掌握招聘的流程； 4. 了解如何进行招聘评估	1. 通过课堂演绎和小组讨论学习，激发学生对员工招聘的学习兴趣和探索热忱； 2. 通过讲解实践案例并结合教师的个人经历，引导学生树立正确的求职观和道德观，培养学生看人识人的基本素养和工作责任感、使命感
7	人员素质测评	1. 理解人员素质测评的基本概念、内涵； 2. 理解人员素质测评的指标体系； 3. 了解人员素质测评的主要方法； 4. 掌握如何组织和实施人员素质测评	1. 通过课堂演绎和引导，激发学生对人员素质测评的学习兴趣； 2. 通过讲解履历分析的技巧策略与注意事项，引导学生在今后的工作与生活中坚守诚信品质； 3. 通过阐述人员素质测评对组织工作的重要意义，引导学生在今后的人事工作中提高责任感和使命感
8~9	人才培养与开发	1. 理解人才培养与开发的含义与作用； 2. 掌握人才培养的工作流程； 3. 了解人才培养与开发的误区； 4. 掌握人才培养与开发的各种常见方法； 5. 理解柯氏四级评估模型，掌握培训效果评估的四个层级； 6. 了解培训当中的法律问题以及培训费用如何管理	1. 教师对人才培养与开发中常见的错误理念进行层层剖析，使学生能够对现有理念进行辩证思考，在遇到问题时具备独立思考的能力，而不是人云亦云； 2. 通过讲解人才培养的工作流程，使学生明白这一工作需要充足的准备以及准确的反馈，从而提升学生的专业素养，使学生在之后的工作中能够举一反三，不断提升自己的职业能力

续表

周次	教学内容	教学目标	课程思政元素
10	职业生涯管理	1. 理解职业生涯的概念及范畴； 2. 理解及掌握职业生涯管理相关理论； 3. 掌握职业生涯规划的基本内容； 4. 掌握职业生涯管理的基本内容	通过案例使学生明白，职业生涯规划可以帮助个人和组织得到更好的发展，提高学生的责任感
11～12	绩效考核与绩效管理	1. 理解绩效考核的范畴、内容和原则； 2. 掌握绩效管理的基本思想与系统模型； 3. 掌握绩效考核及绩效管理的流程和方法； 4. 理解角色及其相关概念； 5. 掌握角色理论在组织中的运用方法	1. 通过课堂演绎和引导，培养学生对绩效考核与绩效管理的学习兴趣； 2. 通过讲解考核与管理的区别，培养学生的绩效管理思维与绩效改进意识； 3. 通过阐述绩效考核与绩效管理对组织的重要意义，引导学生在今后的人事工作中树立责任感和使命感
13～14	薪酬与福利管理	1. 理解薪酬的构成； 2. 了解薪酬与福利管理的内涵、原则和作用； 3. 掌握常见的薪酬方案选择及管理措施； 4. 了解福利及社会保障的种类	1. 通过课堂演绎和引导，激发学生对薪酬与福利管理的学习兴趣； 2. 通过讲解几种薪酬方案的区别，培养学生的薪酬管理思维； 3. 通过阐述能力薪酬体系对组织的重要意义与实施的底层逻辑，使学生认识到在管理工作中为什么要实施能力薪酬体系，以及能力薪酬体系适用于哪些企业、哪种情形
15～16	劳动关系	1. 了解劳动关系的范畴和处理策略； 2. 了解劳动合同的功用、订立原则、合同内容，以及集体合同的含义； 3. 理解试用期和录用条件的相关内容； 4. 了解工资的基本知识，掌握加班工资的计算方法； 5. 掌握劳动争议的概念、处理原则及处理程序	1. 通过课堂演绎和引导，激发学生对劳动关系的学习兴趣； 2. 通过讲解录用条件，引导学生提升守法意识，提升保护自己合法权利的能力； 3. 通过阐述试用期和录用条件对组织和员工的意义，引导学生在今后的人事工作中努力做到合情合理、合法合规

本课程针对不同的教学内容有不同的思政案例设计，总体来讲，本课程的思政案例来源主要有五大方面。

（1）**中国传统文化**：中国传统文化有着深厚的历史和文化基础，反映了民族特质与风貌，蕴含着丰富的历史、文化、艺术和精神价值。其不仅是世界文化宝库的组成部分，还是中国文化传承与创新的重要源泉。在理论知识中穿插中国传统文化，有助于提高学生的文化素养，培养学生的道德素养。例如，西方人性假设与中国传统文化理念的比较。

（2）**国家战略需求**：国家战略涉及国家政治、经济、文化、社会、科技、军事等诸多领域。将国家战略需求融入课堂，有助于学生更好地了解国家的发展方向和重点，从而更好地规划自己的学习和职业生涯。同时，了解国家的发展需求和战略目标，也可以帮助学生更好地认识到自己的社会责任和使命，从而激发他们的爱国热情和创新精神。例如，能力薪酬体系促进芯片制造与高新科技突破；破除唯 GDP 论的官员绩效考核标准。

（3）**中国故事**："中国故事"是凝聚了中国人共同经验与情感的故事，折射了中华民族的特性、期望，强调了中国人独特的生活经验与内心情感。讲好中国故事有助于增强学生的民族自豪感和国家认同感，增强民族凝聚力。例如，无私奉献、投身青蒿素研制与发展的诺贝尔生理学或医学奖得主屠呦呦的故事。

（4）**标杆管理实践**：我国在管理实践中有着优秀的标杆企业，这些企业能够反映出我国管理实践的发展历程，帮助学生更好地理解所学内容；同时这些企业也能体现出中国人民依靠勤劳、勇敢、智慧，开创美好家园的良好道德情操，可以培养学生努力奋斗，保持进步的观念；对积极承担社会责任的企业的探讨，则能培养学生的责任意识。例如，华为基本法倡导人力资本增值目标优先于财务资本增值目标。

（5）**身边实际案例**：从身边实际案例出发，与学生共同探讨社会当中存在的问题，劳动用人实践中存在的争议，以及国家针对劳动者发布的相关政策。以此提升学生利用所学解决实际问题的能力，提高学生的专业素养，引导学生树立正确职业观、政策观。例如，招聘过程中的简历造假现象；人力资源部门用人不合规的行为。

本课程涉及的部分教学案例如表 2 所示。

表 2　部分教学案例

课程思政元素	教学案例	对应教学设计
以人为本的意识，善恶观	格力以人为本的管理理念，中国古代善恶观	案例讨论
以促进供需适配为导向，注重基础教育	商学院招人是筑巢引凤还是引凤筑巢	小组辩论
民族自豪感，爱国精神	中国跳水后备人才梯队建设与培养	案例讨论
正确的求职观和道德观	简历造假案例分享	案例讨论
社会责任感、使命感	屠呦呦、"两弹元勋"等不追名逐利，为国奉献	案例讨论
守法意识，维权意识	加班问题，35岁职业瓶颈的现象	学生分享个人心得

三、教学目标

1. 课程教学目标

（1）知识目标：使学生掌握必要的、科学的、结构化的专业知识，构建人力资源管理的基本知识体系；

（2）能力目标：使学生能够运用专业理论去思考、分析和应对现实当中复杂的人力资源管理问题；

（3）专业素养目标：使学生了解学科前沿，具备将最新的人力资源理论知识与实践经验应用到生活和工作中的潜力。

2. 思政育人目标

（1）提升学生的学习兴趣和课余自主探索的能力；

（2）培养学生知行合一的能力；

（3）培养学生的科学精神、创新精神和职业道德感，引导学生形成民族自豪感与经世济民的家国情怀。

四、教学实施过程

下文以"人性假设"部分为例，说明本课程的教学实施过程。教师可以将"管理方式与行为背后的人性假设"作为导入问题，逐步讲解人性假设的含义、重要性以及人性假设的思想演变。然后在参与式学习中组织学生共同研究华为与谷歌在组织变革的过程中经历的管理模式的转变，共同探讨人性假设在组织管理中的不同模式，梳理善恶是非观念。

具体的教学实施过程如下。

本课程将中西方人性思想进行比较，帮助学生加深对人性的理解，激发他们进一步探索的欲望，使学生能够合理利用人性假设的思想去解决管理中出现的问题，将人性思想应用到实际生活中。教师应引导学生在吸收西方管理学知识的同时关注中华传统文化中的管理思想，引导学生用多样的视角去看待人性假设，并在今后的人事工作中形成正直善良的人性品质、认真负责的工作作风和工作态度。

本课程采用线上线下相结合的方式，组织学生以小组的形式开展课前预习、课堂讨论以及课后复习，使学生在小组互动中巩固对人性假设内容的理解，引导学生形成自主学习的意识；借助PPT等工具丰富教学内容，帮助学生更好地理解西方人性假设思想在管理中的实际应用，并进一步引导学生对讲授内容进行逐级剖析、挖掘内在规律；在教学过程中，将学生放在主体位置，教师通过设计问题或组织活动的形式，鼓励学生积极参与课堂教学，表达自己的观点，结合自己所学知识进行自主思考、创新性学习与发展。

五、案例反思

（一）考核评价

为促使学生在教学过程中多投入，教学团队将以往的"以结果为主"的考核方式改为"过程与结果并重"；将"以教师评价为主"的考核方式改为"教师评价与学生互评相结合"，构建了一个"多层次、多角度"的考核体系，具体考核结构如下。

平时成绩与期末成绩各占总成绩的50%。设置平时成绩及格线、期末成绩及格线，两种成绩均达标的学生才能通过课程考核。

平时成绩评定采用多种形式，包括：课堂参与（20%）、线上测试（20%，前测、后测各占10%）、小组探究及分享（40%）、课后作业（20%）等。其中，小组探究及分享采用学生互评方式评分。

期末考试采用闭卷考试的形式（包括单选题、多选题、名词解释、简答题、论述题、案例分析题等题型）。教师应根据教学大纲规定掌握的内容命题，试卷中考查学生基本知识、基本理论、基本技能的试题分值占 60% 左右，考查学生综合应用能力的试题分值占 40% 左右。

此外，教学团队在考核中也十分强调教学评价与教学模式之间的联动，实现教学环节的"全覆盖"。例如，每周线下课堂都会用"前测"考查学生"线上课堂"的预习情况，用"课堂参与"与"后测"考查学生的"线下课堂"表现，用"课后作业"考查学生"课余课堂"的学习情况。此外，在第 7~14 周，本课程每两周会进行一次小组汇报以及团队 PK，并让学生在第 15~16 周形成案例集，以考查学生的"课余课堂"和"实践课堂"表现。最终，本课程以期末考试的形式考查学生的整体学习效果（图 3）。

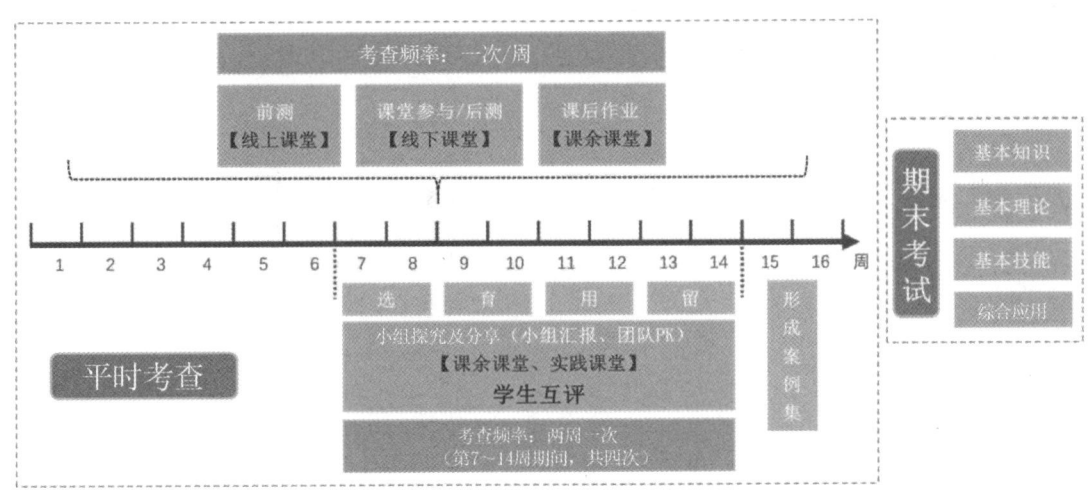

图 3 考核的"多层次、多角度、全覆盖"

（二）改进方向

本课程在未来的教学创新中将继续坚持以学生为中心的教学理念，强调培养学生的创新思维以及解决实际问题的能力，并在教学设计中加强对大数据和移动互联网的运用，推进数字化人力资源管理教学的发展；同时在教学内容中更多地联系国际前沿，将教学内容与中国智慧、中国实践进行高度融合。其中，改进的重点有以下两个方面。

1. 坚持以学生为中心的教学理念

目前的教学虽然是参与式教学，主张学生发挥自我意识、充分融入课堂，但对学生的反馈关注度不高。在未来的教学中，教师可以使用问卷调查或访谈的方式对学生的学习效果和学习需求进行及时的追踪，经常性地搜集学生对本课程的教学改进建议，不断提升教学效果，进一步实现对知识传授与学生能力培养这两个目标的兼顾，平衡好各利益方的诉求，改进学生的学习体验。

2. 进一步发挥好学科文化的思政育人功能

党的二十大报告指出，育人的根本在于立德。本课程应该全面贯彻党的教育方针，落实立德树人根本任务，把思政教育贯穿于教育教学全过程。虽然本课程已经逐步在教学内容中加入课程思政元素，但课程思政元素并不是对课程内容的简单补充，教师应在未来的教学中遵循"思政"与"专业"相长的原则，厘清课程思政元素与专业内容之间的关系，做到知识传授和价值引导的统一，在吸收和借鉴西方理论成果合理内核的基础上融入民族情感，关注中国优秀的管理实践案例，使专业课教学呈现出中国风格和中国气派，提升学生的文化自信，并结合专业知识引导学生思考和研究国计民生中的热点问题。

六、教学效果

相关成果示例如下所示。

（1）2023年"人力资源管理"课程获第三届湖北省高校教师教学创新大赛二等奖（图4）。

（2）2022年"人力资源管理"课程获湖北省第八届高校青年教师教学竞赛二等奖。

（3）2021年"人力资源管理"课程获中南财经政法大学第十届青年教师讲课竞赛一等奖。

图 4　获奖证书

曹丹平，印兴耀，2016. 加拿大 BOPPPS 教学模式及其对高等教育改革的启示[J]. 实验室研究与探索，35（2）：196-200.

掌握会计与财务分析技能，担当社会责任

会计学院　何贵华

 案例概述

"会计学"课程是面向全校各专业本科生开设的基础课程，主要介绍会计基础理论、基本方法和基本技巧，培养学生的会计与财务分析技能。本课程积极落实立德树人的根本任务，交叉融合各学科内容，突出新文科的综合性、跨学科、融通性特征，深挖教学内容中的课程思政元素，将课程思政贯穿教育、教学全过程，以提升学生的综合素质，培育学生的职业道德、社会责任和家国情怀。

一、基本信息

课程名称：会计学

授课对象：全校本科生

使用教材：《会计学》，汤湘希，中国金融出版社

学习内容：会计基础理论、基本方法和基本技巧

教学课时：48 课时

二、课程思政教学整体设计思路

会计学是一门对商业发展、财务管理和经济管理均至关重要的学科，其内容广泛涉及企业的运作、决策和发展。"会计学"课程不仅能培养学生的会计与财务分析技能，还能引导学生形成正确的思维方式和管理理念。

首先，"会计学"课程为学生理解商业世界提供了一种通用的语言和沟通工具。会计信息与会计语言不仅是企业内部决策机构之间的交流工具，更是企业与外部利益相关

者沟通的桥梁。通过学习会计学，学生能够掌握财务报表、资产负债表、现金流量表等重要财务工具，从而能够更好地理解企业的财务状况和经营情况。

其次，"会计学"课程提供了企业决策制定和执行的基础工具框架。深入理解企业的财务信息不仅有助于企业内部管理层做出明智的决策，还能为外部投资者和其他利益相关方提供评估企业健康状况的依据。通过对资金流动、成本结构和利润状况的深入了解，企业管理者能够制定合理的战略规划、预算和经营策略。基于会计学的工具框架，通过分析实时、客观的财务信息，管理层能够更加科学地进行资源配置和决策制定，从而提高企业的效益和竞争力。

再次，"会计学"课程培养了学生的逻辑思维和分析能力。在解决复杂的财务问题时，学生需要运用数学、统计学等多方面的知识。通过这种综合性学科训练，学生能够养成缜密的思维方式，提高分析问题、解决问题的能力，这对于他们在未来职业生涯中应对各种挑战是至关重要的。

最后，"会计学"课程还强调职业道德和社会责任的重要性。在财务报告和审计中，诚实和透明是不可或缺的原则。通过学习会计伦理和财务诚信，学生将在未来的职业生涯中保持清正廉洁的品行，确保企业和社会的可持续发展。

综合而言，会计学作为商科领域中的基础学科，不仅关乎财务数据的处理和报告，更是一门培养学生全面素养的学科。通过学习会计学，学生不仅能掌握财务知识，还能掌握分析和解决问题的能力，从而能在职业生涯中应对各种挑战，为企业与社会的可持续发展做出积极贡献。

除了传授知识和技能，本课程更注重对学生在会计、财务领域中的道德操守和社会责任的培养。通过讲授会计伦理、透明度原则以及企业社会责任等内容，本课程可以培养学生的诚信意识，使其在未来的职业生涯中能够坚守原则，不仅对企业的财务信息负责，更对社会负责。这样的教育理念有助于建立和谐、诚信的商业环境，推动企业可持续发展，为社会创造更多的价值。因此，"会计学"课程不仅可以传递知识，更是提高学生综合素质的重要平台。

三、教学目标

1. 课程教学目标

"会计学"课程主要涵盖经济社会活动中的一般工业企业经济业务及其会计核算、分析等方面的内容,以帮助学生搭建企业底层的经济业务与会计现象之间相互联系的桥梁。在学生学习、分析企业经济业务与会计现象时,教师应帮助他们透过表面现象,分析会计现象底层的企业行为与经济本质特征,提高学生深层次剖析事物、认清事物本质的能力。

2. 思政育人目标

本课程的思政育人目标有三个。

一是引导学生树立职业道德观。会计行业是财经类院校学生就业的主要去向之一,本课程通过从多角度介绍会计行业,引导学生树立"爱岗敬业,诚实守信,廉洁自律,客观公正,坚持准则,提高技能,参与管理,强化服务"的职业道德观,鼓励学生提前做好职业规划并通过不断努力达成职业目标。

二是培养学生的社会责任感。本课程通过分析我国格力电器、科大讯飞、宁德时代、比亚迪等著名企业的财务报表和发展战略,增强学生对我国经济社会的具体认识与认同感,让学生体会到会计的价值和会计从业者的社会责任。

三是激发学生的家国情怀。本课程结合美国安然公司的财务造假事件、獐子岛扇贝"跑路"事件等经典案例,引导学生正确认识不同经济制度之间的差异,拓宽国际化视野,坚定"四个自信"。

四、教学实施过程

通过关注社会经济现象与财经热点新闻,本课程在课程设计时充分挖掘课程思政元素。下文通过典型事例阐述本课程是如何在各章节的教学中结合具体事件、案例来进行课程思政教学的。

在负债部分的教学中,本课程通过引入美国硅谷银行破产案例,带领学生深入探讨和感知负债的价值与风险。

一方面，本课程聚焦于短期负债对硅谷银行规模扩张的推动效应。学生将深入了解到，短期负债在一定程度上是银行资金的重要来源，能推动其规模迅速扩张，从而使其在市场上占据更大的份额。这一方面的讨论将使学生认识到负债在金融体系中的积极作用，促使他们思考资本运作与市场竞争之间的微妙平衡。

另一方面，本课程将深入介绍短期负债可能带来的偿付及挤兑风险。通过分析硅谷银行的破产案例，学生将深刻理解短期负债可能给银行运营带来的风险。这一方面的讨论不仅有助于学生认识金融系统中存在的风险和不确定性，还能培养他们对负债管理的敏感性，使其在未来职业生涯中更具风险防范意识。

作为知识扩展的一环，本课程将向学生解释银行短期负债可能带来挤兑风险的原因。这包括对金融体系中信息不对称、市场恐慌等因素的深入剖析。同时，本课程还将强调我国强有力的政府政策支持在维护金融系统稳定方面的作用。学生将了解到，政府在金融领域的监管和干预，对于预防和化解潜在的金融风险具有至关重要的作用。这不仅为学生提供了深入理解案例的机会，也让他们认识到负债管理需要在整个宏观经济背景下谨慎实践。本课程深挖课程思政元素，旨在全面培养学生的会计素养，使他们在未来的职业生涯和生活中更好地理解和应对复杂挑战。

在所有者权益部分的教学中，本课程通过深入解析实收资本/股本的概念，帮助学生理解投资者投入的资本额与注册资本对应的关系。更具体地，本课程以京沪高铁为案例，引导学生认识不同类型股东的特点。通过对这些股东在项目中的角色和投入的分析，学生将深刻理解股本结构的多样性，进而增进对基建强国的认识。同时，本课程注重培养学生对我国基本经济制度的认同感和自豪感，让学生通过实际案例感受我国在基建领域取得的巨大成就。这不仅有助于学生提高专业素养，还可以深化他们对国家经济发展的理解并提升他们参与其中的热情。本课程将理论知识与实际案例相结合，有助于培养学生的思考能力，使他们在专业领域有所突破，同时在国家发展中发挥积极作用。

本课程综合运用多种教学方法，旨在培养学生的全面思考能力和实际操作能力。

首先，本课程采用案例教学法，将实际案例作为教学的核心，通过深度解析案例，开展职业道德、社会责任和家国情怀教育，传递正能量。

其次，本课程运用启发式教学法，从一开始就引出问题，采取"设问"的方式，激发学生主动思考和积极探求答案的欲望。这种交互式的教学模式有助于培养学生独立思考的能力。

再次，本课程采用情景式教学法，构建虚拟公司"南湖公司"作为课程的情景主体，引导学生更好地进入会计从业者的角色，以提升他们的实际运用能力。

最后，本课程采用任务驱动式教学法，通过随堂测试和课后练习及时了解学生对本课程知识的掌握程度，根据学习效果设置任务，驱动课程的完善和升级。

五、案例反思

整体上，本课程教学取得了一定的成效。未来在完善课程设计时，教师可以更广泛地挖掘课程思政元素，并结合中国优秀的会计传统文化与当代经济社会发展取得的成就，融入古今中外等各个时空维度的案例，增强课程设计与课程教学的立体感与厚重感。同时，教师可以进一步加强学生观点表达在课堂教学中的体现，在激发学生主观能动性的同时，形成师生之间完整的正向反馈机制，并对课堂教学的形式、方法、内容等方面进行动态优化调整。

六、教学效果

"会计学"课程在教学过程中既注重专业知识的传授，又关注对学生综合素质的培养，取得了较好的教学效果。

其一，从专业知识传授的角度看，本课程通过系统教学，使学生初步掌握了会计基础理论、基本方法和基本技巧。这为学生打下了坚实的专业基础，使他们在未来的职业生涯中能够应对复杂的财务问题。

其二，本课程注重对学生综合素质的培养。通过贯穿职业道德、社会责任和家国情怀教育，本课程引导学生思考会计的价值和从业者的责任，启发学生对今后职业规划进行思考。

其三，本课程通过拓宽学生的国际视野，使他们更好地理解我国基本经济制度对国家和世界发展的意义，从而使学生坚定"四个自信"，在获得专业知识的同时，拓宽自身的国际视野。

讲好中国社会保障故事，推进国家治理现代化

公共管理学院　周红云

案例概述

本课程基于推进国家治理体系和治理能力现代化的目标，讲授社会保障的制度结构，分析中国社会保障的现状、挑战与未来发展，剖析国家治理现代化特征及社会保障在其中的功能；基于逆向选择和道德风险理论，分析失业保险、工伤保险、医疗保险、养老保险、长期护理保险等险种及其治理举措。通过对本课程的学习，学生可以掌握社会保障基本理论，建构起系统的社会保障知识体系，更加关注新时代社会保障的重大现实问题，探索国家治理现代化之路。

一、基本信息

课程名称：社会保障与国家治理现代化

授课对象：全校本科生

使用教材：《社会保障学（第三版）》，赵曼，高等教育出版社

学习内容：国家治理现代化视角下的社会保障

教学课时：32课时

二、课程思政教学整体设计思路

基于立德树人的根本任务，教师充分挖掘每个章节的课程思政元素，采用教师讲授、小组讨论、专题研究、视频播放、现场参观等教学方法，以"润物无声"的方式将思政内容融入教学全程，讲好中国社会保障故事，使学生坚定"四个自信"，引导学生

坚持"以人民为中心"的价值取向，激发学生的家国情怀和责任担当意识，充分发挥课程思政的育人作用。

三、教学目标

1. 课程教学目标

本课程围绕中国社会保障和国家治理的前沿话题，讲授社会保障的制度结构，分析社会保障在推进国家治理体系和治理能力现代化中的功能，追踪社会保障与国家治理的新发展和新动态。通过对本课程的学习，学生可以掌握系统的社会保障和国家治理的理论和知识，进行前瞻性思考和前沿性研究，提升对社会保障相关领域的管理能力和治理能力。

2. 思政育人目标

本课程通过深入挖掘中国社会保障与国家治理现代化中的课程思政元素，引导学生树立正确的价值观，使其了解社会保障在实现中国梦中的关键作用，坚定学生的"四个自信"，激发他们的家国情怀和责任担当意识。同时，本课程还通过实践探索，引导学生把个人理想与国家发展相结合，投身社会保障事业，为国家的社会治理和民生福祉贡献力量。

四、教学实施过程

（一）课程思政元素

1. 四个自信

社会保障是国家治理的重要领域，是新时代国家治理体系和治理能力现代化的重要组成部分。教师通过讲解健康中国建设、养老保险与养老服务、就业创业等经典案例，分析中国社会保障取得的重大成就，总结中国在国家治理方面的经验和制度优势，引导学生坚定中国特色社会主义道路自信、理论自信、制度自信、文化自信。

2. 中国梦

以中国社会保障发展史为主线，让学生了解中国梦。中国梦的基本内涵是国家富强、民族振兴、人民幸福,而社会保障是实现中国梦的客观基础与必要条件。教师可以在课堂上播放央视新闻视频《我国建成世界上规模最大的社会保障体系》,让学生知晓:近年来,我国社会保障体系建设进入快车道,经过不懈努力,建成了具有鲜明中国特色、世界上规模最大、功能完备的社会保障体系。在充分肯定成就的同时,教师也应讲述我国社会保障面临的挑战,激励广大青年学子树立远大理想,将"青春梦"融入中国梦,为中国梦的实现贡献自己的青春力量。

3. "以人民为中心"的价值取向

党的十八大以来,以习近平同志为核心的党中央,始终坚持为中国人民谋幸福,为中华民族谋复兴这一初心使命,把人民放在心中最高位置,用心用情用力,不断筑牢民生底线。教师应引导学生坚持"以人民为中心"的价值取向,在大学的学习和未来的工作中,坚持人民至上,紧盯人民群众在社会保障方面反应强烈的烦心事、操心事、揪心事,从解决人民群众最关心、最直接、最现实的利益问题入手,开展社会保障的研究和实践,提高人民群众的获得感、幸福感、安全感。

4. 家国情怀

本课程指导学生从中国实际出发,关注中国社会保障和社会治理现实问题,在医疗健康、养老服务、社会救助等领域进行实践探索,让学生在"时代强音"中寻找解决困惑的答案,用"中国话语"理解中国特色社会保障体系。激发学生的家国情怀,引导学生自觉把爱国情、强国志、报国行融入对专业课程的学习。

5. 责任担当

本课程根据民政部办公厅和财政部办公厅公布的居家和社区养老服务改革试点工作的优秀案例,介绍北京市西城区的创新发展、上海市长宁区的老年认知障碍分级照护体系、江苏省南京市的把养老院"搬回家"、天津市和平区的"智慧+"居家养老模式等,引导学生认识到民生无小事,枝叶总关情。本课程鼓励学生在大学期间,努力学习,刻苦钻研,打好专业基础,学好专业本领,毕业后肩负起青年学子的责任担当,为社会保障事业发展做出贡献。

（二）章节安排

本课程的章节安排见表1。

表1　章节安排

周次	教学内容	课时	教学方法	课程思政元素
1～2	专题一：社会保障与国家治理 第一节　社会保障的制度结构 第二节　国家治理现代化 第三节　社会保障与国家治理的关系	4	讲授法 研讨法 案例分析法	● 家国情怀 ● "以人民为中心" ● 政治认同
3～4	专题二：理论基础 第一节　从风险到保险 第二节　逆向选择 第三节　道德风险	4	讲授法 研讨法	● 中国梦教育 ● 制度自信 ● 理论自信 ● 伦理价值观
5～6	专题三：医疗保障治理 第一节　医疗保险领域的道德风险 第二节　健康治理	4	讲授法 研讨法	● 中国制度优势 ● 人民至上 ● 爱国情怀 ● 担当精神
7～8	专题四：老龄社会治理 第一节　养老服务与养老产业	4	现场参观 讲授法 研讨法 案例分析法	● 老年友好价值观 ● 爱老敬老孝老 ● 思想认同 ● 中国梦教育
9～10	第二节　养老服务供给 第三节　养老保险与长期护理保险	4	讲授法 研讨法 现场参观	● 使命担当精神 ● 民生情怀 ● 养老伦理 ● 科技伦理
11～12	专题五：社会保障与共同富裕 专题六：社会保障与乡村振兴	4	讲授法 研讨法	● 爱国爱党 ● 奉献社会 ● 职业理想
13～14	专题七：社会福利与国家治理 第一节　"一老一小"服务体系 第二节　社会工作	4	讲授法 研讨法 现场参观	● 伦理价值观 ● 理想信念 ● 敬老爱幼等中华传统美德
15～16	第三节　社会治理 第四节　社区治理	4	讲授法 研讨法 案例分析法	● 公民精神 ● 社区认同 ● 情感认同

（三）教学方法

1. 教师讲授

教师通过讲解社会保障和国家治理现代化的概念、发展历史、政策和法规等内容，让学生建构起系统的知识体系。在讲授的过程中，教师应提出有深度的专业问题，鼓励学生深入思考并积极参与课堂讨论，教师也应对学生的回答及时给予反馈，增强互动性，从而激发学生的学习兴趣，培养学生的辩证思维，使学生由被动接受知识变为主动发现问题和解决问题。

2. 小组讨论

在教学过程中，教师可以打破"教师讲、学生听"的被动教学模式，将学生分组，采用小组讨论的方式，围绕精准扶贫、健康中国建设、医疗保险、社会救助、失业保险、养老保险与养老服务等案例进行分析，总结出可推广、可复制的经验，使学生坚定制度自信。

3. 专题研究

"社会保障与国家治理现代化"课程是一门交叉学科课程，也是全校通识课，选课的学生来自不同的学院、不同的专业。教师应组织学生围绕社会保障与国家治理的相关主题进行专题研究，引导学生树立"天下兴亡，匹夫有责"的使命感和责任感，厚植爱国主义情怀，探索未来社会保障和国家治理的发展路径。同时，教师应指导学生从经济学、社会学、法学、管理学等多个学科视角进行探索，以培养具有宽广知识背景和多种技能的复合型人才。

4. 视频播放

在讲授的过程中，教师可以结合《以人民为中心 夯实民生基础》《新思想引领新征程 稳步推进社保制度改革 织密民生保障网》《思想的力量 三明医改启示录》等视频，帮助学生更好地理解社会保障的理论和实践，激发学生对社会保障议题的情感共鸣和价值认同，引导学生树立"以人民为中心"的价值观，并将其践行到未来的工作中，不断保障和改善民生。

5. 现场参观

为了加强学生对社会保障和国家治理实践的了解，教师可以带领学生到养老院、社区、企业等地参观调研，将课堂从教室搬到现场，引导学生将"读万卷书"与"行万里路"相结合，深入社会实践，实现思政与专业的结合、理论与实践的结合。学生反馈实地参观调研的收获颇丰，特别是对智能养老、养老社区的建设有了直观的了解，并且深刻体会到应扎根中国大地了解国情民情，关注和解决现实问题，未来肩负起推动我国社会保障事业发展和推进国家治理现代化的使命。

五、案例反思

1. 考核评价

在考核方式上，教师指导学生跨专业组建项目小组，进行学科交叉融通的专题研究，打破单一的笔试考核方式，通过小组考核、方案展示等方式，全方位考核学生的综合素质和综合能力，提升人才培养质量。

教师根据每年的重大时事热点，设计项目主题，例如，"奋斗百年路，启航新征程"——讲好中国社会保障故事，"喜迎二十大，奋进新征程"——讲好中国社会保障与国家治理现代化故事，"奋进新征程　建功新时代"——探索社会保障与国家治理现代化之路。研究选题包括"积极应对人口老龄化""养老产业发展""人工智能+养老""'一老一小'服务体系""医疗保障改革""公共卫生事件应急管理""乡村振兴与社会保障""共同富裕与社会保障"等。

围绕以上主题，教师组织学生以小组的方式开展专题研究和讨论，研究成果包括案例撰写、项目申报、模拟政协大赛等多种形式，引导学生在学好理论知识的同时，以问题为导向展开研究，进行实地调查，将社会保障和国家治理理论应用于实践。来自不同学院、不同专业的学生组建团队，有利于打破单一学科的壁垒，使不同学科的思想火花碰撞激发，促进多学科交叉融合，培养跨学科复合型人才。

2. 改进方向

除了带领学生走出去，教师还应将专家引进来。后期可邀请政府部门、高校、企业和社区的专家走进课堂分享实务经验，帮助学生更好地理解社会保障理论与政策在现实中的应用。此外，可以进一步加强实习实训，促进产教融合，使人才培养能够更加精准地对接产业需求，培养出更符合市场需求的专业人才。

六、教学效果

1. 价值塑造

通过对本课程的学习，学生更加关注国家和社会现实，培养了浓厚的家国情怀，树立了正确的世界观、人生观、价值观，立志将来在各行各业为社会保障事业和国家治理现代化做出贡献。有的学生想继续深造，将来成为大学教师，培养更多优秀的社会保障人才；有的学生想回到家乡，助力乡村振兴；有的想考公务员，从事公共服务和社会治理相关工作；有的想到基层社区，推动社区发展和增进居民福祉；等等。

2. 知识传授

通过学习，学生建构起系统的社会保障知识体系；掌握了社会保障的总体框架，包括社会保障的制度结构、社会保障的产生与发展、社会保障的法治与管理、社会保障的水平；知晓了应对各类风险的社会保障举措，包括失业保险、工伤保险、医疗保险、养老保险、长期护理保险等；理解了社会保障在推进国家治理体系和治理能力现代化中的功能。

3. 能力培养

本课程推行课程思政教学改革和考试改革，组织学生开展专题研究，改变"教师讲、学生听"的被动学习模式，较好地调动了学生的学习热情，使其由被动学习变为主动学习。不少小组在大学生创新创业训练计划中立项，在失能老人照护、养老保障、智能养老等领域取得较好的研究成果。此外，通过专题研究和小组讨论，学生的沟通协调能力、领导能力、决策能力、解决问题能力和创新能力都得到了较好的锻炼。

真研实创，以创造性思维推动社会发展进步

公共管理学院　喻良涛

 案例概述

本课程是为培养大学生专创融合能力和培育、打磨优秀创业项目而专门开发的课程。本课程是一门实践性很强的素质能力开发课程，旨在引导学生从"小白"开始一步一步孕育和优化自己的创业项目，在创业项目开发过程中循序渐进地培养自身的项目开发能力与项目运营管理能力。

一、基本信息

课程名称：互联网+专创融合实训与创业竞赛实战辅导

授课对象：全校本科生

使用教材：《大学生创新创业训练与实践指导》，许文刚，北京理工大学出版社

学习内容：项目开发与项目运营管理

教学课时：32课时

二、课程思政教学整体设计思路

本课程是一门实践性很强的素质能力开发课程，教学特点是让学生先去体验，体验之后再回来讨论，而不是先学习若干理论知识再实践。本课程让学生亲身体验，循序渐进地培养学生的项目开发能力与项目运营管理能力。本课程不仅能提高学生的学习能力，而且对培养学生的创新能力，激发学生的学习潜能都具有重要作用。

本课程通过项目化的课程学习和训练，培养学生的法治理念，提升学生对复杂事务的判断能力以及决策能力，引导学生养成爱岗敬业、无私奉献、诚实守信、办事公道、开拓创新的职业品格和行为习惯。

三、教学目标

1. 课程教学目标

本课程希望在传授创业知识、锻炼创业能力和培养创业精神等方面达到以下目标。

（1）深度辅导学生撰写和优化创业计划，并争取帮助学生在创业比赛中获奖，同时打造优质标杆性创业项目和优秀的创业团队。

（2）通过互联网＋专创融合赋能学生创业，通过创业大赛激励学生志存高远，奉献社会。

（3）培养学生的创业能力和创业意识，培养学生积极进取、勇于挑战、勇于创新的能力。

（4）指导学生了解市场环境因素以及存在的机会和威胁，掌握企业经营计划的制订方法与程序。

（5）培养学生捕捉商机、用人、决断、应变、承担风险的品格和能力。

2. 思政育人目标

（1）引导学生深刻理解全面依法治国的必要性、意义，引导学生在创业过程中牢固树立法治观念，提高运用法治思维解决问题的能力，预防发生法务问题，提升维护自身权利、参与社会公共事务、化解矛盾纠纷的意识和能力。

（2）深化社会责任、职业理想和职业道德教育。教师应在项目创意、调研、设计、运营实施和利益分配的全过程中，引导学生深刻理解并自觉遵守创新创业进程中的职业规范，增强职业责任感，养成爱岗敬业、无私奉献、诚实守信、办事公道、开拓创新的职业品格和行为习惯。

四、教学实施过程

本课程各章节对应的教学内容、课时、课程思政元素、教学目标、教学方法见表1。

表 1 本课程各章节对应的教学内容、课时、课程思政元素、教学目标、教学方法

章节	教学内容	课时	课程思政元素	教学目标	教学方法
第一章	创新创业态势与实例解析	4	职业理想和创业的价值	引导学生探求和树立职业理想，深度思考创业的价值	发动学生精选近三年优秀创业创新项目，点评创业的价值
第二章	创新创业商机识别与产品设计	4	商机捕捉和社会价值	引导学生挖掘社会需求，捕捉商机，精心设计利国利民的核心产品	引导学生分组挖掘需求痛点，开展创意设计，并结合同类项目评估项目价值
第三章	产业分析与市场调研	6	社会责任角色定位	引导学生深度考察民生和产业实况，升华格局，引导学生坚持取利有道原则，担当社会责任	指导学生搜寻资料，开展深度项目分析，评析社会需求与产业内在逻辑，结合项目实况，力求实现商业利益和社会价值的共赢
第四章	商业模式构建与商业计划书撰写	4	商业和社会责任	引导学生系统思考创新、创业、创富和创福问题	引导学生分组确定自身项目定位方向与高度，在分块撰写商业计划书后，重点围绕创新点、收益点、社会价值点三条主线进行梳理
第五章	创业营销与运营技能实训	4	需求的群众基础、强烈程度和实现需求的社会意义与价值	引导学生深度认识承担社会责任的意义与重要性	以华为和小米为例，引导学生思考创业营销与运营技能
第六章	产品创新设计复盘与打磨	4	人文关怀	引导学生深刻体会"产品以人为本，科技以服务社会为宗旨"	开展"创意产品拍卖"活动，引导学生在搜集组外反馈意见后，进一步明晰产品设计中的人文关怀与社会责任担当，明确项目亮点与主攻方向
第七章	项目财务与内部管理模式打磨	4	法治、商业伦理	引导学生认识遵法守法在创业中的重要性	组织开展"项目财务与内部管理模式挑刺与内审"活动，强化学生的风险防范意识和能力
第八章	创业项目路演与创业实战	2	竞争、商业价值与社会价值	引导学生在项目全面竞争中平衡商业价值和社会价值，并合理取舍优化	组织模拟创业大赛，通过组间竞争，引导学生从项目社会价值、商业价值两个维度审视创业项目，亲身体验创造社会价值的意义与效果
总课时			32		

五、案例反思

1. 考核评价

（1）在授课过程中内置创意环节、营销环节、内部管理环节三个互动反馈机制，在考核评价时贯彻"真研实创，以创造性思维推动社会发展进步"的教学理念。

（2）最后以模拟创业大赛形式结课，从"社会价值、商业价值"两个维度评审创业项目，引导学生结课不结项，明确后续项目完善方向。

（3）引导学生积极参与创新创业比赛和实创，将学生在校级、省级甚至国家级创新创业比赛中真正取得的成果作为主要考核标准。

2. 反思与展望

（1）课程应超越创新创业比赛力推实创：要引导创业团队积极把创新创业项目投入实创，从而真正达到"以创造性思维推动社会发展进步"的目的。

（2）课程应积极内引外联，蓄积创新创业资源，为学生创新创业赋能护航。

六、教学效果

1. 课程受到学生欢迎

自2020年以来，本课程已开设9个学期13个班，总选课人数超过970人，选课人数从开课第一个学期的27人发展到现在每个学期都在100人以上，学生评教分数从94.03分上升到97.57分，最高达98.1分。

2. 深入挖掘、培育本校校本项目

近3年本课程依托"校本"学科优势，提前梳理拟定3~6个方向，筛选出至少20个种子项目，提前匹配"科技资源"。基于我校法学、金融、税收、农林经济等优势学科，本课程培育的项目有"'4K/8K+VR'影像重建""'建筑+保险'数据交互引领者""小微企业的AI税筹排雷尖兵"等，均获得了省赛和国赛奖项。

3. 走出去、请进来，"异质性互补"，弥补科创资源短板

本课程开展了知名企业的就业、创业游学和调研：近年来先后开展了对长江期货股份有限公司、亚马逊中国、阿里巴巴、积木易搭、创想三维等知名企业的就业、创业游学和调研。

4. 学生创业竞赛成绩优秀

在教师指导下，学生创业竞赛获省级、国家级"互联网+""挑战杯"奖项 48 项；大学生创新创业训练计划立项共 40 项（其中国家级 9 项、省级 20 项）。

5. 带领学生跨区域到江苏、浙江、广东落地实创

本课程培育出的"后保研""华清洁利""吃喝茶山刘""PPT 工厂""云书院""才智光阶""息壤 AIGC"等多个创业项目，都实现了落地实创，并且本课程带动 30 余人进入互联网企业就业。

数据赋能商务智能，提升商务决策效能

统计与数学学院　　刘佳星

案例概述

　　随着社会信息技术的不断革新和飞速发展，世界经济全球化趋势日益明显，在大数据时代，企业能否利用信息进行高效而正确的决策决定着管理工作的成败。商务智能不仅可以提供及时、准确的信息，还可以将信息转化为决策所需要的知识和智慧，从而提高决策的科学性，而数据挖掘则是支撑商务智能的核心技术。本课程将讲授数据挖掘与商务智能的核心理论知识，通过实践教学帮助学生掌握商务数据挖掘建模方法和商务数据分析工具使用方法。本课程在教学过程的各环节中，从中国数字经济发展成就、创新精神、工匠精神、社会主义核心价值观等多角度融入课程思政元素，培养学生综合分析问题、解决问题的能力。

一、基本信息

　　课程名称：数据挖掘与商务智能

　　授课对象：统计学类专业本科生

　　使用教材：《商务智能与数据挖掘》，陈晓红、寇纲、刘咏梅，高等教育出版社

　　学习内容：数据挖掘方法及商务智能应用

　　教学课时：32课时

二、课程思政教学整体设计思路

　　本课程主要涵盖商务智能概述、数据挖掘方法和商务智能应用三方面内容，通过课堂讲授、案例教学和实践操作，学生将深入了解商务智能对商务决策的支持，以及商务

智能的基本流程、关键技术，学习数据挖掘的理论方法（包括聚类分析、分类分析、回归分析等），并掌握文本与 Web 分析、大数据分析与可视化的实际应用方法。

本课程通过引导学生了解我国数字经济与数字中国建设取得的伟大成就，激发学生的爱国热情和民族自豪感；通过讲解分类任务中的决策树算法，引导学生面对困难和挑战时，应积极运用自身能力，对问题"分而治之"，逐步攻克；通过讲解异常检测算法的应用，加强对学生的法律意识教育，引导他们树立正确的世界观、人生观和价值观；通过讲解集成学习算法的核心理念，鼓励学生树立合作精神和全局观念，将国家与人民的利益置于首位；通过说明评论数据在商业决策和政府治理中的重要性，引导学生充分发挥评论数据的价值，推动经济社会发展；通过引导学生了解我国在大语言模型领域的突出研究成果，激发学生勇攀科技高峰的豪情壮志，并培养他们应对复杂问题的能力。

总之，本课程通过在教学中有机地融入课程思政元素，提升学生的综合素养和能力。

三、教学目标

1. 课程教学目标

（1）数据挖掘方法：学生将掌握各种数据挖掘方法，如聚类分析、分类分析、回归分析，这有利于学生发现潜在的商业机会。

（2）商务智能工具：学生将掌握商务智能工具的使用方法，如报表生成、数据仪表板和可视化，以便更好地洞察数据。

（3）决策制定：通过案例研究和项目实践，学生将学会如何在商务环境中做出数据驱动的决策，从而提高组织机构的竞争力。

2. 思政育人目标

（1）学生将学会独立思考和独立解决问题，这有助于培养他们的创新精神、批判性思维和工匠精神。

（2）学生将了解国家大数据战略，深入了解我国数字经济与数字中国建设取得的伟大成就，这有助于培养他们的数据思维。

（3）通过对实际案例的探讨，学生将学会协作和沟通，这有助于培养他们的团队合作能力和社交技能。

综上所述，本课程将通过对数据挖掘方法和商务智能应用的教学，培养全面发展的专业人才。

四、教学实施过程

（一）商务智能概述

1. 教学内容

章节安排：第一章商务智能。

具体教学内容与教学方法：主要通过课堂讲授法以及案例教学法帮助学生学习商务智能对商务决策的支持、商务智能的简介、商务智能的流程以及商务智能的关键技术，结合雨课堂等信息化手段组织学生展开讨论。

2. 教学目标

使学生了解商务智能的概念、流程、关键技术及主流软件，了解我国数字经济与数字中国建设取得的伟大成就，培养学生的数据思维。

3. 思政融入点

（1）教师应带领学生了解国家的政策，培养学生的家国情怀。习近平总书记在向2023年中国国际智能产业博览会致的贺信中指出，当前，互联网、大数据、云计算、人工智能、区块链等新技术深刻演变，产业数字化、智能化、绿色化转型不断加速，智能产业、数字经济蓬勃发展，极大改变全球要素资源配置方式、产业发展模式和人民生活方式。国家高度重视数字经济发展，协同推进数字产业化和产业数字化。数据驱动的商务智能与产业数字化紧密相连。

（2）分享一些关于商务智能的例子。例如，字节跳动的推荐算法世界一流，教师可以通过字节跳动旗下的 TikTok 软件风靡全球的案例，激发学生的爱国热情，同时帮助学生坚定"四个自信"，引导学生勇于探索未知，勇攀科学高峰。

（二）数据挖掘方法

1. 教学内容

章节安排：第三章数据挖掘方法、第四章数据挖掘高级方法。

具体教学内容与教学方法：主要通过课堂讲授法帮助学生学习数据挖掘理论与方法，包括聚类分析、分类分析、回归分析、关联分析、异常检测、集成学习、推荐系统等；在实践课中，要求学生运用程序软件实现对实际数据的分析与挖掘。

2. 教学目标

使学生掌握用于商业数据的数据挖掘理论、方法以及实践方式，在实践中培养学生精益专注的工匠精神和追求卓越的创新精神。

3. 思政融入点

（1）在分类任务中，决策树算法的核心思想体现了"分而治之"的策略。这一策略鼓励学生，在面对困难和挑战时，不应轻易放弃，而应积极运用自身能力，将复杂问题逐步分解为若干个子问题，逐一攻克，并通过不断优化求解方式，最终实现问题的圆满解决。

（2）在异常检测算法的应用过程中，学生通过运用离群点检测及分类算法等技术手段，能够有效地识别和应对诸如保险欺诈、电信诈骗、电子商务欺诈等异常事件。教师应加强对学生的教育，引导他们树立正确的世界观、人生观和价值观，提升他们的法律意识，坚决杜绝违法乱纪行为。学生应摒弃侥幸心理，牢固树立诚信观念，积极践行社会主义核心价值观，为社会的和谐稳定贡献力量。

（3）集成学习算法的核心理念在于通过汇总多个个体学习器的决策能力，达到提高整体决策质量的目的。首先，该算法鼓励学生发扬合作精神，充分汲取集体智慧，实现协同效应。其次，该算法还强调树立全局观念，学生应将国家与民族的利益置于首位，从而确保决策的宏观效益。

（三）商务智能应用

1. 教学内容

章节安排：第五章文本与Web分析、第七章大数据分析与可视化。

具体教学内容与教学方法：主要通过案例教学法与实践教学法讲解商务智能应用，包括文本与 Web 分析、大数据分析与可视化的实际应用方法。

2. 教学目标

使学生掌握文本与 Web 分析的基本步骤与方法，了解完成情感分类、舆情监控、信息提取等任务的方法，掌握获取网络文本数据的方法，掌握大数据分析与可视化的实际应用方法。

3. 思政融入点

（1）随着互联网与各行业的融合程度加深，网民数量持续增长，互联网上产生了大量有价值的评论数据。这些数据对于商业决策和政府治理具有重要意义。在商业领域，分析评论数据可助力企业洞察市场趋势、消费者偏好，优化策略，提升竞争力。在政府层面，实时监测和分析评论数据可助力政府及时发现社会热点，预防矛盾激化，为政策制定提供参考。然而，对评论数据的深入分析需要更完善的技术手段，也要加强数据安全和隐私保护。总之，评论数据的应用将越来越广泛，我们应充分发挥其价值，推动经济社会发展。

（2）在自然语言处理领域，近年来，大语言模型技术取得了显著进展，我国在此领域的研究成果也颇为突出。百度推出的"文心一言"、科大讯飞发布的"讯飞星火认知大模型"以及复旦大学研发的"MOSS"等大语言模型，均引发了广泛关注与热烈反响，呈现出百花齐放、竞相发展的良好态势。本课程通过对我国大语言模型相关研究进行深入分析，引导学生全面了解人工智能领域的前沿动态，激发他们勇攀科技高峰的豪情壮志。同时，本课程还将对大语言模型应用过程中可能存在的潜在风险进行深入剖析与探讨，以培养学生的批判性思维，提升他们应对复杂问题的能力。

五、案例反思

本课程还存在着一定的不足。首先，对于课程思政元素的融合有待进一步加强。如何根据不同的课程内容，挖掘最合适的思政素材，并以"润物细无声"的方式融入课程教学，仍然是理工类课程思政的难点。其次，课程思政的师资团队建设有待进一步加强，可以通过课程思政"传帮带"的形式进一步提升青年教师的课程思政能力。最后，课程思政教学方法仍以课堂讲授法与案例教学法为主，教学方法比较单一，学生的主观能动性未能充分发挥。未来可以通过小组展示等方式让学生自主挖掘课程思政元素。

六、教学效果

经过一学期的课程思政教学实践，从出勤率、参与度、课堂讨论情况、课后作业和小组团队合作的完成情况，以及最终自主选题的课程实践论文报告完成情况来看，学生的学习积极性显著提高，课堂参与度明显提升，学生运用理论知识解决实际问题的能力也有了显著提升。

参考文献

陈晓红，寇纲，刘咏梅，2018，商务智能与数据挖掘[M]. 北京：高等教育出版社.

竞争与合作背景下的博弈选择

统计与数学学院　刘畅

 案例概述

博弈论是一门研究决策者在相互影响的环境中如何做出决策的理论。本课程旨在帮助学生系统掌握博弈论的发展历程；深入把握博弈论的演进逻辑和实现机制；深刻领悟博弈论这门学科的必然性与必要性；理解博弈论这门课程的重要作用；深入理解在不同决策者的相互作用下，各决策者如何做出决策以及这些决策如何影响彼此；能够预测和解释人类在制定决策时的行为，包括合作、竞争和冲突；能够切实制定最佳的策略，以最大化自身利益或者达成合作共赢的目标；切实理解合作与竞争策略的选择原则；结合中国的实际情况，厚植爱国主义情怀，树立正确的民族观和国家观。

一、基本信息

课程名称：博弈论基础

授课对象：全校本科生

使用教材：《博弈论通识十八讲》，常金华、陈梅，北京大学出版社

学习内容：博弈论基础理论

教学课时：32 课时

二、课程思政教学整体设计思路

1. 教学方法

本课程采用案例分析法、讨论互动法和小组合作学习法等多种教学方法，激发学生的学习兴趣，提高教学效果。

2. 章节安排

（1）第一章：导论。介绍博弈论的基本概念、发展历程和研究方法，引入社会主义核心价值观的内容。

（2）第二章：博弈模型。讲解博弈模型的基本构成要素，如参与者、策略空间、收益函数等，结合道德案例进行分析。

（3）第三章：纳什均衡。讲解纳什均衡的概念、性质和应用，引导学生树立正确的道德观念。

（4）第四章：合作与竞争策略。分析合作与竞争策略的选择原则，结合中国的实际情况，引导学生厚植爱国主义情怀。

（5）第五章：国际政治经济中的博弈现象。通过分析国际政治经济中的博弈现象，引导学生树立正确的民族观和国家观。

三、教学目标

1. 课程教学目标

（1）让学生了解博弈论的基本思想与方法，包括博弈论的基本概念、结构和分类。

（2）培养学生运用博弈论分析现实经济与社会问题的能力。使学生能够熟练运用博弈论的分析工具建立博弈模型，能够用其解释经济与社会问题。

（3）通过学习博弈论，学生应可以理解多人参与，并且结果不仅取决于自己的决策，还取决于他人的决策的问题都属于"博弈"的范畴。

（4）培养学生的优化思想，引导学生用优化思想来解决生活、工作中的决策问题。

2. 思政育人目标

（1）培养学生的团队协作精神。通过学习博弈论，学生可以了解到，在团队中，每个人的行为都会影响整个团队的结果，从而培养他们的团队协作精神。

（2）提高学生的决策能力。博弈论是一种研究决策者如何在相互影响的情况下做出最优选择的理论，通过学习博弈论，学生可以提高自己的决策能力，学会如何在复杂的情况下做出最优的选择。

（3）培养学生的公平正义观念。博弈论中的纳什均衡理论强调的是公平和正义，通过学习博弈论，学生可以培养公平正义观念。

（4）提高学生的社会责任感。博弈论中的合作与非合作博弈理论，可以帮助学生理解社会生活中的各种现象，提高他们的社会责任感。

（5）培养学生的批判性思维。博弈论需要学生运用批判性思维去分析问题、解决问题，通过学习博弈论，学生可以培养批判性思维。

四、教学实施过程

1. 课程思政元素

（1）社会主义核心价值观：通过博弈论的教学，培养学生的团队协作精神、公平正义观念，提高学生的社会责任感，引导学生树立社会主义核心价值观。

（2）爱国主义教育：通过分析国际政治经济中的博弈现象，引导学生树立正确的民族观和国家观，厚植爱国主义情怀。

（3）道德品质教育：通过对博弈论中的合作与竞争策略的选择原则的分析，引导学生树立正确的道德观念，培养良好的道德品质。

2. 结合课程内容有机融入思政内容

在讲解博弈论基本概念时，引入社会主义核心价值观的内容，让学生在学习博弈论的过程中，自然地接受社会主义核心价值观的熏陶。

在分析国际政治经济中的博弈现象时，结合中国的实际情况，引导学生认识到国家利益的重要性，厚植爱国主义情怀。

在讲解合作与竞争策略时，结合现实生活中的道德案例，引导学生树立正确的道德观念，培养良好的道德品质。

五、案例反思

检验本课程的课程思政教学效果时，可以从以下几个方面进行。

（1）学生反馈：通过问卷调查、座谈会等方式，了解学生对课程思政教学内容的接受度和满意度，以及在课程学习过程中对社会主义核心价值观、爱国主义等方面的认识和体会。

（2）课堂表现：观察学生在课堂讨论、案例分析等环节中的表现，评估他们在道德品质、团队协作精神等方面的表现。

（3）作业与考试：通过布置与思政内容相关的作业和考试题目，检验学生对思政内容的掌握程度和应用能力。

（4）实践环节：鼓励学生将所学知识应用于实际工作和生活，观察他们在团队协作、道德选择等方面的表现，以评估课程思政教学的实际效果。

本课程存在的不足和可以完善的环节主要包括以下几个方面。

（1）教学内容的衔接：教师应思考在讲解博弈论基本概念和理论时，如何更好地融入社会主义核心价值观等课程思政元素，使之既不影响博弈论本身的教学，又能实现思政教育的目标。

（2）教学方法的创新：教师应思考如何运用多种教学方法，激发学生的学习兴趣，提高他们对思政内容的接受程度和理解能力。

（3）教学评价体系的完善：教师应思考如何建立一套科学、合理的教学评价体系，全面、客观地评估学生的表现和进步。

六、教学效果

（1）提高了学生的政治觉悟和道德素质：通过学习博弈论，学生能够更好地理解社会主义核心价值观等内容，从而提高他们的政治觉悟和道德素质。

（2）培养了学生的团队协作精神和合作意识：博弈论强调团队协作和集体利益的重要性，通过学习博弈论，学生能够更好地认识到团队协作的价值，从而培养他们的团队协作精神和合作意识。

（3）提升了学生的创新意识和决策能力：博弈论是一种研究决策者如何在相互影响的情况下做出最优选择的理论，通过学习博弈论，学生能够提升自己的创新意识和决策能力，为未来的工作和生活打下坚实的基础。

（4）拓宽了学生的国际视野和提高了学生的跨文化交流能力：博弈论在国际政治经济领域有着广泛的应用，通过学习博弈论，学生能够更好地了解国际政治经济中的博弈现象，从而拓宽他们的国际视野，提高他们的跨文化交流能力。

（5）培养了学生的社会责任感和公民素养：通过分析博弈论中的合作与竞争策略等内容，学生能够树立正确的道德观念，培养良好的道德品质，进而增强他们的社会责任感和公民素养。

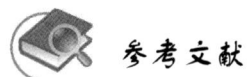

参考文献

雷春丽，冯瑞成，石建飞，等，2023. 课程思政融入"高级运筹学"教学中的设计与探索[J]. 甘肃教育研究（6）：69-72.

刘煜，刘进，李卫丽，等，2021. 博弈论教学中如何开展课程思政[J]. 科教导刊（12）：131-133.

谢识予，2023. 经济博弈论[M]. 5版. 上海：复旦大学出版社.

应用抽样技术与社会责任

统计与数学学院　袁茹

 案例概述

本课程将社会责任视为贯穿始终的思政主题，旨在培养学生在应用抽样技术领域的专业能力，同时强调社会责任和数据伦理观念。通过学习抽样技术，学生将掌握有效进行抽样调查的方法，学会在伦理层面做出正确的决策，以确保数据的合法和公正使用。本课程将帮助学生认识到自己在抽样技术应用过程中所需承担的社会责任。课程将通过对真实案例的分析，强化学生的社会责任感和数据伦理意识，培养他们利用专业知识分析问题和解决问题的能力，鼓励他们积极参与社会问题的解决，回馈社会，推动社会的可持续发展，帮助他们成为具备专业能力和社会担当的全面发展的人才。

一、基本信息

课程名称：应用抽样技术

授课对象：应用统计专业本科生

使用教材：《应用抽样技术》，杨贵军、尹剑、王维真，中国统计出版社

学习内容：应用抽样技术与社会责任

教学课时：48课时

二、课程思政教学整体设计思路

本课程旨在让学生掌握抽样技术的基本原理和应用方法，培养学生亲自动手设计和实施抽样调查方案并进行数据分析的能力；培养学生的数据伦理意识和社会责任感，提升学生解决实际社会问题的能力。

在教学过程中，本课程重点突出三个方面的思政内容。一是通过环境调查、公共卫生调查等案例，展示科学数据在解决社会问题中的重要作用，帮助学生理解科学技术在社会责任承担方面的地位。二是通过系统讨论数据隐私、数据操纵等伦理问题，强调数据收集和使用中的伦理规范，培养学生的数据伦理意识和社会责任感。三是通过鼓励学生参与实际调研和数据收集项目，结合实际问题进行数据分析，提出解决方案，增强学生解决实际社会问题的能力。

课程教学各环节的重点包括以下几个。

在课前准备环节，设置"为什么在数据收集时需要考虑数据隐私"和"如何设计一个合理的抽样调查计划来调查社区健康状况"等思考题，指导学生提前阅读抽样技术相关书籍和相关案例。

在课中讲授环节，通过基础知识介绍、案例分析、伦理讨论和问答互动，系统讲解抽样技术的基本概念和原理，并结合实际案例分析和思政相关提问，引导学生讨论和思考。

在要点总结环节，归纳抽样技术的基本原理和应用方法，强调数据伦理和承担社会责任的重要性，并布置设计和实施抽样调查方案的项目作业（如调查校园内的垃圾分类情况，并撰写分析报告）。

三、教学目标

1. 课程教学目标

（1）帮助学生掌握不同类型的抽样方法，包括简单随机抽样、分层随机抽样、整群抽样、系统抽样、多阶段抽样等，以及相关的统计原理和应用方法。

（2）培养学生的独立思考能力和分析、解决问题的能力，使他们能够独立思考和解决实际问题。

（3）帮助学生学习如何将抽样技术理论和方法应用于实际情境，以促进社会的可持续发展。

2. 思政育人目标

（1）培养学生的社会责任感：通过学习本课程，学生应认识到在应用抽样技术领域工作所需承担的社会责任，激发他们的社会责任感。

（2）引导学生强化数据伦理意识，弘扬科学精神：强化伦理教育，注重科学思维方法训练和科学精神培养，提高学生利用专业知识分析和解决问题的能力；鼓励学生勇攀科学高峰，勇于探索未知，追求真理，培养科学精神。

（3）引导学生积极推进社会进步：鼓励学生积极参与社会问题的解决，回馈社会，推动社会的可持续发展。

四、教学实施过程

1. 教学准备

教师准备好教材、课程大纲和教学资源，明确本次课程的社会责任主题，并准备相关案例研究、伦理决策练习等资料。

2. 引入环节

课程以介绍社会责任的概念和抽样技术的重要性开始。教师通过对具体案例的讲解，激发学生的兴趣，强调应用抽样技术对社会发展的重要性。

3. 知识传授

授课内容包括抽样方法的基本原理、不同类型的抽样方法及其应用方法，以及伦理决策的重要性。教师根据教学安排分别介绍不同抽样方法的相关概念、理论和应用方法；同时，结合实际案例指导学生讨论在复杂情境下如何做出正确的伦理决策。

示例1：介绍如何通过抽样调查的方式了解某社区生活环境的污染情况。教师应指导学生利用简单随机抽样方法，调查某社区的居民对周围生活环境污染情况的感知情况和实际污染数据，通过数据分析得出结论，帮助社区制定环保措施。

示例2：讨论如何使用分层随机抽样方法调查教育资源分配的公平性。教师应指导学生根据学校类型（如城市、乡村或重点、普通）进行分层，从每层中随机抽取学生，分析教育资源分配的公平性，提出改进建议。

示例3：在介绍系统抽样方法时，教师可以以某城市公交满意度调查为例进行讲解。假设每个车站的乘客数量较为均匀，选择每次第10个上车的乘客进行调查，分析公交系统的服务质量及其影响因素，进一步提出改进建议。

4. 学习活动

学生进行小组讨论，分析真实社会问题，并提出抽样调查的设计方案。教师提供反馈，并引导学生改进他们的方案。

示例4：学生分组讨论如何利用多阶段抽样方法设计一项全国性的健康调查。在第一阶段选择若干省市，在第二阶段选择若干社区，在第三阶段选择若干居民并进行健康状况调查，分析数据得出结论，并据此提出提升全民健康素养的建议。

5. 互动和讨论

教师和学生之间针对实际案例进行互动和讨论，共同探讨社会责任和伦理决策的议题。

示例5：讨论如何实现数据隐私保护与社会研究需要之间的平衡。例如，在调查网络使用习惯时，如何在确保个人数据隐私不被侵犯的同时获得有价值的研究数据。

6. 评估和反馈

教师针对学生的项目进行评估，以检查学生对抽样技术理论和方法的理解，并将存在的问题反馈给学生。

7. 课后作业和自主学习

教师有针对性地给学生布置课后作业，包括设计抽样方案、分析实际案例等；鼓励学生自主学习，阅读与课程主题相关的文献和案例。例如，要求学生课下阅读并分析一篇关于抽样技术在社会调查中应用的案例，写出学习心得并提出自己的见解。

8. 评估课程教学效果

通过学生的课上互动表现以及课后作业完成情况等了解学生的学习成果，进而评估课程的教学效果，以便改进教学方法。

五、案例反思

1. 教学方法

进一步改进和更新教学方法，以更好地融合课程思政元素。例如，通过情境模拟等方法，使思政教育更具吸引力和实际意义。

2. 评价方法

进一步改进课程考核评价方法，以更全面地评估思政教学效果。例如，重新设计考试和作业，以确保涵盖课程思政元素。

3. 实际应用

鼓励学生更多地将课堂所学理论知识应用于实际问题，并提供相关的支持和机会。

六、教学效果

通过开展课程思政教学，本课程取得的具体成效有以下几个。

1. 学生社会责任感的提升

通过对本课程的学习，学生会深刻认识到抽样技术对社会发展的重要性。他们的作业和学习心得也反映出他们对社会问题的深入理解。总体而言，学生在学习本课程后表现出更高的社会责任感。

2. 学生数据伦理意识的强化

通过对本课程的学习，学生将更透彻地了解伦理决策在抽样调查中的关键作用；同时，在以后的实际应用中会更加重视伦理标准，确保数据采集和分析的合法性和公正性。

3. 学生专业能力的提升

通过学习本课程，学生不仅能提升自身在应用抽样技术领域的专业能力，还能培养自身的社会责任感和科学精神，从而成为具备专业能力和社会担当的全面发展的人才。

概率塑造未来，统计引领决策

统计与数学学院　张婧

 **案例概述**

"概率论与数理统计"课程旨在帮助学生系统掌握随机现象的统计规律性，深入把握其演进逻辑和实现机制，深刻领悟其必然性与必要性，切实理解这门学科的理论价值和实践应用方法。在课程教学中，教师应充分展示概率论与数理统计在解决自然科学、社会科学及工程技术等领域问题过程中取得的重大成果，引导学生将对概率论与数理统计的发展历程、成果、特点、实现机制等的深入把握与对数据科学、人工智能等新兴领域的学习结合起来，在学思践悟中坚定学术理想，增强创新意识。

本课程分为两个主要部分：概率论和数理统计。概率论部分主要介绍概率论的基本概念和原理，建立一系列重要的定理和公式，旨在为解决统计和随机过程问题提供方法论基础，内容包括概率空间、随机变量、分布函数、数字特征、大数定律和中心极限定理等。数理统计部分则以概率论为理论基础，研究如何进行统计推断，内容涵盖参数估计、假设检验、回归分析、方差分析等，旨在使学生学会如何从数据中提取信息并进行科学推断。概率论与数理统计广泛应用于自然科学、社会科学、工程技术等领域，并且不断与其他学科交叉融合，成为现代经济理论、管理科学等领域研究和应用的重要工具。

"概率论与数理统计"这门课程不仅传授理论知识，还致力于实现思政育人目标，包括培养学生的科学精神和批判性思维、培养学生的数据伦理观念和社会责任感、提高学生的问题解决能力、培养学生的创新思维、培养学生的团队协作能力和跨学科学习能力，以及提高学生的心理韧性。

一、基本信息

课程名称：概率论与数理统计

授课对象：财经类专业本科生

使用教材：《概率论与数理统计》，李政兴，中国财政经济出版社

学习内容：概率塑造未来，统计引领决策

教学课时：64课时

二、课程思政教学整体设计思路

本课程主要讲授概率论与数理统计在科学研究和社会应用中的重要性及其思政教育功能，从概率论与数理统计的基本概念和发展历程、其在各领域中的应用，以及其在解决实际问题中的贡献等方面，系统揭示概率论与数理统计对现代社会和科技发展的推动作用。

在教学过程中，本课程着重突出三个方面的思政内容：一是通过概率论与数理统计的基本概念和原理展示统计的理论力量，引领学生深刻领悟科学方法为什么"行"、统计工具为什么"能"；二是系统展现概率论与数理统计在自然科学、社会科学及工程技术等领域中的重要应用，激励学生树立远大理想，为实现科技强国、创新驱动发展贡献智慧和力量；三是通过深入探讨概率论与数理统计在社会治理、经济决策等方面实际应用的案例，使学生对统计理论的实践性有更深刻的体悟，更深刻地认识统计知识与实际问题相结合的必要性和重要性。

课程教学各环节的重点包括以下几个。

（1）在课前准备环节，根据课程主题结合思政内容设置课前思考题，指导学生提前搜集相关文献，引导学生根据思考题进行课前阅读和预习。例如，提出"概率论在现代科技中的应用有哪些具体案例"和"统计数据如何影响社会决策"等问题，帮助学生理解课程内容的实际应用。

（2）在课中讲授环节，系统地将课程思政元素融入课程内容的讲授中，详略适宜、重点突出、理论联系实际。注重案例解析，引导学生深入理解重要理论和公式的实际应

用，使学生既能根据历史背景和实际条件来把握其原初思想，又能立足新时代中国特色社会主义伟大实践认识其理论价值和当代效应。组织问答讨论，结合思政内容设计恰当的提问，引发学生多层次和多角度的思考和论辩，最大限度地调动全体学生学习的主动性和积极性。例如，通过讨论"如何用概率论分析风险"和"统计学在公共卫生领域中的作用"等问题，引发学生对课程内容的学习兴趣和思考。

（3）在要点总结环节，根据学生回答和讨论的情况，及时地释疑解惑，总结课程内容的核心和要点，引出对下次课的主题的介绍，结合思政内容布置课后阅读文献和作业，引导学生在课后进行拓展学习和研究。例如，总结概率论与数理统计的核心概念及其应用案例，布置与实际应用相关的作业，激励学生在课后进一步研究和探讨。

通过这样的设计，"概率论与数理统计"课程不仅能传授知识，还能进行思政教育，最终实现课程教学目标与思政育人目标。

三、教学目标

1. 课程教学目标

通过对本课程的学习，学生应掌握概率论与数理统计的基本概念，了解其基本理论和应用方法，提高运用概率统计方法分析和解决实际问题的能力。具体目标如下。

（1）基本概率概念：使学生理解随机事件、样本空间、概率分布等基本概念，奠定概率论学习的理论基础。

（2）统计推断技能：使学生掌握点估计、区间估计等统计推断方法，能够从样本数据中得出合理的结论。

（3）数据分析和可视化：使学生能够收集、整理和分析数据，以及使用图形和可视化工具呈现数据，以便更好地理解和传达数据。

（4）应用数学建模：培养学生构建数学模型的能力，以描述实际问题中的不确定性和随机性，并应用这些模型来解决问题。

（5）跨学科应用：帮助学生将概率论与数理统计的知识应用于各种领域，如自然科学、社会科学、工程技术等领域。

2. 思政育人目标

（1）培养科学精神和批判性思维：通过对本课程的学习，学生应该具有科学精神，学会批判性思考，能够审慎评估信息和决策的可靠性。

（2）培养数据伦理观念和社会责任感：本课程应该引导学生思考数据分析和统计应用的数据伦理问题，培养学生的数据伦理观念和社会责任感。

（3）提高问题解决能力和培养创新思维：通过学习本课程，学生应提高解决实际问题的能力，培养创新思维，以应对不断变化的挑战。

（4）培养团队协作能力和跨学科学习能力：本课程鼓励学生参与团队项目，培养学生的团队协作能力，并帮助他们理解数学与其他学科的交叉点，促进跨学科学习。

（5）提高心理韧性：学习概率论与数理统计可以提高学生的数学和统计技能，增强学生解决复杂问题的信心，同时提高学生的心理韧性，使他们能够面对挑战。

总之，"概率论与数理统计"课程不仅旨在传授理论知识，还旨在通过多方面的培养，促进学生的全面发展。

四、教学实施过程

"概率论与数理统计"课程可以有机融入思政内容，从而培养学生的综合素养和社会责任感。具体实施过程如下。

（1）明确课程教学内容和教学目标：在制订课程计划之前，首先明确课程的教学内容和教学目标，包括基本的数学概念、概率理论、统计方法、数据分析等。

（2）确定思政育人目标：确定与思政育人相关的目标，包括培养学生的科学精神、批判性思维等。

（3）选择合适的教材：选择合适的教材和配套资源，以确保教学内容与思政内容有机融合。

（4）章节安排和教学方法：根据课程教学内容，精心安排课程的章节、模块和教学方法。具体章节安排如下。

（一）第一章 随机事件及其概率

（1）教学内容：

① 随机事件；

② 频率与概率；

③ 古典概型与几何概型；

④ 条件概率与事件的独立性；

⑤ 全概率公式与贝叶斯公式。

（2）教学目的：要求学生理解随机事件、概率、样本空间、条件概率、事件的独立性等基本概念，理解概率的基本性质，熟练掌握事件的关系及运算方法，会求解古典概型与几何概型中简单事件的概率。

（3）教学重点：概率的基本性质，古典概型中事件概率的计算，事件的独立性，全概率公式与贝叶斯公式。

（4）教学难点：对事件的独立性的理解与应用，全概率公式与贝叶斯公式的应用。

（5）教学课时：8课时。

（6）课程思政元素：在引入概率论基础概念时，强调科学方法的重要性，探讨科学发展的道路，引导学生思考科学探究的社会价值。

（7）课程思政引入方法：通过历史案例和科学家的贡献，激发学生对科学的敬畏感。

（二）第二章 随机变量及其分布

（1）教学内容：

① 随机变量的概念；

② 离散型随机变量的概率分布；

③ 连续型随机变量的概率分布；

④ 随机变量的分布函数。

（2）教学目的：要求学生了解引入随机变量的目的，理解随机变量的概念；理解离散型随机变量及分布规律、连续型随机变量概率密度的概念；理解分布函数的概念及性质，掌握常见的分布及其应用方法，能够运用常见的离散型及连续型随机变量分布解决一些实际问题；掌握随机变量分布函数的计算方法。

（3）教学重点：分布函数的概念及性质；离散型随机变量的分布律；连续型随机变量的概率密度；常见的离散型及连续型随机变量分布；随机变量的分布函数。

（4）教学难点：分布函数的概念及性质；连续型随机变量分布。

（5）教学课时：10课时。

（6）课程思政元素：探讨随机性与不确定性如何影响决策，引导学生思考风险管理和决策背后的伦理原则。

（7）课程思政引入方法：通过案例分析，讨论随机变量的应用，特别是在金融领域的应用，以强调决策的伦理问题。

（三）第三章 多维随机变量及其分布

（1）教学内容：

① 二维随机变量及其联合分布；

② 边缘分布、条件分布；

③ 随机变量的独立性；

④ 二维随机变量函数的分布。

（2）教学目的：要求学生掌握二维随机变量的联合分布；边缘分布和条件分布的概念，理解它们之间的关系；掌握二维随机变量的独立性的概念；会求随机变量的和、积、商、最大值、最小值的分布；了解 n 维随机变量相互独立的概念。

（3）教学重点：二维离散型随机变量的联合概率分布的求法；边缘分布的概念和求法；条件分布的概念和求法；随机变量的独立性；二维随机变量函数的分布；二维均匀分布与二维正态分布的应用。

（4）教学难点：边缘分布的求法；条件分布的求法；随机变量的独立性；二维连续型随机变量函数的分布。

（5）教学课时：8课时。

（6）课程思政元素：强调数据分析的多样性和复杂性，引导学生思考数据的伦理问题，特别是在社会科学研究中的伦理问题。

（7）课程思政引入方法：通过案例研究，展示多维随机变量在现实问题中的应用，如社会科学和医学领域的现实问题，以强调数据伦理和伦理决策。

（四）第四章 随机变量的数字特征

（1）教学内容：

① 随机变量的数学期望；

② 随机变量的方差和标准差；

③ 随机变量的协方差和相关系数。

（2）教学目的：要求学生理解数学期望、方差、标准差、协方差及相关系数的概念，掌握数学期望、方差及协方差的性质；会求随机变量及随机变量函数的数学期望和方差；熟悉常见分布的数学期望与方差；会求两个随机变量的协方差及相关系数。

（3）教学重点：随机变量的性质；随机变量函数数学期望的计算，协方差及相关系数的计算；随机变量的相关性与独立性之间的关系。

（4）教学难点：随机变量函数数学期望的计算，随机变量的相关性与独立性之间的关系。

（5）教学课时：8 课时。

（6）课程思政元素：讨论数据的伦理问题，包括隐私和数据操纵，强调数据分析的道德要求。

（7）课程思政引入方法：引导学生思考数据伦理，思考应如何确保数据的隐私性和安全性得到保障，如何避免数据操纵。

（五）第五章 大数定律与中心极限定理

（1）教学内容：

① 依概率收敛与切比雪夫不等式；

② 大数定律；

③ 中心极限定理。

（2）教学目的：要求学生掌握切比雪夫不等式；理解大数定律与中心极限定理；了解大数定律与中心极限定理在概率论中的地位与作用。

（3）教学重点：切比雪夫不等式；大数定律；中心极限定理。

（4）教学难点：中心极限定理的应用。

（5）教学课时：6课时。

（6）课程思政元素：强调概率和统计的可靠性，引导学生理解科学研究中的诚实和透明原则。

（7）课程思政引入方法：通过案例分析，讨论大数定律和中心极限定理在政策制定、科学研究中的应用。

（六）第六章 数理统计的基本概念

（1）教学内容：

① 总体与样本；

② 统计量；

③ 数理统计中的常用分布；

④ 抽样分布定理及分位数。

（2）教学目的：要求学生理解总体、个体、简单随机样本、统计量等概念。了解常见统计量的分布及其性质。

（3）教学重点：样本均值的分布及基本性质，三大抽样分布——卡方分布、t分布、F分布。

（4）教学难点：卡方分布、t分布、F分布的构造。

（5）教学课时：6课时。

（6）课程思政元素：探讨统计方法在社会科学研究和政策制定中的应用，引导学生思考社会责任和伦理原则。

（7）课程思政引入方法：以社会科学研究为例，展示统计方法如何用于解决社会问题。

（七）第七章 参数估计

（1）教学内容：

① 参数的点估计；

② 估计量的优良性；

③ 参数的区间估计。

（2）教学目的：要求学生掌握极大似然估计法与矩估计法；理解一致性、无偏性、有效性的概念；会求一个正态总体均值与方差的置信区间；会求两个正态总体均值差与方差比的区间估计。

（3）教学重点：极大似然估计法和矩估计法的概念及解法；置信区间的概念及求法。

（4）教学难点：极大似然估计法的解法。

（5）教学课时：8课时。

（6）课程思政元素：强调参数估计的重要性，避免误导性的结论，强化伦理教育。

（7）课程思政引入方法：通过案例分析，讨论参数估计中的置信区间和假设检验，强调估计的可信度和透明性，以强化伦理教育。

（八）第八章 假设检验

（1）教学内容：

① 假设检验的基本概念；

② 一个正态总体参数的假设检验；

③ 两个正态总体参数的假设检验；

④ 置信区间与假设检验之间的关系。

（2）教学目的：要求学生掌握假设检验的基本思想和基本步骤，了解假设检验的两类错误，会提出原假设和备择假设，并确定拒绝和接受区域；掌握一个正态总体参数的假设检验和两个正态总体参数的假设检验方法。

（3）教学重点：假设检验的基本思想；一个正态总体数学期望与方差的假设检验。

（4）教学难点：假设检验的两类错误；两个正态总体数学期望与方差的假设检验。

（5）教学课时：6课时。

（6）课程思政元素：强调科学研究的严谨性和透明性，避免科学不端行为。

（7）课程思政引入方法：讨论假设检验的两类错误，强调科学研究的伦理要求和严谨性、透明性要求。

（九）第九章 回归分析

（1）教学内容：

① 一元线性回归；

② 多元线性回归。

（2）教学目的：要求学生掌握回归分析的基本思想和基本步骤；掌握一元线性回归和多元线性回归的基本内容，并能熟练运用线性回归方法来分析、解决实际问题。

（3）教学重点：一元线性回归和多元线性回归的基本内容。

（4）教学难点：熟练运用线性回归方法来分析、解决实际问题。

（5）教学课时：4课时。

（6）课程思政元素：探讨数据的因果关系，引导学生思考政策制定和决策的伦理问题。

（7）课程思政引入方法：以政策评估和社会科学研究为例，展示线性回归方法如何用于评估政策的效果和社会影响，强调政策制定和决策的伦理要求。

在"概率论与数理统计"课程的教学中嵌入课程思政元素，可以让学生更深入地理解该学科的实际应用，同时培养他们的道德品质和社会责任感。这不仅可以帮助学生将抽象的数学概念与现实生活和社会问题联系起来，还可以使教育更具深度和综合性。教师可以采用多种教学方法来提升思政教育效果，包括积极互动、案例研究、伦理讨论等。

（1）积极互动：通过课堂讨论和互动，提高学生对概率论与数理统计概念的理解，同时引导他们思考这些概念在社会问题中的应用。例如，讨论如何利用统计数据分析社会现象，如贫困、教育、公共卫生等。

（2）案例研究：引入实际案例，展示概率论与数理统计在不同领域的应用，如医疗统计、市场分析、工程质量控制等领域。通过这些案例，学生可以看到数学方法是如何被用于解决现实问题的，从而增强学习兴趣和社会责任感。

（3）伦理讨论：讨论数据隐私、数据滥用等伦理问题，帮助学生认识到在进行统计分析时需要考虑的社会责任和道德问题。例如，讨论如何在大数据分析中保护个人隐私，如何避免数据偏见等。

（4）项目实践：鼓励学生参与团队项目，应用概率论与数理统计知识解决实际问题。这不仅可以培养他们的团队协作能力，还可以使他们理解跨学科合作的重要性，从而培养团队精神，提升沟通技巧。

（5）社会调查：组织学生进行社会调查和数据收集活动，通过亲身实践，增强他们对数据分析的理解，并培养他们的社会责任感。例如，调查当地的环境污染情况、社区健康状况等，并使用统计方法进行分析。

通过这些教学方法，"概率论与数理统计"课程不仅可以实现课程教学目标，还可以更好地实现思政育人目标。学生将不仅掌握数学和统计技能，还可以培养自身的伦理道德和社会责任感，使他们成为有道德觉悟的专业人士。这种综合教育模式有助于提升学生的专业能力，使其形成正确的价值观，并能够在各自领域中做出积极贡献。

五、案例反思

在教学内容方面，"概率论与数理统计"课程在教学中充分展现该学科在各个领域中的重要应用，展示这些统计方法如何在自然科学、社会科学、工程技术等领域中发挥关键作用；通过引导学生理解和掌握概率论与数理统计的基本概念、理论和方法，鼓励学生用统计思维和方法分析和解决现实问题；强调数据的重要性和决策的科学性，注重培养学生的数据分析能力和科学推断能力，使学生能够在复杂多变的实际环境中做出明智的决策。

在教学方法方面，"概率论与数理统计"课程在教学过程中综合运用多种方法，充分调动学生学习的积极性和能动性，推动学生自主探索、深入思考。课程通过课堂问答、集体讨论、课后作业、调查问卷等方式广泛收取教学反馈，检验教学成效，以便及时调整和优化教学策略，确保教学效果的持续提升。

六、教学效果

课程在教学中引领学生把概率论与数理统计的核心知识与实际应用紧密结合起来，使学生深入掌握概率论与数理统计的基本理论和方法，深刻理解数据分析与统计推断的实际应用。通过实际案例和项目作业，学生的综合运用能力和问题解决能力得到了显著提升，他们学会了如何从数据中提取有价值的信息并进行科学推断，同时也培养了他们的批判性思维。

课程还通过讨论数据伦理问题，培养了学生的伦理思维和社会责任感，使他们能够认识到统计方法在社会中的重要性和影响力。

通过参与团队项目，学生的团队协作精神和沟通技能得到了加强，能够更好地在集体中发挥作用。

课程引导学生在学思践悟中培养终身学习的习惯，不断掌握新的方法和技术，适应社会的快速变化，最终成为具有创新能力和社会责任感的专业人才。

参考文献

李政兴，2016. 概率论与数理统计[M]. 北京：中国财政经济出版社.
盛骤，谢式千，潘承毅，2008. 概率论与数理统计[M]. 4版. 北京：高等教育出版社.

因子分析方法的教学案例

统计与数学学院　邹娜

 案例概述

"多元统计学"课程的思政教学旨在将课程思政元素有机融入课程教学，通过具体案例和实际问题引导学生树立正确的价值观，勇于承担社会责任；强调专业素养的提升和科学精神的弘扬；注重培养学生的逻辑思维和批判性思维；引导学生关注社会热点问题，强化实践应用能力。本课程选取了"新冠疫情对房地产业上市公司财务的影响"作为分析对象，通过讲解因子分析方法的理论和应用，引导学生运用统计方法探究疫情这类突发公共卫生事件是如何影响一个行业甚至一个国家经济的。通过实际操作与分析，学生不仅可以掌握因子分析方法的理论与应用，还可以深刻认识到在复杂社会现象面前多元视角和综合分析的重要性，从而增强社会责任感，学会运用统计学工具为公共政策的制定和社会治理提供科学依据。

一、基本信息

课程名称：多元统计学

授课对象：统计学专业本科生

使用教材：《应用多元统计分析（第6版）》，王学民，上海财经大学出版社

学习内容：因子分析方法的理论及其在具体场景中的应用

教学课时：4课时

二、课程思政教学整体设计思路

本课程主要讲授因子分析方法的理论和应用,以"新冠疫情对房地产业上市公司财务的影响"为案例,遵循理论与实践相结合、知识传授与价值引领相统一的原则,旨在通过具体案例分析,让学生掌握统计方法的理论与应用,同时引导他们深入思考社会责任、企业伦理与国家宏观经济政策的重要性,培养其成为具有社会责任感和专业素养的人才。

在教学过程中,本课程着重突出三个方面的思政内容。一是强调社会责任感与担当,通过分析新冠疫情对房地产业上市公司财务的影响,引导学生思考企业在面临困境时应如何积极应对,才能体现企业的社会责任感与担当。二是弘扬诚信与法治精神,在讲解因子分析方法时,强调数据真实性与合法性的重要性,引导学生在学术研究与职业实践中坚守诚信原则,遵守法律法规。三是培养学生的家国情怀,拓宽学生的国际视野。通过案例分析,让学生认识到在全球化背景下,中国房地产业的发展与国家宏观经济政策、国际经济环境紧密相连,鼓励学生树立家国情怀,同时拓宽国际视野,为参与国际竞争与合作做好准备。

课程教学各环节的重点如下。

(1)导入新课:通过简述新冠疫情对全球经济及中国房地产业的影响,激发学生的问题意识,引导他们认识到专业学习与社会现实的紧密联系,初步培养他们的社会责任感。

(2)教师讲解:系统介绍因子分析方法的理论与应用,培养学生的专业素养和科学精神;引导学生针对房地产业上市公司的财务数据,运用因子分析方法进行实证研究,培养他们的实践能力和团队协作精神。

(3)师生互动:设置思考题,引导学生思考因子分析方法的适用条件与重点难点,让学生对该方法的理解更加深刻和全面;强调数据分析技能对于现代企业管理决策的重要性,鼓励学生多实践。

（4）课堂小结：总结课程内容，引导学生梳理因子分析方法的理论，让学生自行写出案例的分析步骤和 R 语言的实现过程，培养学生的归纳总结能力。

（5）课堂知识扩展：组织学生讨论因子分析方法与其他多元统计方法的结合使用情况。

三、教学目标

本课程的总体教学目标是使学生学会如何利用一种或多种多元统计方法来分析数据，以达到更好地解决现实问题的目的。课程内容还涵盖了如何选择适当的模型、如何评估模型的假设和结果，以及如何进行数据可视化。

1. 课程教学目标

（1）使学生从理论上理解并掌握多元分布和多元正态分布，掌握多元正态总体的统计推断理论和方法。

（2）使学生掌握多元数据处理和分析的理论和方法，包括判别分析、聚类分析、主成分分析和因子分析等常用的多元统计方法。

（3）使学生学会在遇到多变量的实际问题时用统计软件来解决，培养学生的数据分析能力。

2. 思政育人目标

（1）培养学生的批判性思维和解决问题的能力。

（2）使学生了解不同社会群体之间的差异，以及这些差异对统计数据的影响。这种认知可以帮助他们更全面地看待和分析社会现象。此外，学生还应明白有效的数据分析方法可以揭示隐藏在数据背后的深层结构，从而为政策制定者提供更有针对性的解决方案。

（3）使学生能客观、专业地进行数据分析，尊重并接受真实数据所呈现的结果。同时，使学生通过理性地结合背景，解读数据分析的结果，在专业实践的过程中了解社会的一些现状和问题，进行深入的思考，并将精益求精、严谨、耐心、专注、坚持和敬业等精神，内化为个人的优秀品质。

（4）培养学生的社会责任感。通过对社会问题的关注和研究，学生将更加了解社会问题和公共政策，并为改善社会状况做出贡献。

四、教学实施过程

本课程采取问题驱动的探究式、参观式和实验式等多种教学方法，通过对典型案例的细致分析，引导学生积极参与社会问题的解决；结合现代化的教学手段，提高学生学习专业课的兴趣，将课程思政元素以润物细无声的方式融入课堂教学。

具体的教学环节及相关内容见表1。

表1 具体的教学环节及相关内容

教学环节	教师活动	学生活动	课程思政元素
导入新课	导入：主要任务是因子分析方法的学习。 设问1：面对疫情，我们能运用专业知识做什么； 设问2：可以采用什么方法	回答1：我们可以发挥专业特长，用统计方法分析数据； 回答2：聚类分析、判别分析、主成分分析、因子分析等方法	社会责任、科研探索精神、为社会服务的意识
教师讲解	（1）抛出问题。 当想要分析疫情对各行业的影响和冲击时，该使用什么方法	通过回顾主成分分析方法的重难点，明晰方法的局限，引导学生思考方法的改进方向	专业素养
	（2）正交因子模型。 知识点1：正交因子模型的概念和公式； 知识点2：因子载荷矩阵及正交因子旋转； 知识点3：R语言的实现	讲解模型的含义及特点，明确因子分析方法更具灵活性的原因；带领学生一起学习因子分析的R语言代码，使学生掌握并了解代码中相应参数的设置方法	
	（3）案例分析。 通过与学生分享期刊论文中的案例，让学生明确在处理实际问题时因子分析方法的步骤，以及数据分析结果的解读方法	选择《新冠肺炎疫情对房地产业上市公司财务的影响——基于因子分析法分析》这篇论文，让学生明确因子分析的步骤	

续表

教学环节	教师活动	学生活动	课程思政元素
师生互动	方法探究。 思考1：因子分析方法的适用条件； 思考2：因子分析方法的重点、难点	学生讨论、总结	—
课堂小结	通过上述讲授和讨论，让学生自己总结因子分析方法的原理、分析步骤和R语言实现过程	学生总结因子分析方法的相关知识点	—
课堂知识扩展	举例说明因子分析方法可以与其他的多元统计方法结合使用； 针对其他国家的疫情，引导学生做相似的数据搜集、分析等，进行课外拓展	学生讨论，让学生相互对比，拓宽思维边界； 布置课外作业，使学生完成一个完整的案例分析，锻炼学生的实践能力	民族自信心和自豪感

五、案例反思

本课程的教学过程中主要存在以下几个问题。

（1）多元化的评价机制缺失。

本课程对于思政教学效果的评价主要基于学生的自评和考试成绩，缺少多元化的评价机制，如社会实践、志愿服务等，无法全面反映学生的思政素养和能力水平。

（2）课程思政的教学体系有待进一步完善。

课程思政之于教学工作的重要性已经不言而喻，但是课程思政的内容庞杂，涉及政治、经济、文化等多个领域，而目前本课程的教学体系相对分散，缺乏整体性和系统性。学生难以系统地学习和理解思政内容。

（3）教学方式单一化。

传统的教学方式主要以传授知识为主，忽视了对学生的思维能力和创新能力的培养；案例教学方式能在一定程度上提高学生的课堂参与度，但是仍然不够，需要开发更多、更新的教学方式，提高学生的课堂参与度，优化教学效果。

针对上述问题，教师可以从以下几个方面完善本课程的思政教学。

（1）构建科学的思政教学效果评价指标体系，建立目标设定、评估指标、评价方式等方面的规范化管理制度，确保思政教学的质量与实效性。

（2）建立思政教学的反馈机制，及时听取学生的意见和建议，并根据实际情况调整教学内容和方法。例如，可以通过在线平台或班级微信群等渠道，定期向学生发布教学进度报告，以便及时发现问题并加以解决。

（3）引入多元化的教学资源，如实践操作、实地考察等，丰富学生的知识储备，提高学生的实践能力；在条件允许的情况下，邀请业界专家做相关讲座，让学生了解应如何将理论和实践结合起来，从而更好地理解社会问题，确定职业发展方向。

六、教学效果

（1）讲好中国故事，激发爱国情怀。本课程培养了学生的爱国主义情怀，增强了学生社会责任感，引导学生树立了正确的人生观和世界观。

（2）坚定"四个自信"。通过分析现实案例和解读相关政策，学生更加关注国家发展、关心政策动态，坚定"四个自信"。

参考文献

王玉欣，2021，新冠肺炎疫情对房地产业上市公司财务的影响：基于因子分析法分析[J]. 现代商贸工业，42（24）：86-89.

大数据与人工智能时代下关于算法伦理问题的思考

信息工程学院 刘勘 王思睿

 案例概述

大数据与人工智能的结合使算法"润物细无声"地渗透到我们的生活中。我们生活中越来越多的方面渐渐由数字设备和计算系统进行干预、调节和管理。这些数字设备和计算系统都是以大数据为驱动、以算法为核心的。更准确地说,在大数据与人工智能时代,算法能够解决大量复杂的任务。然而,算法也具有一定的潜在风险和负面影响,如隐私侵犯、歧视性结果、不公平分配等。在这种情况下,作为信息类专业的基础必修课程——"算法分析与设计"课程有必要通过思政教学手段,提高学生对于算法伦理等方面的认知。具体而言,本课程围绕算法分析与设计的基础知识,从三个方面开展课程思政教学设计:①围绕算法分析与设计的8项基础教学内容,融入课程思政元素,培养学生精益求精的"大国工匠"精神;②通过具体实践项目,提升学生解决问题的能力;③通过讲授大数据和算法伦理相关案例,引导学生思考、讨论大数据和算法应用中的伦理问题,引导学生形成"以人为本"的算法设计思想。

一、基本信息

课程名称:算法分析与设计

授课对象:信息管理与信息系统专业本科生

使用教材:《算法设计与分析基础:C++版:微课视频版》,李春葆、陈良臣、喻丹丹,清华大学出版社

学习内容：①算法分析与设计的 8 项基础教学内容；②与我国社会发展相关的 2 项实践项目；③大数据和算法伦理相关案例讲解与讨论

教学课时：32 课时

二、课程思政教学整体设计思路

本课程主要围绕传统的算法分析与设计的 8 项基础教学内容（如基本算法设计方法、分治法、贪心法、动态规划法等），讲解算法设计原理，以及与算法时间复杂度和空间复杂度分析相关的理论。同时，本课程通过在课程内容中穿插课程思政元素，系统性地介绍了我国社会主义建设过程中基于算法设计思想实现的一系列成就，可以培养学生的"大国工匠"精神。

在教学过程中，本课程重点关注对原有的实践项目的改进，结合时事，提出了传染病动力学模型实践项目，可以帮助学生更好地理解算法设计的现实需求。

另外，本课程重视日益凸显的算法伦理问题，帮助学生树立正确的算法伦理观，引导学生形成"以人为本"的算法设计思想。

三、教学目标

1. 课程教学目标

（1）使学生掌握计算机算法的基本概念和特性，了解计算机相关学科中算法分析与设计技巧的重要性，掌握算法时间复杂性的分析方法。

（2）使学生掌握基本的算法设计策略，重点掌握分治法、贪心法、动态规划法、回溯法、分支限界法等常见的算法设计策略。

（3）使学生通过理论学习和实践训练，具备灵活运用所学知识解决实际问题的能力。

2. 思政育人目标

（1）使学生具有较强的科学素养和创新能力，以及独立获取知识的能力，引导学生在大数据与人工智能时代解决复杂的现实问题。

（2）引导学生树立正确的价值观，培养学生的社会责任感，提升学生的人文素养，提高学生的道德品质，深化学生的算法伦理认知，重点引导学生形成"以人为本"的算法设计思想。

（3）培养学生精益求精的"大国工匠"精神，激发学生科技报国的家国情怀和使命担当，全面提升学生的信息素养和综合能力。

四、教学实施过程

（一）课程思政元素融入

本课程根据 8 项主要教学内容，确定教学的重点、难点，适时在教学内容中穿插课程思政元素，从而培养学生解决实际问题的能力，并引导学生树立正确的价值观。具体安排如表 1 所示。

表 1 具体安排

章节	主要课程教学目标与重点、难点		课程思政元素
	主要课程教学目标	重点、难点	
概论	掌握算法的概念和算法分析方法	算法时空分析方法；算法时间复杂度渐进符号	好算法的时空平衡⇒辩证唯物论，引导学生建立客观、理性的辩证思维
常用数据结构及其应用	掌握线性表、字符串、栈、队列、双端队列、二叉树、优先队列、并查集、图、二叉排序树、平衡二叉树和哈希表，能设计好的数据结构	各种 STL 容器的应用方法和好的数据结构的设计方法；如何利用各种数据结构容器高效地设计求解相关问题的算法	数据结构是算法的基本构件，只有数据结构优秀，算法才能高效运行⇒每个人都是社会的一部分，个体通过有机结合构成了国家，借此引导学生树立家国情怀，做一个有益于社会的人
基本算法设计方法	掌握穷举法、归纳法、迭代法和递归法	各种基本算法设计方法求解问题的思路；如何优化穷举法算法；如何利用归纳法建立求解问题的递推关系	归纳法求解问题的思路⇒矛盾的同一性
分治法	掌握分治法概念；学会求解排序问题、查找问题、组合问题；学会快速幂算法	分治法的基本策略和框架，利用分治法求解问题的一般思路，快速排序、归并排序和二分查找及其扩展应用	分治法的基本策略是将大问题分解为若干小问题，每个小问题的解必须是正确的⇒借此培养学生科学严谨的精神

续表

章节	主要课程教学目标与重点、难点		课程思政元素
	主要课程教学目标	重点、难点	
回溯法	掌握问题的解空间、回溯法框架、基于子集树框架问题的求解方法和基于排列树框架问题的求解方法	简单装载问题,0/1背包问题,任务分配问题,货郎担问题;利用回溯法求解问题的一般思路,回溯法中的剪枝操作	回溯法中的剪枝操作⇨回溯历史,引导学生认识到中国特色社会主义道路的必然性
分支限界法	掌握分支限界法、限界函数设计方法、广度优先搜索算法、队列式分支限界法和优先队列式分支限界法	各种基本广度优先搜索算法,图的单源最短路径,利用分支限界法求解问题的一般思路,分支限界法中的限界函数设计	分支限界法中的限界函数设计⇨从限界函数的设计引申到人工智能中的启发式算法设计,让学生了解人工智能发展政策,引导学生投身国家科技建设
贪心法	掌握贪心法的原理和要点、贪心法的框架、求解组合问题的方法、求解图问题的方法、求解调度问题的方法、哈夫曼编码	最小生成树算法、克鲁斯卡尔算法和迪杰斯特拉算法,调度问题;贪心法求解问题的一般思路,如何采用正确的贪心选择策略	贪心法算法设计必须采用正确的贪心选择策略⇨引导学生认识一个经济学问题——财富的第三次分配,鼓励学生思考财富分配中的公平性问题
动态规划法	掌握一维动态规划法、二维动态规划法、三维动态规划法、字符串动态规划法、背包动态规划法、树形动态规划法、区间动态规划法	动态规划原理和要点;利用动态规划法求解问题的一般思路,动态规划法算法中的空间优化	动态规划的本质是通过将问题分解为若干阶段,利用前面阶段的最优解来推导后面阶段的最优解⇨"十四五"规划是在前期规划的基础上制定的,引导学生认识中国制度的优越性

（二）项目教学，培养学生解决问题的能力

教师在课后利用线上作业平台，布置一些实际项目，从而培养学生解决问题的能力。在项目题目的选取上，应考虑的目的包括：①培养学生的自主学习能力；②激发学生的爱国热情；③引导学生体验实际软件，提升学生的综合素质。

下文为本课程布置的一个实际项目。

1. 项目题目

请选择一个国家或一座城市，根据疫情感染数据，设计并实现一个算法，模拟疫情在该国家或城市内的传播。你可以使用一些经典的传染病动力学模型，如 SIR 模型，或者更复杂的 SEIR 模型，来预测疫情的发展。画出感染者、易感者、健康者等群体的数量随时间变化的趋势图，将其与实际疫情数据进行对比，并探讨增强或减弱疫情管控强度对疫情发展的影响。

2. 项目目标

该项目可以考验学生对传染病动力学模型的掌握程度和复杂网络仿真的代码实现能力。为完成该项目，学生需要在课后自主学习对应的知识和技能。

（三）案例讨论，强化学生的算法伦理意识

近年来，算法伦理问题得到了越来越多的关注。2019 年，乔宾等人在研究中梳理了已有算法伦理原则的共通点和世界各国针对算法伦理问题出台的相关政策规范，提到了算法设计应该关注的 11 条准则，其中较为重要的有：①算法的公平性；②算法的安全与隐私性；③算法的透明性；④算法的社会责任性；⑤算法的可信性和可解释性。

较为遗憾的是，该研究并未总结中国的相关法律条文，但是中国是最早关注算法伦理的国家之一。早在 2016 年，就有国内媒体报道携程网、去哪儿网等在线旅游平台通过大数据和定价算法，对消费者进行歧视性的定价，我国对于此类问题也早早地制定了相关法律法规。

本课程通过几个实际案例，加深学生对算法伦理问题的认识，引导学生树立正确的算法设计观念；通过介绍我国针对算法伦理问题制定的相关法律法规，坚定学生的"四个自信"。

案例一：大数据杀熟

【案例】2020 年 9 月 15 日，央视点名在线旅游平台的"大数据杀熟"现象，报道中提到在线旅游平台针对具有不同消费特征的旅游者对同一产品或服务在相同条件下设置差异化的价格。

【法律法规】2020 年 8 月 20 日，文化和旅游部发布了《在线旅游经营服务管理暂行规定》；2020 年 11 月 10 日，国家市场监督管理总局发布了《关于平台经济领域的反垄断指南（征求意见稿）》。2021 年 2 月 7 日，国务院反垄断委员会印发了《国务院反垄断委员会关于平台经济领域的反垄断指南》。以上文件对消费者反映较多的"大数据杀熟"问题做出专门规定。

案例二：外卖骑手，困在系统里

【案例】2020年，《外卖骑手，困在系统里》文章发布。该文章通过采访多位外卖骑手和相关人士，深入探讨了外卖骑手的工作状态、收入状况、安全性等方面的问题，并分析了这些问题的根源和影响，揭示了外卖骑手在工作中面临的困境和挑战。其中值得注意的是，以大数据和人工智能算法为核心的"超脑"实时智能配送系统，在外卖骑手困境中起到了推波助澜的作用。不合理的算法设计不断地压榨着外卖骑手的配送时间，逼迫骑手更快地完成更多任务，导致骑手对自身的生命安全置若罔闻，甚至有网友将这种"大数据+算法"的管理系统称为"赛博剥削"。

【法律法规】2021年9月17日，《关于加强互联网信息服务算法综合治理的指导意见》发布，当中明确提到了"促进算法生态规范发展"，包括树立算法正确导向、推动算法公开透明、鼓励算法创新发展、防范算法滥用风险。2021年9月25日，国家新一代人工智能治理专业委员会发布了《新一代人工智能伦理规范》（简称伦理规范），伦理规范提出了增进人类福祉、促进公平公正、保护隐私安全、确保可控可信、强化责任担当、提升伦理素养等6项基本伦理要求。同时，提出人工智能管理、研发、供应、使用等特定活动的18项具体伦理要求。

五、案例反思

（一）考核评价

"算法分析与设计"课程改变了过去单一的考核评价方式，转而采用过程考核和结果考核相结合的方式，更加重视过程考核，并将思政内容纳入考核评价体系。

在教学环节，教师将课程思政元素融入各个知识点，通过具体案例讲解提升学生思考的积极性，引导学生树立正确的价值观；通过与学生互动的方式，让学生积极回答问题，参与讨论。

在课后环节，教师应布置每节课的课后作业，包括客观题、代码实现题、案例思考题等。通过客观题检验学生对算法基础概念的理解，通过代码实现题直接锻炼学生解决实际问题的能力，通过案例思考题引导学生对算法伦理等问题进行思考，强化课程的思政育人目的。这三方面内容构成的课后作业可以综合评价学生的能力与素质。

在期末考试和上机考核环节，增加思政考核内容，例如，算法设计是否遵守算法伦理原则与国家的各项法律法规等。整体上，本课程加大了期末考核的难度，特别是加强了对于学生创新能力、独立思考能力的考核，从而能更好地考核学生的综合能力与素质，培养学生的"工匠精神"。

（二）教学反思

"算法分析与设计"课程是信息管理与信息系统专业学生的必修课程，其课程内容立足于数学、计算机科学等自然科学学科，具有强烈的客观性和科学性特点，对于意识形态等问题的讨论较少，这就使得其融合课程思政元素的难度较大，一些融合方式显得较为"刻意"，实际的教学效果较为一般，学生的接受度不高。如何将思政教育与知识讲授进行有机结合是教师需要思考的一个重要问题。

"算法分析与设计"课程的学习难度较大，学习内容基本上可以分为两部分：①算法设计与实现方面；②算法分析方面。掌握这两者需要学生在计算机和数学两方面（C++程序设计、离散数学、数据结构）都具备良好的知识基础，而这本身也颇有难度。因此，考虑到课业压力，学生的注意力会更多地放在知识的获取层面，而非思政教育层面。在 32 课时的有限时间内，教师如果想要进行思政教育，就会在一定程度上占用知识讲授的时间，如何平衡这两者，是教师需要思考的问题。

六、教学效果

（1）学生了解了在设计和使用算法的过程中应遵循道德和伦理原则。具体包括以下几个。

① 算法的伦理原则：学生掌握了在设计和使用算法时应遵循的伦理原则，包括公正、公平、透明和尊重个人隐私等；

② 算法的公平和透明：学生学习了如何通过设计和使用算法来实现公平和透明，包括理解和应对算法偏见；

③ 数据隐私与安全：学生了解了在处理数据时应遵循的伦理原则，包括如何保护用户的隐私和数据安全；

④ 算法的社会影响：学生理解了算法在社会中的作用，以及其可能带来的正面和负面影响，如算法可能导致的歧视和偏见等问题；

⑤ 算法的可信度和安全性：学生学习了如何提高算法的可信度和安全性，从而可以确保算法在各种情况下都能表现良好。

（2）培养了学生独立思考、解决实际问题的能力。本课程通过布置代码实现题，以及上机考核测试，提升了教学内容的难度，考察了学生解决实际复杂问题的能力，包括数学建模、算法设计、代码实现等能力。一些特殊问题对于算法复杂度、数据结构、高级语言技巧都提出了一定要求，只有高效率的程序才能够通过测试，因此本课程也考查了学生对于算法效率的优化能力。

（3）激发了学生的爱国情怀，培养了学生的"工匠精神"。通过设计，本课程将8项教学内容与各种课程思政元素有机地结合在一起，使课程思政元素全方位地融入课堂，从而更好地培养了学生的"工匠精神"。

参考文献

阿苏外耶，2010. 算法设计技巧与分析[M]. 吴伟昶，等译. 北京：电子工业出版社.
杜泽蒙，王斌，2023. 人工智能时代的算法治理：权力膨胀与风险[J]. 湖南社会科学（5）：84-93.
高斯扬，2024. 算法伦理的类型分析：基于"技术–伦理"框架[J]. 科学学研究，42（9）：1808-1815.
李春葆，刘娟，喻丹丹，2023. 算法设计与分析基础：Java版：学习与上机实验指导[M]. 北京：清华大学出版社.
李育慧，2021. 机器学习算法的伦理问题研究[D]. 天津：天津大学.
刘培，池忠军，2019. 算法的伦理问题及其解决进路[J]. 东北大学学报（社会科学版），21（2）：118-125.
刘雪丹，2021. 网络平台算法歧视的法律规制[D]. 广州：华南理工大学.
王红梅，2006. 算法设计与分析[M]. 北京：清华大学出版社.
王晓东，2012. 计算机算法设计与分析[M]. 4版. 北京：电子工业出版社.

温凤鸣,解学芳,2023. 欧美社会治理中算法应用的伦理风险与规制路径研究[J]. 西南民族大学学报（人文社会科学版）,44（9）:130-139.

郑夏育,2022. 当代西方数字资本主义时代的异化劳动[J]. 大连理工大学学报（社会科学版）,43（2）: 7-12.

JOBIN A, LENCA M, VAYENA E, 2019. The global landscape of AI ethics guidelines[J]. Nature machine intelligence, 1(9):389-399.

提升公民健康素养，助力健康中国战略

信息工程学院　宋永伟

 案例概述

"环境污染与人体健康"课程是一门将环境保护和公共健康有机结合、多学科交叉的通识教育课程。课程将环境污染、环境保护和公众健康联系起来，旨在激发学生对环境和健康问题的浓厚兴趣，提高学生的人文素养，培养学生的综合能力。在经济快速发展带来的环境污染问题成为全球关注焦点的大背景下，"环境污染与人体健康"课程也越来越受到大学生的欢迎和重视。将鲜活的思政内容注入本课程正当其时，能更充分地发挥本课程的德育功能，对学生的知识面拓展、能力与兴趣培养、价值观塑造等有重要作用。

一、基本信息

课程名称：环境污染与人体健康

授课对象：全校本科生

使用教材：《环境污染与人体健康》，宋永伟，武汉大学出版社

学习内容：环境污染的来源、种类、危害及与人体健康的联系

教学课时：32课时

二、课程思政教学整体设计思路

课程思政改革的关键是将思政内容润物无声地交织融汇在课程知识中。"环境污染与人体健康"课程主要通过案例教学、课堂讨论等方式将思政内容与课程知识相结合，并传授给学生。其中，案例教学是本课程开展的基础，教师通过展示大气污染、水体污

染、土壤污染、噪声污染等与人体健康有关的环境污染的图片、视频等直观资料，激发学生的学习兴趣与热情，引导学生思考典型的环境污染案例背后所涉及的环境污染的成因、对人体健康的危害及有效的污染防治途径等问题。本课程的目标定位不仅是一门通识教育课程，更是一门环境保护知识的宣讲课程。在授课过程中，教师通过多样化的教学方式，引导学生关注全球环境问题，组织学生思考并讨论环境与人类社会可持续发展的关系，同时有意识地向学生传播社会主义核心价值观。

三、教学目标

1. 课程教学目标

"环境污染与人体健康"课程的课程教学目标是让学生了解当今世界所面临的主要环境问题，以及自然环境、生活居住环境与人体健康之间的关系；学习环境保护相关领域的新理论和新技术；掌握与生活相关的环境污染的成因及其对人体、社会的危害与防治方法，思考怎么做才能有效保护环境，如何治理污染；理解环境保护和可持续发展的内涵与理念，增强环境保护的意识及社会责任感，最终树立保护环境、保护生态、敬畏生命的价值观。

2. 思政育人目标

（1）弘扬社会主义核心价值观。"环境污染与人体健康"课程以案例教学为载体，以点带面，在传授专业知识的同时不断引导学生树立社会主义核心价值观。在讲述大气、水体、土壤等污染防治的历史过程时，本课程通过对比历年数据，让学生清楚地看到我国政府在生态环境保护方面所做的努力及所取得的成效，增强学生打好蓝天、碧水、净土保卫战，以及建设美丽中国的信心，在潜移默化中培养学生的爱国情怀，从而激发学生为实现美丽中国梦而努力的责任感和历史使命感。

（2）生态文明教育。"生态文明建设是关乎中华民族永续发展的根本大计"。环境友好是我国经济模式的发展方向。学生是我国未来社会经济发展的中坚力量，将生态文明教育融入"环境污染与人体健康"课程中，引导学生树立正确的生态文明观，启发学生将正确的生态文明理念真正融于心、践于行是本课程的思政育人目标之一。

（3）科学人生观教育。在校大学生正处在世界观、人生观、价值观完善的关键阶段，更容易受到各种思潮的影响。在"环境污染与人体健康"课程的授课过程中，教师应尝试将知识点有机融入当下热点问题，展开讲述，在潜移默化中开展科学人生观教育。

四、教学实施过程

"环境污染与人体健康"课程通过案例分析与讲解，启发学生思考环境污染的成因及保护环境的措施；通过在课堂中提出思考问题，促进学生与教师、学生与学生之间的交流，激发学生的学习热情，让学生积极参与课堂学习。

1. 案例教学促思考

首先，本课程通过讲解全球环境问题，引导学生关注全球气候变暖等热点问题，探讨人类活动所导致的环境破坏与污染。其次，本课程通过介绍生存环境，引出我国目前存在的环境问题、生存压力及发展瓶颈，让学生了解历史上发生的触目惊心的环境问题。如通过讲解"英国伦敦烟雾事件""美国多诺拉烟雾事件"等案例，让学生了解环境问题对人类生活的影响，引导学生树立人与自然和谐共存的观点。再次，本课程通过介绍我国在大气、水体、土壤等污染方面的治理进展，让学生感受到我国政府在生态环境保护方面所做的努力及所取得的成效，在培养学生爱国爱党情怀的同时激发学生振兴中华的斗志和使命感。另外，本课程通过生动的图片和影视资料展示某些微量元素缺乏所引起的病症，如碘缺乏引起的地方性甲状腺肿大、硒缺乏引起的克山病等，以及由环境因素导致的微量元素过多引起的中毒现象，以此让学生意识到微量元素对人体健康的重要性，引导学生关注环境与人体健康。最后，本课程通过讲解企业偷排废水、废气、废渣等行为案例，教导学生要有崇高的职业道德，要诚信，培养学生的社会责任感。

2. 问题导向促兴趣

必须坚持问题导向是对马克思主义基本原理的丰富和发展。在"环境污染与人体健康"课程的教学过程中，教师通过问题导向促进学生的思考及交流，从大气雾霾、水体富营养化、垃圾分类等生活中的具体问题出发，帮助学生了解环境污染问题的实际情况，认识环境污染的成因及其可能造成的影响，引导学生思考如何有效减少环境污染，理解人类与环境之间的关系，意识到社会的需求以及学生对于环境保护事业应具备的社会责任感。

习近平总书记指出："每个时代总有属于它自己的问题，只要科学地认识、准确地把握、正确地解决这些问题，就能够把我们的社会不断推向前进。"因此，教师提出社会现存的热点问题，有助于引起学生学习的兴趣与热情，使学生关注社会问题，切身体会环境保护的意义。在讲解固体废弃物污染的内容时，本课程提出全国积极关注的"白色污染"问题，引导学生思考"限塑令"的实施与垃圾分类的推广对人们生产生活的影响，同时促使学生思考需要完善的规范及个人对环境保护应尽的责任与义务，增强学生保护环境的社会责任感。

3. 课堂讨论促交流

教育教学与人才培养是一个循序渐进的过程，有效的教学有赖于教师与学生之间良性的互动，师生之间的沟通与交流能在潜移默化中帮助学生找到学习目标，建立正确的价值观。"环境污染与人体健康"课程通过实体课堂、企业微信等途径使教师与学生形成良好的沟通与交流。其中，在讲解放射性污染时，教师可以通过举例日本福岛核污染水排海事件及切尔诺贝利核事故，让学生关注国际环境污染问题，引发学生的思考与讨论，使学生意识到自己在整个人类社会中应担负的责任与使命。同时，本课程鼓励与引导学生关注身边的环境问题，用科学的方法分析问题，用辩证的态度看待问题，更加注意周边环境的污染，思考如何打造健康的生活环境与养成良好的行为习惯。

五、案例反思

"环境污染与人体健康"课程仍存在课程思政意识淡薄、配套资源不够完善及实施路径有待完善等问题。首先，学校或学院应多组织思政理论学习，提升教师的思政理论水平。其次，学校应不断完善课程标准，注重对课程思政教学目标、方法、内容等方面的考核，打造课程思政精品课和示范课。再次，教师应积极利用好网络平台，创新教学思维模式，通过带领学生体验、实践，促进学生理解、应用所学知识，帮助学生真正做到学以致用。最后，高校相关部门应积极协调配合，深化教学改革、强化师资培训、完善教学评价考核机制，构建教书与育人充分结合的评价考核体系。

六、教学效果

在"环境污染与人体健康"课程的教学过程中,教师与学生共同探讨我国目前的环境保护政策与措施,引导学生积极响应国家的号召,为环境保护事业尽一分力。

本课程通过合理的教学模式和考核方式,将思政内容融入教学内容,使学生切身体会环境保护的意义,树立可持续发展理念,使学生树立正确的环境观,最终取得了很好的教学成果。

本课程通过案例教学,激发学生的学习热情,不仅能引导学生关注社会问题,也能更好地培养学生的社会责任感和职业道德。

在普及国家有关环境保护的法律法规的过程中,本课程引导学生关注国家的政策及发展,启发学生思考应具备的社会责任感,培养学生的环境保护意识。

参考文献

毕德贵,陶红,罗杨,等,2021. 课程思政在环境污染与健康教学中的实践应用[J]. 中国教育技术装备(6): 87-89.

冯丽,2018. 大学思政教育中环保与生态文明理念的融入与创新研究[J]. 环境科学与管理,43(5): 137-140.

数说中欧班列，彰显共建"一带一路"倡议的中国力量

信息工程学院　陈宁

"大数据分析语言 Python"课程要求学生能够理解 Python 的编程模式，熟练掌握 Python 程序语言的基本知识，编程的基本方法和思维逻辑，重点培养学生运用 Python 及其第三方库来解决证券、金融、投资等领域中大数据处理、分析及可视化问题的能力。Python 是一门应用场景非常广泛的编程语言，基于此，本课程可以在教学环节中很好地融合课程思政元素，在讲授过程中以立德树人为根本任务；以专业教育和思政教育显隐结合、潜移默化为原则；以中欧班列数据分析为切入点，将"构建人类命运共同体，实现共赢共享"的思想融入课堂教学，帮助学生充分了解国家战略，厚植爱国情怀，以期培养更具国际视野、开放包容的社会主义建设者和接班人。

一、基本信息

课程名称：大数据分析语言 Python

授课对象：大数据管理与应用+金融工程双学位实验班本科生

使用教材：自编讲义

学习内容：数据分析与可视化

教学课时：3 课时

二、课程思政教学整体设计思路

本课程旨在将知识传授与思政教育深度融合，形成以立德树人为根本任务的思政教学体系。通过教学，本课程除了可以让学生掌握 Python 编程方法，提升学生在大数据

处理、分析及可视化等方面的应用能力，更重要的是培养学生的国际视野、开放包容的心态以及深厚的爱国情怀。

本课程的课程思政教学按照课前、课中、课后三部分展开。

1. 课前

在课前，引导学生复习巩固 Python 语言基础、编程模式、数据分析与可视化方法等关键知识点。通过对共建"一带一路"倡议的介绍，激发学生对课程内容的学习兴趣，引导学生积极思考大数据分析在国家战略、经济发展中的作用，为课中的深入学习做好心理准备。

2. 课中

首先，通过生动讲述共建"一带一路"倡议的发展历程、取得的重要成就及其在全球经济格局中的影响，引导学生认识到大数据分析在这一宏伟蓝图中的关键作用，增强学生的国家认同感和民族自豪感，为后续学习奠定情感基础。其次，结合中欧班列的具体案例，展示如何通过 Python 进行数据抓取、清洗、分析，组织学生分组进行实际操作，以 pyecharts 图表形式呈现数据背后的经济逻辑，在此过程中，融入"构建人类命运共同体"的思想，引导学生理解国际合作与共赢共享的重要性。

3. 课后

通过线上平台发布相关拓展资源，如论文、研究报告、在线课程等，供学生进一步学习和研究。布置与共建"一带一路"倡议或类似主题相关的项目作业，要求学生运用所学知识解决实际问题。同时，鼓励学生参与线下研讨会、讲座等活动，拓宽视野，深化理解。

三、教学目标

1. 课程教学目标

本课程旨在确保学生深入理解并熟练掌握 pandas、NumPy 和 pyecharts 三大库的核心功能和主要应用。通过讲解 pandas，使学生掌握高效的数据导入、清洗、转换和聚合操作方法；通过讲解 NumPy，使学生掌握高级数值运算方法，包括基本的统计分析、线性代数运算和其他数学函数运算方法；使学生能够运用 pyecharts 将分析后的数据转化为直观的图表和动态的可视化报告；结合中欧班列数据开展案例分析，使学生能应用所学的技能进行数据处理、分析和可视化，更好地理解数据背后的真实世界情境。

2. 思政育人目标

本课程紧密围绕习近平新时代中国特色社会主义思想，以坚持"共商共建共享"为核心主线，深入剖析中欧班列的相关数据，全面展示中国在国际合作领域的显著贡献和强大影响力。

（1）知识维度。

学生需要掌握共建"一带一路"倡议的提出背景、目标和主要内容，了解中欧班列在其中的作用和意义，能够运用 pandas、NumPy 和 pyecharts 等工具进行数据处理、分析和可视化。

（2）能力维度。

培养学生运用大数据分析技术解决实际问题的能力，提高他们的数据处理、分析和解读能力。强化学生的批判性思维和问题解决能力，使他们能够独立分析共建"一带一路"倡议的深远意义和取得的实际成果。

（3）情感维度。

通过深入讲解共建"一带一路"倡议，激发学生的国家认同感和民族自豪感。加深学生对数据分析重要性的认识，激发他们学习大数据分析技术的热情和兴趣。

（4）态度维度。

引导学生形成积极的学习态度，鼓励他们主动探索、勇于实践，不断提升自己的专业能力。培养学生的国际视野和合作意识，使他们认识到在国际合作中寻求共赢的重要性。

（5）价值观维度。

深化学生对于坚持"共商共建共享"国际合作理念的理解，引导学生形成开放包容、合作共赢的价值观。

本课程通过这样全面而深入的教学，希望学生能够在知识、能力、情感、态度和价值观五个维度上都取得显著进步，为他们未来的职业生涯发展打下坚实的基础。

四、教学实施过程

本课程的知识结构和课程特点决定了课程思政元素的融入、思政育人目标的设计应遵循有机融入、因时制宜、因地制宜的原则，不可僵化。本课程在课程导入环节引入共建"一带一路"倡议取得的非凡成就，介绍共建"一带一路"倡议提出的背景、原则、目标和愿景；在数据分析环节要求学生用所学数据分析知识编写代码，对中欧班列的数据进行实践操作，根据可视化结果讨论中欧班列的重要意义；在课程总结环节进行可视化结果讨论与内容总结。

1. 课程导入环节

2013 年 3 月，习近平总书记提出人类命运共同体理念；2013 年 9 月，在哈萨克斯坦纳扎尔巴耶夫大学，习近平总书记发表题为《弘扬人民友谊 共创美好未来》的重要演讲，倡议用创新的合作模式共同建设"丝绸之路经济带"，此即后来人们说的"一带"；2013 年 10 月，在印度尼西亚国会，习近平总书记发表题为《携手建设中国－东盟命运共同体》的重要演讲，倡议筹建亚洲基础设施投资银行，共同建设 21 世纪"海上丝绸之路"，由此，"一带一路"的概念被人们所熟悉。共建"一带一路"倡议，创造性地传承弘扬古丝绸之路这一人类历史文明发展成果，并赋予其新的时代精神和人文内涵，为构建人类命运共同体提供了实践平台。

共建"一带一路"倡议即植根历史，弘扬丝路精神；因应现实，为破解全球发展难题提供中国方案；以高标准、可持续、惠民生为目标，推动高质量发展；以共商、共建、共享为基本原则，推动实现经济大融合、发展大联动、成果大共享。

问答与讨论：为共建"一带一路"，中国做出了哪些努力？"共建'一带一路'，构建人类命运共同体"的核心理念包括哪些？作为共建"一带一路"重要载体的中欧班列，可能涉及哪些数据？如何运用所学知识进行数据分析？

2. 数据分析环节

在信息爆炸的时代，数据分析已经成为一种重要技能，它能够帮助我们发现数据背后的规律，为决策提供科学依据。

2013—2022 年，中国与"一带一路"共建国家进出口总额年均增长 6.4%，累计双向投资超过 3800 亿美元。

作为"一带一路"建设重要载体和抓手的中欧班列从无到有，不断发展壮大。截至 2023 年年底，中欧班列已通达欧洲 25 个国家的 217 个城市，运送货物超过 700 万标箱，运输货物品类已扩大到 5 万多个品类。

Python 代码实现：

（1）对所提供数据进行清洗，在"一带一路"共建国家中随机选取 10 个国家，用地图展示其与中国的进出口贸易总额，同时进行数据挖掘，对 2013—2022 年中欧班列开行量及货运量进行可视化呈现；

（2）根据数据分析与可视化结果，直观地感受中欧班列为共建"一带一路"倡议贡献的中国力量。

3. 课程总结环节

（1）可视化结果讨论。

可视化结果显示，中欧班列开辟了亚欧陆路运输新通道，取得了巨大发展成就。

问答与讨论：中欧班列快速发展对中国意味着什么？中欧班列如何影响"一带一路"共建国家的经济发展？中欧班列为共建"一带一路"倡议贡献的中国力量主要体现在哪些方面？

（2）内容总结。

本课程以案例分析的形式将"构建人类命运共同体，实现共赢共享"的思想融入教学，帮助学生充分了解国家战略，厚植爱国情怀。课程分析总结了共建"一带一路"倡议提出的背景、原则、目标和愿景；以对中欧班列数据的分析为切入点，将专业知识与课程思政元素有机结合，直观地展示了中欧班列为共建"一带一路"倡议所贡献的中国力量；采用问答的形式讨论了中欧班列重要的理论和现实意义；从知识、能力、情感、态度和价值观五个维度对学生进行了思政教育。

五、案例反思

1. 考核评价

（1）考察学生对于共建"一带一路"倡议及中欧班列重要意义的理解，以及对 Python 编程模式、数据分析和可视化方法的掌握程度。

（2）通过案例分析项目和实验操作，评价学生运用 Python 以及相关工具解决实际问题的能力。

（3）通过课堂讨论、小组合作和反思报告来评估学生的情感反应、学习态度和价值认同，也可以通过个人面谈，了解学生对于课程的感受和反馈。

2. 反思

（1）应更注重对"度"的把握，不可生硬僵化，不可为了思政而思政。

（2）课程思政应不拘泥于形式，应注重显隐结合，潜移默化，润物细无声。

（3）当前课程的考核评价主要侧重于知识掌握和能力培养方面，未来可以考虑如何将情感、态度和价值观等软性指标更多纳入考核评价体系，以准确反映课程思政的教学效果。

六、教学效果

（1）通过对本课程的学习，学生能够深入理解共建"一带一路"倡议和中欧班列的重要意义，掌握 pandas、NumPy 和 pyecharts 的应用方法，以及数据分析与可视化的基本技能。学生通过实际操作，增强了解决实际问题的能力，尤其是提升了数据处理和分析方面的应用能力。

（2）通过将习近平新时代中国特色社会主义思想与共建"一带一路"倡议、中欧班列数据分析相结合，学生对国家的发展战略有了更为深刻的理解，培养了学生的爱国主义情怀，拓宽了学生的国际视野。

（3）通过多维度的考核评价机制和及时的反馈，教师能够了解到学生的学习状况和课程思政的效果，从而不断优化教学方法和内容。

（4）学生通过本课程学到的知识和技能，能够在实际工作和社会活动中得到应用。例如，他们可以通过数据分析为企业或政府部门提供有价值的建议。

参考文献

董付国，2024. Python 数据分析、挖掘与可视化：慕课版[M]. 2 版. 北京：人民邮电出版社.

运筹与决策:讲好中国故事

信息工程学院 张新香

 案例概述

运筹学源于军事领域,现广泛应用于经济、政治、社会、生活等各个领域。在大数据、人工智能时代的实践场景中,运筹学打破学科壁垒,促进经济、管理、计算机、控制、交通、物流等多学科融合发展,焕发全新生命力。"运筹与决策"课程蕴含着通观全局、精益求精、化繁为简、审时度势、恰如其分等哲学内涵,能实现感性与理性互补,艺术与科学融通,文、理、工、管兼容。

一、基本信息

课程名称:运筹与决策

授课对象:信息管理与信息系统专业本科生

使用教材:《运筹学导论(第10版)》,希利尔、利伯曼著,李晓松等译,国防工业出版社

学习内容:运筹与决策的理论和应用

教学课时:32课时

二、课程思政教学整体设计思路

本课程的课程思政教学整体设计如下。

1. 提升教师课程思政意识和能力

教师保持开展课程思政的热情和毅力,不断学习、交流、训练,提升育人能力,培育高尚的道德情操、端正的师德师风与坚定的理想信念,与学生产生共识和共鸣。

2. 挖掘课程思政元素

建立课程思政资源库。研讨、挖掘、积累课程思政元素的价值内涵。例如，将线性规划、动态规划等章节与中国古代朴素的运筹学思想与智慧联系起来。

3. 建立持续改进机制

通过课程经验总结和学生反馈等机制不断完善课程教学方式，提升教学效果。

三、课程目标

1. 课程教学目标

（1）使学生掌握线性规划、动态规划、整数规划等运筹学模型，包括模型条件、结构特点、基本方法步骤和应用范围等。

（2）使学生通过对具体方法与模型的学习，认识运筹学在经营管理决策中作为提高决策水平的方法和工具的作用。

（3）使学生了解其他相关的经营管理数量方法、模型以及发展方向。

（4）使学生领会运筹学在分析与解决实际问题过程中的基本思想和基本思路。

2. 思政育人目标

本课程将课程思政元素融入教学内容，在传授专业知识的同时，引导学生树立正确的价值观念，培养具有高尚道德品质和社会责任感的专业人才，引导学生为国家的发展和社会的进步贡献力量。具体的思政育人目标有以下几个。

（1）强调系统优化的思想，培养学生从整体出发、着眼大局、追求整体最优、全面思考问题的思维模式，引导学生服务社会，促进社会和谐发展。

（2）强调建模和求解过程的严谨性和精确性，培养学生精益求精、一丝不苟、认真负责的学习态度和敬业精神。

（3）将"对立统一"的辩证法观点融入教学中，启发、培养学生的辩证思维和创新思维。

（4）引导学生形成相互交流、协作分工、共同解决问题的习惯，提高学生的团队意识，培养学生尊重他人和包容差异的品质。

四、教学实施过程

(一)教学内容

课程共有 8 项教学内容,具体安排见表 1。

表 1 教学内容具体安排

周次	章节	教学内容	
		主要内容	重点、难点
1	绪论	掌握运筹与决策的起源、基本概念、建模流程、应用领域等	对运筹学研究的基本特征和基本方法的正确理解
2	线性规划	掌握线性规划方法,并能用以解决相关管理学问题	了解线性规划特征,构建线性规划模型
3	单纯形法	掌握单纯形法的几何和代数思想,熟练掌握求解过程	单纯形法求解线性规划问题的迭代步骤的理解和掌握
4	对偶理论	掌握对偶理论方法,并能用以解决相关经管问题	对偶单纯形法和灵敏度分析的原理、方法的理解和掌握
5	整数规划	掌握整数规划方法,并能用以解决相关管理学问题	分支定界法、割平面法、隐枚举法和匈牙利法的理解和掌握
6	目标规划	掌握目标规划方法,并能用以解决相关管理学问题	求解目标规划的图解法、单纯形法的理解和掌握
7	动态规划	掌握动态规划方法,并能用以解决相关管理学问题	各类动态规划问题求解方法的理解和掌握
8	决策论	掌握决策论方法,并能用以解决相关管理学问题	确定型决策问题;风险型决策问题;非确定型决策问题

(二)实施过程

运筹与决策是一门用来解决实际管理问题的学科。我们在运用该学科知识处理千差万别的各种问题时,一般有以下几个步骤:确定目标、制定方案、建立模型、制定解法和计算机运行处理。"运筹与决策"课程的主要内容包括运筹学、系统分析、决策科学化和计算机运行处理几个方面,从定量分析决策角度为科学管理开辟了广泛的研究和应用领域。

(1)绪论——讲解运筹学的思想在现代中国的引入与发展,体现中国顶级科学家的爱国情怀,增强学生的社会责任感。

在介绍运筹学起源后，教师可以讲述新中国成立之初，钱学森、许国志等科学家为推动国家建设，将运筹学引入我国并加以推广的历史。通过学习这些内容，学生可以感受科学家对祖国的深厚感情和强烈的社会责任感，从而将建设科技强国作为己任，为祖国的兴盛和发展贡献自己的一份力量。

（2）线性规划——系统观、全局观和节能增效的理念。

通过讲解线性规划内容，培养学生的系统观、全局观和节能增效的理念，激发学生解决生产和流通领域痛点的热情。

（3）单纯形法——严谨的逻辑和精确的计算。

通过讲解单纯形法内容，提升学生的科学素养，培养学生对待工作一丝不苟、精益求精的敬业精神和认真负责的态度。

（4）对偶理论——马克思主义矛盾观。

通过强调对偶问题和原问题是问题的一体两面，引出"对立统一"的马克思主义矛盾观。

（5）整数规划——系统思维、全局思维。

通过讲解分支定界法，引导学生树立系统思维、全局思维，注意事物的系统性、整体性，坚持整体与部分的统一。

（6）目标规划——抓住矛盾的主要方面。

通过对实际生产中具有多个矛盾目标的规划问题进行求解分析，培养学生善于抓住矛盾主要方面的能力。

（7）动态规划——"从特殊到一般、再从一般到特殊"的认识论。

讲解动态规划理论，先介绍动态规划的模型思想，进而引出动态规划问题的具体求解思路，最后引出"从特殊到一般、再从一般到特殊"的认识论。

（8）决策论——科学理解世界，增强包容性。

通过讲解决策论，引导学生理解不同的决策者有自己不同的风格，但有时不存在正确、错误之分，只是决策者的主观特性不同，引导学生科学理解世界，增强对不同人群的包容性。

（三）丰富多彩的教学模式

本课程通过循循善诱的故事、与课程内容相关的视频、结合案例的点评和留有悬念的作业来进行教学。

（四）持续改进，总结教学心得

1. 用心搜集，广泛阅读相关的资料

教师应大量调研，广泛阅读相关资料，用心搜集思政案例。只有对课程内容和相关领域的历史等非常熟悉，才能设计出生动的、与课程内容融合良好的思政模块。

2. 广泛交流，多多听取学生的反馈

在课程思政授课过程中，教师应多多听取学生的反馈，实时、动态地调整课程设计与授课策略，感知思政内容设置的比例是否合适，时间设定是否科学，等等，促使思政模块设计、授课模式更科学，收获更好的思政教学效果。

3. 贴近生活，避免严肃生硬地说教

所有的案例都应联系生活、贴近生活，教师应避免说教，也避免为了思政而思政，应针对课程内容、专业问题，专门地设计思政环节和思政内容，既重教化又讲逻辑，进一步贴近学生生活，走进学生心灵。

4. 贯通古今，分析历史发展脉络

注重现实和历史的结合，教育学生从纵向历史与横向现实的维度出发，通过中国与其他国家的比较、历史使命与时代责任的比较，让学生正视历史，认清现实，树立远大目标和理想，积极投身科学研究和国家建设。

五、案例反思

本课程虽然每一章都融入了课程思政元素，但是"课程思政"是一项长期和系统性的工作，是集综合性、专业性、创新性于一体的教学实践工程。目前，本课程的思政教学建设工作还处于稳步发展阶段，思政案例还需要持续挖掘和丰富，教学环节还需要进一步细化，课程思政考核标准还需要逐步完善和规范。

六、教学效果

（1）使学生了解了我国祖先利用运筹学解决问题的历史，感受到中华文化的博大精深，了解了劳动人民的智慧，增强了民族自豪感。

（2）使学生认识了老一辈科学家的伟大建树与巨大贡献，引导学生深入理解了与人物相关的事件经历及其背后所反映的价值取向。

（3）使学生了解了中国顶级科学家的爱国情怀，使学生增强了社会责任感。

（4）使学生了解了独立思考的重要性，只要有扎实的基础，再加上独立、认真的思考，即便是学生也能具备创新力和解决许多待解决难题的能力。

（5）深化了学生对"科技是第一生产力"的认识，使学生理解了"科技兴则民族兴，科技强则国家强"的国家战略思想。

（6）培养了学生的辩证思维。任何事物都是有双面性的，不能一概而论。

（7）使学生更加科学地理解世界，增强对不同人群的包容性，同时也学会针对现实生活中的各类决策问题建模，利用学习的模型进行分析与决策。

 参考文献

范佳静，2023. 运筹学课程教学改革与实践[J]. 高教学刊，9（14）：134-137.

卢厚清，刘华丽，屠义强，等，2021. 基于课程思政的"军事运筹学"教学改革[J]. 高等教育研究学报，44（1）：81-85.

宋晓东，伍国华，夏伟怀，等，2021. "运筹学"课程思政教育案例研究[J]. 高等教育研究学报，44（3）：91-95.

宋作玲，孙慧，2021. "运筹学"课程思政融合教学的实践路径与策略[J]. 物流技术，40（8）：157-160.

王颖，邵桂芳，陶继平，等，2021. 运筹学课程思政的设计与探索[J]. 高教学刊，7（16）：172-176.

赵金玲，徐尔，孙玉华，2021. "新工科"背景下《运筹学》创新思维培养的教学探索与实践：从一个课堂讨论案例谈起[J]. 大学数学，37（4）：42-48.

大数据时代下的数据库安全意识与国际视野

信息工程学院　　蔡耀明

案例概述

"数据库系统"课程旨在帮助学生系统掌握数据库系统的基本原理与技术,深刻理解数据管理在现代信息系统中的核心作用。在教学中,教师将家国情怀、科学精神、法治意识、时代责任等课程思政元素有机融入课程内容,重点突出数据库安全和数据库国产化两个主题,展示国家在信息安全和自主可控方面的努力和成就,引导学生理解保证数据库安全的重要意义,增强学生对国产数据库的信心,激发学生为国家信息安全事业做出贡献的使命感和责任感。

一、基本信息

课程名称:数据库系统

授课对象:计算机科学与技术、信息安全专业本科生

使用教材:《数据库系统概论(第6版)》,王珊、杜小勇、陈红,高等教育出版社

学习内容:数据安全与数据库国产化

教学课时:3课时

二、课程思政教学整体设计思路

本课程采用理论与实践相结合的教学模式,强化课程特点,奠定"课程思政"的基础。在教学中,教师不仅要传授知识,还要注重情感熏陶,对学生进行正面引导,对反面案例进行批判,将家国情怀、科学精神、法治意识、时代责任等课程思政元素有机融入课程内容。

本课程充分挖掘学生的生活日常、社会事件、重要案件和公序良俗等方面的思政案例，并以学生乐于接受的语言和方式将这些元素融入专业课教学——将传统的理论讲解方法转化为体验式教学方法，把枯燥的内容转化为现实案例，把单方面说教转化为平等对话，使学生的学习方式从被动接受变为主动探索，最终将课程思政元素"润物细无声"地与教学内容结合起来，使学生"真正学到、真正懂得、真正信任、真正受用"。本课程的课程思政教学整体设计思路如图1所示。

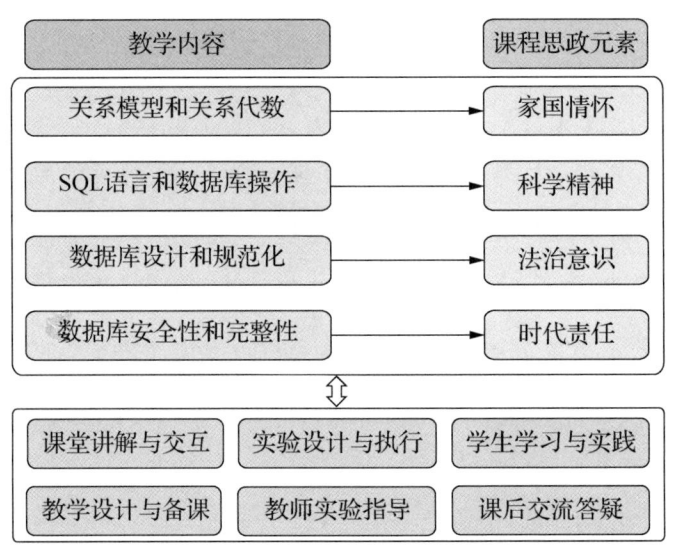

图 1 课程思政教学整体设计思路

具体来说，本课程在以下主要教学内容中融入了对应的课程思政元素。

（1）关系模型和关系代数：培养家国情怀。

在讲授关系模型和关系代数时，将家国情怀作为核心课程思政元素。教师可通过分析国家重大项目中数据管理的实际案例，例如国家统计局数据系统的建设或"一带一路"共建国家的数据库协作需求，引导学生认识到关系模型和关系代数作为数据库理论基础对国家发展和社会进步的深远影响。在此过程中，培养学生的逻辑思维能力，锻炼其数学素养，使其体会到扎实的理论知识对解决实际问题的价值。

（2）SQL 和数据库操作：培育科学精神。

SQL 是数据库操作的核心工具，本课程关于 SQL 的教学设计围绕科学精神展开。教师可结合现实生活中的数据查询、整合与分析实例（如社会调查数据处理），引导学生运用严谨的科学态度和规范的操作方法解决问题。教师可以在实验课程中设置情景化案例，强调职业操守与责任意识的重要性，让学生在解决问题的过程中树立严谨求真的工作态度。

（3）数据库设计和规范化：强化法治意识。

教师可结合与《中华人民共和国数据安全法》《中华人民共和国个人信息保护法》等法律法规有关的案例，帮助学生了解并遵循数据管理领域的法律规范。例如，教师可通过剖析大型互联网企业在数据库设计中的法律纠纷或隐私泄露事件，引导学生从规范化设计与合规操作的角度审视问题。教学中还可融入对学生工匠精神的培养，要求学生在进行数据库设计时追求逻辑自洽和高效实现，树立精益求精的职业态度。

（4）数据库安全性和完整性：激发时代责任。

数据库安全性和完整性是现代社会中信息技术发展的重要保障。教师可通过分析重大网络安全事件（如全球性数据泄露或勒索软件攻击事件），让学生认识到保证数据库安全与国家科技实力、经济发展及社会稳定之间的联系。在实践教学中，教师可引导学生参与测试数据库的安全性，讨论数据完整性保障措施的前沿技术与应用场景，从而引导学生承担时代责任。

三、教学目标

1. 课程教学目标

（1）使学生掌握保证数据库安全的核心技术，包括访问控制、加密技术、审计和监控等。

（2）使学生理解统计数据库安全性控制的基本概念和方法。

（3）使学生重点掌握数据库安全性控制机制的实现方法，能够使用 SQL 中的 GRANT 语句和 REVOKE 语句实现数据库的自主存取控制功能。

（4）使学生掌握视图机制及视图的创建和使用方法。

（5）使学生了解常见的对数据库的攻击方式及防范措施，理解数据库国产化的重要性和我国在这方面的成就与挑战。

2. 思政育人目标

（1）使学生认识到保证数据库安全在国家信息安全中的重要作用，增强学生的国家安全意识和社会责任感，培养学生的家国情怀和法治意识，引导学生积极承担时代责任。

（2）使学生了解我国在数据库技术自主创新和数据库国产化方面的努力和成就，激发学生的民族自豪感和科技创新热情，培养学生的科学精神。

（3）使学生重视数据库安全与个人隐私保护，培养法治意识。

四、教学实施过程

1. 课前预习引导

在课前预习引导环节，介绍本课程的主题，并布置课前阅读任务。提示学生在阅读时思考以下问题：数据库安全的核心技术有哪些？国产数据库的发展历程和主要成就是什么？

2. 课中讲授

首先，回顾数据库的基本概念和重要性，引出保证数据库安全的必要性。重点讲解数据库安全性控制机制及其实现方法，包括用户标识与鉴定、存取控制、自主存取控制方法、授权与回收、数据库角色、强制存取控制、视图等。

其次，结合具体实例，如全球范围遭受的勒索软件攻击、顺丰内部人员泄漏用户数据等真实的安全事件，详细讲解数据库安全的核心技术，包括访问控制、加密技术、审计和监控等。通过对实际案例的分析，展示数据库安全技术在保障数据完整性、机密性和可用性中的关键作用。

最后，讲解国产数据库如华为 openGauss、电科金仓等的发展历程和主要成就，介绍我国在数据库自主创新方面的努力和成果。通过展示国产数据库在金融、军事等关键领域的应用，增强学生对国产数据库的信心和自豪感。在讲解过程中，组织学生分组讨论以下问题：保证数据库安全的相关技术在实际应用中面临的挑战有哪些？国产数据库在保障国家信息安全中的作用是什么？通过讨论，引导学生深入思考保证数据库安全和信息技术自主可控的重要性，并引导学生结合实际情况提出自己的见解。

3. 要点总结

在课程结束前，对本次课程的核心内容进行总结，强调保证数据库安全的重要性和技术要点，指出国产数据库在国家信息安全中的重要地位。

布置课后阅读任务：了解习近平总书记关于数字关键核心技术自主创新的重要论述。

布置课后练习：①练习 SQL Server 的数据库用户创建、权限授予和权限回收功能，体会权限控制对于数据库安全的控制作用；②练习视图的创建、修改和运用，体会视图在安全控制中的作用机制。

五、案例反思

在教学内容方面，课程充分展现国家在信息安全和技术自主方面的努力和成就，引导学生深入理解数据库安全和数据库国产化的重要性，增强学生对国产数据库的信心和自豪感。

在教学方式方面，课程综合运用案例分析、问答教学、主题讨论等方式，充分调动学生学习的积极性和能动性，推动学生自主探索、深入思考，并通过课堂问答、集体讨论、课后作业等方式广泛收取教学反馈，检验教学成效。

六、教学效果

课程使学生把对数据库安全和数据库国产化的认识与对国家信息安全的理解结合起来，更深入地掌握了数据库管理的基本原理和技术，深刻理解了数据库管理在现代信息系统中的核心作用；增强了对国产数据库的信心和自豪感，增强了为国家信息安全事业做出贡献的使命感和责任感；深入理解了国家在信息安全和技术自主方面的政策支持，增强了对国家政策的认同感。

参考文献

王珊，杜小勇，陈红，2023. 数据库系统概论[M]. 6 版. 北京：高等教育出版社.

大国崛起的必经之路——新材料的发展

信息工程学院　阮宏程

案例概述

信息、能源和材料被誉为社会文明和国民经济的三大支柱。其中，材料工业在现代工业中占据着基础性的地位，被视为人类社会进步的里程碑，每一次重要材料的发现和广泛应用，都会把人类支配和改造自然的能力提高至一个新水平。当前，新材料是全球经济和科技竞争的重点领域。世界各国政府纷纷将新材料技术列为国家重点发展的关键技术。习近平总书记指出，"新材料产业是战略性、基础性产业，也是高技术竞争的关键领域，我们要奋起直追、迎头赶上。"这一重要论述，为我们把握发展机遇、跑赢新材料产业赛道提供了根本遵循，指明了前进方向。通过学习本课程，学生可以了解材料的概念、分类、发展历史，材料与科学技术的相互促进作用，新材料技术在各国的发展现状及关键技术瓶颈，从而在提升自身科学素养的同时培养民族自豪感和历史使命感。

一、基本信息

课程名称：生活中的化学

授课对象：全校本科生

使用教材：《化学与生活》，杨文、邱丽华，化学工业出版社

学习内容：材料与人类社会进步和科技发展的关系

教学课时：1课时

二、课程思政教学整体设计思路

本课程主要讲述材料与人类社会进步和科技发展的关系，从材料的重要性、材料的类别与功能、我国新材料的研究及应用现状、爱国科学家的感人事迹等方面来一一挖掘其中的课程思政元素，具体如下。

（1）通过讲授材料的发展在国民经济和社会发展中的重要性等来引导学生树立创新意识，承担时代责任。

（2）通过对材料的类别与功能的介绍、对我国新材料的研究及应用现状的分析来提高学生的科学素养，培养学生的社会责任感。

（3）通过分享爱国科学家的感人事迹，激发学生的民族自豪感和爱国情怀。

本课程的教学重点环节包括以下几个。

在课前，教师对于可挖掘的课程思政元素进行整理准备，搜集相关阅读文献，将其作为学生的课前作业。

在课堂上，教师采用问题导入法展开本次教学，随后讲述材料的概念、分类、功能、重要性、发展现状等，结合相应的案例讨论，引导学生认识材料的发展在国民经济和社会发展中的重要性，理解为什么新材料的发展是国家崛起的必经之路。在课程最后，教师通过播放爱国科学家感人事迹的相关视频，激发学生的民族自豪感和爱国情怀。

在课后，教师应结合思政内容布置相关课后作业，引导学生进行自我探索与成长。

总之，教师应采用问题导入法、讲授法、启发式教学法和案例分析法等教学方法深入浅出地讲述材料与人类社会进步和科技发展的关系，通过教学设计与教学方法的巧妙结合，把教学中的重难点简单化、形象化，从而实现课程教学目标和思政育人目标。

三、教学目标

1. 课程教学目标

"生活中的化学"课程的课程教学目标是使学生从化学的角度来理解我们生活中的事物，从而深刻、具体地认识到化学"无所不在，无处不用"。而本课程旨在通过对新材料发展史等内容的讲解，实现以下课程教学目标。

（1）知识的传授。通过教师课堂提问、讲解，播放科普视频，小组讨论等方法提升学生的基本科学素养。

（2）能力的培养。使学生养成自主学习的良好习惯，提升学生分析问题和解决问题的能力。

2. 思政育人目标

（1）使学生树立创新意识。我国在2010年将新材料纳入国家战略性新兴产业，"新材料产业是战略性、基础性产业，也是高技术竞争的关键领域"，教师应借此引导学生理解创新的重要性，使学生树立创新意识。

（2）使学生了解材料的类别与功能，我国新材料的研究及应用现状，增强学生的社会责任感。引导学生学习材料的类别与功能，了解当前我国新材料发展取得的成果和新材料开发和产业化中所遇到的技术瓶颈。教师应一方面培养学生的学习兴趣，另一方面让学生了解自身的使命，增强学生的社会责任感。

（3）使学生学习我国爱国科学家的感人事迹，培养学生的爱党爱国情怀和民族自豪感。重点介绍一批爱国科学家的感人事迹，如半导体材料科学家林兰英，她克服重重困难，突破国际技术封锁，将自己的一生奉献给半导体事业。教师应以此激发学生的民族自豪感和爱党爱国情怀。

四、教学实施过程

本课程的教学内容主要包含材料的重要性、材料的类别与功能、我国新材料的研究及应用现状、爱国科学家的感人事迹等内容。教师通过问题导入法、讲授法、启发式教学法、案例分析法等以层层递进的方式展开教学。

1. 课堂导入

在课堂导入环节，教师以提问的形式开始教学。教师提问："大家知道哪些材料？生活中常接触的材料有哪些？"让学生思考片刻后举手回答，在学生充分地表达观点后，教师对观点进行总结和补充性说明。同时，引出新材料的重要性。

2. 课堂讲授

教师通过问题导入法、案例分析法等开始讲授本课程的主要内容。

（1）材料的重要性。从不同的层面阐述材料的重要性。

首先，从人类现代文明的角度讨论材料的重要性。"材料是人类社会进步的里程碑""材料为社会文明和国民经济的三大支柱之一""材料是科学技术发展必不可少的物质基础"。由此可看出材料对人类现代文明发展的重要性。

其次，从各国对材料发展重视程度的角度来讨论材料的重要性。美国启动"国家纳米技术计划（NNI）"，德国先后实行了"材料研究 MatFo""材料技术 MaTech"等规划。这些事实充分说明了各国对于材料发展的重视程度。

最后，重点讲述近些年我国与材料发展有关的政策。2016 年，国务院决定成立国家新材料产业发展领导小组。2017 年，科技部印发《"十三五"材料领域科技创新专项规划》，国家发展改革委印发《增强制造业核心竞争力三年行动计划（2018—2020 年）》等。教师应引导学生认识材料尤其是新材料的发展在国民经济和社会发展中的重要性，理解为什么新材料的发展是国家崛起的必经之路。

（2）材料的类别与功能。首先，给出材料的定义，明确其范畴。其次，明确材料的分类以及对应的性能特点。材料按照其化学组成可分为金属材料、无机非金属材料、有机高分子材料、复合材料和新材料等。最后，依次对每一类材料的化学成分、性质进行介绍，并对它们在日常生活中应用场景进行概述。教师应通过该部分的教学，帮助学生体会材料的科学价值、应用价值、人文价值，提高学生的科学素养和专业素养。

（3）我国新材料的研究及应用现状。习近平总书记指出，"新材料产业是战略性、基础性产业"。新材料在工业革命中起到了无可替代的基础和支撑作用。我国新材料研发起步晚、底子薄、起点低，但经过几十年的努力，我国现已成为材料大国。目前，我国在前沿研究方面，发明专利和论文数量均位居世界第一位；在生产企业方面：2023 年新材料企业达 165.13 万家，产值超过 7.7 万亿元，约占我国 GDP 的 7%；先进基础材料，如超级钢、电解铝、低负荷水泥等，已突破关键技术；关键战略材料，如稀土永磁材料的产业规模世界第一；前沿新材料，如石墨烯的技术处于国际领先地位。对此内容的讲授可以使学生了解当前我国新材料发展取得的成果，坚定学生的"四个自信"。

教师提问：目前我国新材料发展的技术瓶颈在哪里？针对此问题，学生可以查阅资料并讨论，讲述自己的观点。教师针对学生的观点给予总结性的补充，并结合真实案例说明目前我国新材料发展的技术瓶颈和面临的挑战。该部分采用启发式教学法和案例分析法进行教学，促使学生承担时代责任。

（4）爱国科学家的感人事迹。通过播放视频引导学生学习爱国科学家林兰英的感人事迹，了解她为国鞠躬尽瘁的一生。她是我国半导体材料科学的奠基者和开拓者，更是热情的教育家和活跃的女性社会活动家。我们既要了解林兰英在我国半导体事业中的卓越贡献，也要学习她冲破阻挠归国、永远充满干劲、不断突破自己的坚韧品格。通过对视频的学习与教师的分析点评，学生一方面能深入了解我国新材料发展过程，提高自身科学素养；另一方面能激发自身的民族认同感和爱国意识。

3. 课程总结

教师对本节课内容做小结，同时给学生布置课后思考题。

（1）为什么说新材料的发展是大国崛起的必经之路？

（2）还有哪些值得分享的材料科学家的感人事迹？

五、案例反思

1. 思政教学效果检验

思政教学应立足于学生，其最终目的是"育人"。因此，检验学生的学习成效显得尤其重要。对于本课程的思政教学效果，教师可以从"课堂上"和"课堂外"两个维度综合加以检验。

（1）课堂上。

教师可以在授课时随堂检验学生的学习效果，其中包括"察""听""评"三部分。"察"即教师在上课的同时仔细观察学生的专注度、面部表情以及感兴趣程度。例如，在播放爱国科学家感人事迹相关视频的时候，观察学生是否有专注观看，如果认真观看了，那他们的面部表情又是如何的。而"听"即教师在课堂互动过程中了解学生反馈了什么信息。例如，在教师提问"目前我国新材料发展的技术瓶颈在哪里"的时候，观察学生是否积极参与课堂讨论，如果讨论了，那他们又提出了哪些问题等。此外，教师还可以通过"评"，包括但不限于评价学生作品、评价学生课程论文等方式，来评价学生对思政内容和课程内容的掌握情况。

（2）课堂外。

思政教育不仅注重提升学生的知识水平，更注重引导学生树立正确的价值观。学生的言谈举止是其价值观的最直观反映。在校期间，教师可以通过观察学生的日常行为，检验思政教学效果。例如，观察学生在公共场合的言语行为反映的价值观是否与本课程的思政育人目标相一致等。

2. 教学反思

对于教学效果不理想的情况，教师应该及时做出相应的改进和完善。根据思政教学情况，本课程需要反思和改进的地方如下所示。

（1）课程思政元素挖掘不够充分。本课程有大量可挖掘的课程思政元素，但由于此课程开课时间较短，某些课程内容与课程思政元素结合得不够充分，需要教师持续改进。

（2）课程思政元素挖掘不够深入。某些课程内容虽然与对应的课程思政元素进行了融合，但是仍存在课程思政元素挖掘不够深入的问题，学生可能存在知其然而不知其所以然的问题，因此教师需要深挖课程思政元素，真正让学生学有所获、学有所感。

（3）教材、教法上需突破。教师应在教材、教法上寻找创新和突破点，采用学生喜闻乐见又富有成效的课程教学模式。可以选取不同内容、不同形式的教材以突破教材单一化的缺点，例如，可选择一些学术文献、教学道具（如讲述材料种类时可以准备相应的物品进行课堂展示）等作为补充教学材料。也可以尝试一些新的教法，例如引入翻转课堂，让学生主动地参与课堂教学，提高学生学习的积极性。此外，还可以引入一些智慧教学工具，如雨课堂，使课堂变得生动、活泼、高效。

六、教学效果

本课程的教学效果可以从主观、客观两个角度加以说明。

从主观角度来看，教师对学生的"察""听""评"结果显示，大部分学生能做到"心无旁骛""潜心笃志"，能有情感上的共鸣，能积极参与课堂讨论。从学生的学习心得来看，他们表现出了对社会主义核心价值观的情感认同、理论认同和实践认同（图1）。

学生一：

　　课程主要围绕化学与社会的联系，从宏观角度分析化学对人类的影响，在提升我们对于化学认知境界的同时引发我们对于如何正确利用化学知识的思考。课堂上教师结合时事热点，循序渐进地用社会案例引入化学在社会上的影响。化学与环境这个课题引导我们辩证看待化学对于人类的影响，也让我们明白身处时代洪流中，必须以社会责任为己任，观察时代、把握时代、引领时代。

　　作为新时代肩负使命的大学生，我们要坚持在学习中融会贯通，读原著、学原文、悟原理，坚持多思多想、学深悟透，全面学习专业知识与习近平新时代中国特色社会主义思想的科学体系。在课程学习中，我明白了个人存在与社会责任的紧密联系，我应向"先行者"看齐，将小我融进大我，用奋斗擦亮底色，用前行描绘人生，在时代洪流中坚守初心，积极投身实践，争做勇拼搏、敢担当、能吃苦、肯奋斗的新时代好青年。

学生二：

　　通过学习，我更加深刻地认识到："科技兴则民族兴，科技强则国家强。"面对百年未有之大变局，中国坚定不移地实施创新驱动发展战略，加快实现科技的自立自强。从超级计算机"神威·太湖之光"的横空出世到国产大飞机"C919"成功上天，中国人民勇攀科技高峰，勇闯科技无人区，实现科技强国梦。在国家重大战略的实施中，我们当代大学生要肩负时代使命，怀抱梦想又脚踏实地，为中国梦的实现贡献自己的青春力量。

学生三：

　　化学是一门基础学科，化学课程对于科学文化的传承和高素质人才的培养具有不可替代的作用。阮教师用生动的语言将化学知识与生活实际相结合，把绿色化学及可持续发展的理念和意识传递给我们，提高了我们的环保意识。不仅如此，阮老师的引导也促使我们主动思考生活中的化学小问题，并积极探索解决方案，这进一步激发了我们深度学习的动力，使我们在不知不觉中厚植责任意识和担当精神。

图1　学生的学习心得截图

从客观角度来看，教师采用多元化的教学方法进行穿插式教学，部分内容采用自拍科普或导入视频的形式来教学，给学生多种感官刺激，使课堂变得生动形象，拓展了学生的思维空间，提高了教学效率。

参考文献

侯京山，赵国营，刘玉峰，等，2018. 半导体材料课程思政教育建设的探索和研究[J]. 新校园（上旬）（9）：12.

栾永玉，2022. 中南财经政法大学课程思政优秀案例选编：第二辑[M]. 北京：北京大学出版社.

特罗，2021. 基础化学与生活：第6版[M]. 王毕魁，傅姗，译. 北京：电子工业出版社.

杨文，邱丽华，2020. 化学与生活[M]. 北京：化学工业出版社.

张璐，张龙，2021. 课程思政成效如何评价[N]. 中国教育报，06-03（8）.

"夯实理论，读懂中国"：开拓国际贸易世界观

文澜学院　　陈泰良

案例概述

经济全球化借由国际贸易、资本流动和对外直接投资等活动迅速发展，全球各个经济体间的联系也越来越紧密，贸易流量大幅增长，贸易争议与贸易协商也随之增加。"十四五"时期，我国国际贸易发展面临的环境更加严峻，逆全球化思潮导致贸易保护主义抬头，贸易摩擦可能增多，国际贸易面临更大压力。本课程以马克思主义为指导，贯彻党的二十大精神，以学好理论，读懂中国、建设中国、热爱中国为育人目标，讲述中国特色社会主义理论体系的创新性与重要性，夯实理论知识点，结合实际引领学生了解国家发展战略和相关政策，开阔学生的眼界，使学生坚定中国特色社会主义道路自信、理论自信、制度自信、文化自信。

一、基本信息

课程名称：国际贸易理论

授课对象：经济学专业本科生

使用教材：《国际贸易学：理论、政策与实证（第二版）》，余淼杰，北京大学出版社

学习内容：经济一体化和区域贸易协定

教学课时：3课时

二、课程思政教学整体设计思路

在国际贸易活动中,许多地区利用两种不同的战略成功地实现了合作性贸易自由化。

第一种是多边方式,即在世界贸易组织(WTO)或其前身关税及贸易总协定(GATT)主办的国际会议上进行贸易自由化谈判。最惠国待遇原则要求成员方之间互相给予最惠国待遇,即世界贸易组织的缔约原则是:一个成员给予另一个成员的贸易优惠和特许必须自动给予所有其他成员。作为世界贸易组织的一项最基本、最重要的原则,最惠国待遇原则对规范成员方之间的贸易,推动国际贸易的扩大和发展起了重要的作用。

第二种是区域性方式,即在区域内签署区域贸易协定。

由于区域贸易协定可存在对非缔约方实施的贸易政策或壁垒,因此区域贸易协定对缔约方和非缔约方的静态福利影响历来是经济学家关注的主要问题。

在教学过程中,本课程着重突出三个方面的思政内容:一是结合国际现实,介绍我国当前的国际贸易政策;二是结合理论方法,分析相关政策背后制定的逻辑机理;三是拓展学习思维,介绍相关读物,组织课堂讨论分享,使学生对国际贸易理论的实践性有更深刻的认识,引领学生了解国家发展战略和相关政策,开阔眼界,坚定中国特色社会主义道路自信、理论自信、制度自信、文化自信。

课程教学各环节的重点包括:在课前准备环节,根据课程主题结合思政内容介绍我国当前的国际贸易政策,引导学生了解国家发展战略;在课中讲授环节,系统地将课程思政元素融入课程内容,理论联系实际,夯实学生的理论基础;在拓展环节,总结课程内容的核心和要点,并将其与现实情况联系起来,打开学生的眼界与思路,引导学生结合国际现实,深入思考中国问题。

三、教学目标

1. 课程教学目标

第一,以学科基础与实际问题做支撑,达到知识能力目标。授课教师应打破章节限制,采用问题导向的教学方法,坚持学以致用、用以促学原则,提高学生的知识能力。

第二，以多元化创新为指南，达到科研育人的目标。授课教师应通过开展"数理基础""理论实践""线上线下融合"和"多元考核"等多元举措，创新课堂教学方式，达到科研育人的目标。

2. 思政育人目标

本课程的思政育人目标在于引导学生扎根中国现实，使学生在理论学习中融入家国情怀，把实践能力作为检验自身学习成效的标准；使学生学好理论，读懂中国、建设中国、热爱中国；开阔学生眼界，同时帮助学生了解国家发展战略和相关政策，使学生坚定中国特色社会主义道路自信、理论自信、制度自信、文化自信。

四、教学实施过程

本课程的教学实施过程注重夯实理论基础；重点强调经济逻辑机理以提升学生的分析与应用能力；有机结合贸易发展的现状，在课程内容中导入中国问题、接轨世界前沿，提高学生运用前沿理论与方法解构中国案例的能力。

国际贸易是我国国民经济发展的重要推动力量。在讲授经济一体化和区域贸易协定时，教师应根据理论相关性，导入我国贸易数据报告及国家贸易政策实施逻辑，引领学生深刻理解党的二十大报告内容。

贸易政策主要分为价格扭曲型政策和数量扭曲型政策。其中关税是国家宏观调控的一项重要手段。我国会根据经济社会发展情况，对部分进出口商品的关税税率进行调整。经国务院批准，国务院关税税则委员会于每年年末对外发布公告，明确下一年我国关税调整方案。我国 2023 年的关税总体调整目标为"惠民生、谋创新、促开放"。"惠民生"即调整部分医疗产品、消费品关税，目的在于更好满足百姓需求。"谋创新"即多项关税调整推动创新发展，目的在于提升产业链供应链韧性。"促开放"即调整有关协定税率，目的在于推动构建高标准自贸区网络。党的二十大报告提出"坚持高水平对外开放"，并作出一系列重要部署。"扩大面向全球的高标准自由贸易区网络"是其中的部署之一。

在进阶理论分析部分，本课程系统地比较了价格扭曲型政策和数量扭曲型政策的差异，并由此引入区域贸易协定中贸易创造效果和贸易移转效果的区别。

在实践部分，教师引导学生在学习理论知识及国家发展战略实施逻辑的基础上，分组协力分析并讨论以下国际贸易议题：

① 共建"一带一路"倡议与市场一体化；

② 区域贸易协定；

③ 国际兼并；

④ 贸易壁垒；

⑤ 反倾销；

⑥ 全球供应链与市场进入；

⑦ 研发、技术出口与外溢；

⑧ 贸易自由化与贸易政策。

本课程通过理论讲授和对实际议题的讨论与分析，培养学生理论联系实际的能力和协作创新能力。在学习完贸易政策之后，教师通过分享"一带一路"共建国家来华留学生的小故事，激起学生的学习兴趣。引导学生自主思考中国经济发展与区域经济一体化的内在逻辑。在课程最后，教师通过整合式教学方法带领学生理解经济理论背后的机理与联系，避免死记硬背，强化对学生图形分析与数理分析能力的训练，提升学生理论联系实际的能力。

五、案例反思

在教学内容方面，课程引导学生深入把握区域贸易协定的现实和理论机制，更深刻地理解国际贸易基本理论，学会用所学理论与方法分析和解决现实问题。

在教学方法方面，课程在教学过程中综合运用理论结合实际、问答教学、主题思考、案例讨论等方法，充分调动学生学习的积极性，推动学生自主探索、深入思考，并通过期中及期末考试、集体讨论、读书笔记、课堂展示等方式检验教学成效。

在学生小组协作部分，本课程要求学生依据相关主题进行微电影拍摄，微电影拍摄的内容包括对具体事件的描述，对事件背后经济机理的阐述，以及对我国相关政策现实意义的分析，等等。

六、教学效果

本课程立足全球化的国际现实，坚持以马克思主义为指导，及时、有效地融入最新研究成果和社会发展变化，重点强调逻辑机理以提升学生的分析与应用能力，同时引导学生了解国家发展战略和相关政策，体现多学科思维融合、理论实践融合、课程思政融合三大特点，培养学生理论联系实际的能力。

本课程教学改革成效显著，有学生评价高、学术成果高之特点。在落实立德树人根本目标的同时，师生合力将中国故事推向国际。自 2016 年 9 月以来，学习过本课程的本科生已有 4 位于在校期间在 SSCI 期刊发表论文。

学生的微电影截屏（部分）见图 1。

贸易战

反倾销

图 1　微电影截屏（部分）

审美与立德的交融：从艺术作品到人文素养

中韩新媒体学院　陈静远

 案例概述

"艺术概论"课程可以从多个角度达成教学目标。它不仅可以帮助学生理解艺术的价值和意义，还可以通过艺术的多元视角来提升学生的思考能力，引导学生形成正确的价值观念。首先，本课程对学生有道德教育作用，艺术作品往往包含了艺术家的价值观，通过研究和分析这些作品，学生可以理解和感受到人类的道德情感和道德规范。其次，本课程可以引导学生通过理解艺术作品，更好地理解和接受多元文化和不同的思想观念。艺术作品是对历史事件和社会现象的反映，它可以帮助学生理解历史事件和社会现象，这对于培养学生的人文素养有着重要的意义。最后，本课程可以锻炼学生的创新思维，艺术是创新的源泉，通过学习本课程，学生可以学习到不同艺术家的创新精神，这对于培养学生的创新能力有着重要的作用。总的来说，本课程从艺术的社会功能出发，不仅能使学生了解艺术的意义，更能使学生明确美育的重要性。

一、基本信息

课程名称：艺术概论

授课对象：电影学专业本科生

使用教材：《艺术学概论》，杨琪，高等教育出版社

学习内容：艺术的社会功能

教学课时：1课时

二、课程思政教学整体设计思路

本课程主要讲授艺术的三种社会功能,对审美认知作用、审美教育作用、审美娱乐作用进行了概念阐释与案例分析,并对审美认知作用,以及审美教育作用的三个特点进行了重点讲解,系统地揭示了艺术对于人的审美认知、教育和娱乐的重要作用。

在教学过程中,本课程着重突出四个方面的思政内容:一是以马克思、恩格斯对文学作品的评价来证实艺术作品的社会价值,引发学生的关注;二是讲授中国传统文化,强调审美教育作用;三是使用经典案例来印证审美的教育作用,例如,鲁迅的文学作品充满了他对中国社会历史和民族命运的深刻思考;四是对多种艺术案例进行分析,培养学生的审美能力与创新思维。

课程教学各环节的重点包括以下几个。

(1)在课堂引入环节,教师带领学生回顾知识点,并引入问题。

(2)在课堂讲授环节,教师系统地将不同类型的课程思政元素贯穿整个课堂教学,注意内容的主次关系,重点突出,使理论与实际相联系;注重案例分析,引导学生深入理解课程思政元素背后的含义;注意使用多种教学方法,增加课堂互动,例如组织小组讨论,引发学生多层次和多角度的思考与理解,调动学生的积极性。

(3)在课堂总结环节,教师对每个教学活动进行总结,包括对学生的提问和理论的总结,并结合课程思政元素布置课后作业,使课程思政具有延伸性。

通过对本课程的学习,学生不仅可以培养审美观念和审美能力,还能提高审美鉴赏能力,更好地理解何为美,如何欣赏美。

三、教学目标

1. 课程教学目标

本课程旨在以马克思主义文艺观为指导,引导学生全面了解艺术的社会功能及特点,帮助学生系统掌握相关的基本知识和理论。同时,本课程希望培养学生从社会功能角度分析艺术现象、赏析经典艺术作品的能力,使学生掌握研究方法,用其指导艺术创作实践，提升学生的艺术素养；引导学生树立马克思主义艺术观，提升人文素养，并培养创新思维。

2. 思政育人目标

本课程通过分析艺术作品的主题和背景，引导学生理解艺术家对道德、正义和人类价值的理解与表达，旨在培养学生的道德观念和社会责任感。同时，通过学习艺术作品，学生将更深入地理解和感受历史与文化，培养文化自觉和爱国情怀，提升民族自豪感。在社会责任教育方面，本课程引导学生反思社会问题，引导学生关注社会、关心民生，并鼓励他们以艺术的方式参与社会问题的探讨和解决。此外，本课程通过鉴赏和分析艺术作品，提升学生的审美能力和人文素养，滋养他们的精神世界；通过引导学生学习艺术家的创新精神和方法，培养学生的创新思维和能力，鼓励他们在未来的学习和工作中勇于创新。

四、教学实施过程

（一）教学活动 1：课堂引入

教学方法：知识点回顾、问题引入、教师讲授。

回顾内容：上堂课对关于艺术起源的几个观点进行了讨论。五大观点分别是艺术起源于"模仿""游戏""表现""巫术""劳动"。在以上五种观点的基础上，上堂课提出了第六种观点——"多元决定论"。从根本上讲，艺术的起源最终应归结为人类的实践活动。那么，这样的实践活动给人类带来了什么影响，则是本课程讲授的内容：艺术的功能。

提出问题：人类为什么会进行艺术活动？艺术能给人类带来什么样的感受？

教学内容：艺术生产是一种特殊的精神生产，所以艺术作品应该具有独特的审美价值，这是毫无疑问的。

古今中外的思想家和艺术家也曾发现艺术具有各种不同的社会功能，例如认知功能、教育功能、智力开发功能、交际功能等。但审美价值是艺术最主要和最基本的特性，艺术的所有社会功能都是建立在审美价值的基础上的。艺术最主要的社会功能是审美认知作用、审美教育作用、审美娱乐作用。本课程主要讲解审美认知作用和审美教育作用。

（二）教学活动2：审美认知作用

教学方法：教师讲授、案例分析。

教学内容：艺术的审美认知作用，主要是指人们通过艺术鉴赏活动，可以更加深刻地认识自然、社会、历史和人生。早在先秦时期，孔子就讲："《诗》，可以兴，可以观，可以群，可以怨。迩之事父，远之事君。多识于鸟兽草木之名。"所谓的兴、观、群、怨，指的是人可以通过艺术鉴赏活动对社会、历史产生一定的了解和看法。

案例分析：具体案例如下。

（1）马克思在评价19世纪英国杰出的小说家时说，他们在自己的卓越的、描写生动的书籍中向世界揭示的政治和社会真理，比一切职业政客、政论家和道德家加在一起所揭示的还要多。

（2）恩格斯在谈到巴尔扎克的社会小说《人间喜剧》时说，他认为从这里学到的东西"比从当时所有职业的历史学家、经济学家和统计学家那里学到的全部东西还要多"。

（3）列宁把托尔斯泰看成是"俄国革命的镜子"，因为这些作品深刻表现了"俄国千百万农民在俄国资产阶级革命快要到来的时候的思想和情绪。"

（4）对比古埃及和古希腊建筑，可以看出古埃及当时专制的社会结构（金字塔整体形象刻板、平直）；也可以看出古希腊的民主政治制度（神庙表现出一种"高贵的单纯""静穆的伟大"）。

（5）电影《机器人总动员》《她》《星际穿越》展示了科学技术、AI和宇宙的奥秘。

阶段小结：当然，我们也不能夸大艺术的审美认知作用。艺术的审美认知作用在自然现象方面，肯定比不上物理、化学等自然科学；在社会、历史方面，也比不上社会学、历史学。但艺术的审美认知作用，让我们在初步了解这些内容的同时，也了解了艺术家对社会、人生的理解，满足了我们的审美需求。

（三）教学活动3：课堂互动

教学方法：雨课堂投票。

互动内容：结合自身的审美经验，你觉得艺术更有助于我们（　　）。（投票时间30秒，限选2项）

A 认识社会　　　　B 认识历史　　　　C 认识人性　　　　D 认识自然

互动目的：让学生更加了解审美认知作用的内容，同时教师也可从选项中了解学生平时接触最多的艺术作品是哪种形式的。在之后的课程中，教师可以多讲解学生不熟悉的艺术作品形式。

（四）教学活动4：审美教育作用

教学方法：多媒体播放、案例分析、教师讲授。

教学内容：具体有以下几部分内容。

1. 艺术审美教育作用的概念

艺术的审美教育作用主要是指人们通过艺术欣赏活动，受到真、善、美的熏陶和感染，思想上受到启迪，实践上找到榜样，认识上得到提高，从而正确地认识和理解生活，树立起正确的人生观和世界观。

儒家"礼乐相成"的思想说明了艺术的这一功能。孔子认为，诗可以使人从伦理上受到感发，礼是把这种感发变成一种行为的规范和制度，而乐则可以陶冶人的性情和德行，也就是通过艺术，可以把道德的境界和审美的境界统一起来。柏拉图也强调美育和德育的结合。亚里士多德认为，理想的人格是全面和谐发展的人格，情感、欲望和理智都需要得到满足，所以艺术应当具有"教育""净化""快感"属性，也就是说艺术作品应可以使人获得知识、陶冶情操、得到快感。这也是我们现在更赞同的观点。

艺术之所以具有审美教育作用，是因为艺术作品不仅可以展示生活的外观，而且能够表现生活的本质特征和本质规律，艺术作品又总是饱含着艺术家的思想感情，蕴含着艺术家对生活的认识、理解、评价和态度，渗透着艺术家的社会理想和审美理想，能够使欣赏者从中受到启迪和教育。

案例分析：鲁迅的小说成功塑造了一系列脍炙人口的典型人物形象，例如孔乙己、闰土、阿Q和祥林嫂等形象，反映了当时中国现实社会的状况，融入了鲁迅本人爱国、进步、民主、科学的五四精神，蕴藏着他对中国社会历史和民族命运的深刻思考，反映了他不屈不挠的顽强战斗精神，对读者具有极大的教育意义。

2. 艺术审美教育作用的特点

艺术审美教育作用的第一个特点是"以情感人"。"以情感人"是艺术审美教育与其他教育之间最鲜明的区别，艺术作品总是灌注着艺术家的思想感情，通过生动感人的艺术描绘，人们可以受到强烈的感染和熏陶。

艺术审美教育作用的第二个特点是"潜移默化"。艺术作品常常是在不知不觉中，使欣赏者受到感染，使其心灵得到净化。

以爱国主义诗词为例，从屈原《离骚》中的"路漫漫其修远兮，吾将上下而求索"，到《木兰诗》中的"万里赴戎机，关山度若飞"；从高适《燕歌行》中的"汉家烟尘在东北，汉将辞家破残贼"，到杜甫《春望》中的"国破山河在，城春草木深"；从陆游《示儿》中的"王师北定中原日，家祭无忘告乃翁"，到文天祥《正气歌》中的"当其贯日月，生死安足论"，其中蕴含的强烈的感染力和冲击力，确实是其他意识载体所达不到的。应当说，在艺术作品长期潜移默化作用下形成的思想情操，常常会具有更强的稳定性和延续性，常常会成为个体人生观、世界观中最核心的组成部分。

艺术审美教育作用的第三个特点是"寓教于乐"。"寓教于乐"强调应当把思想教育融合到艺术审美娱乐之中。

例如，学校通过举办"红歌会"（表演艺术），演绎经典革命歌曲，使学生获得启发、汲取力量。

阶段小结：本部分详细地讲述了艺术的审美认知作用和审美教育作用，也从文学艺术、建筑艺术、影视艺术等方面进行了举例分析。

（五）教学活动5：课堂总结

教学方法：教师讲授。

内容总结：由于艺术的门类不同，作品的题材、内容不同，艺术家的创作方法、风格不同，艺术作品的审美认知作用和审美教育作用也不相同。对于山水诗、花鸟画、小夜曲、古典舞等艺术题材来说，我们就没有必要从中寻找思想深度和历史高度，其对人的影响往往是一种简单的情绪感染。艺术的审美教育作用在不同的艺术门类中会有不同的侧重和表现。然而从整体和根本的意义上来说，艺术作品的审美教育作用表现在它能使人对自然、社会、人生、他人和自我形成一种正确的态度。总之，艺术的审美教育作用体现在各个方面。

课后作业：如何理解艺术具有的多种多样的社会功能？

解题思路：艺术的社会功能有许多种，但其中最主要的是审美认知作用、审美教育作用、审美娱乐作用。艺术的多种社会功能也只有建立在审美价值的基础上才能发挥作用。

五、案例反思

（1）本课程实现了理论知识与思政内容相结合。本课程阐释了艺术的社会功能，引导学生正确地认识和理解生活，树立正确的人生观和世界观。

（2）本课程实现了案例分析与思政内容相结合。本课程列举了不同艺术门类（文学艺术、绘画艺术等）的相关案例，不仅将其中蕴含的艺术学理论知识传授给学生，更在一定程度上将其价值理念以及精神追求等融入课程，潜移默化地对学生的思想意识、行为举止产生影响。

（3）根据课堂表现看，学生注意力集中，围绕着教学过程展开学习活动，积极、主动地参与各教学环节。不过，教师应注意，教学活动和教学知识点要紧密结合，所设置的问题需要能引起学生思考，加强课堂教学的互动性。多样化的教学方式可以拉近学生与教师在课堂上的距离，突破传统的说教模式。

（4）本课程的不足在于内容较多，时间控制得不够好，导致内容讲不完，因此教师必须根据学生的接受能力，适当对内容进行删减或增加，也要控制好问答、讨论等互动环节的时间。

六、教学效果

（1）丰富了学生的艺术专业知识。学生能够掌握艺术的基本知识，包括艺术的各种形式、流派，以及艺术作品的创作手法和表现技巧等。此外，学生能够理解艺术在历史、文化、社会等方面的作用和影响。

（2）提高了学生的思考能力。通过学习本课程，学生能够提高他们的思考能力，包括批判思考能力、创新思考能力等。例如，能够对艺术作品进行分析和解读，理解艺术家的创作意图和作品的深层含义。

（3）提升了学生的审美能力。通过学习本课程，学生能够提高他们的审美能力。学生能够欣赏和理解不同风格、不同文化背景的艺术作品，能够发现和欣赏生活中的美。

（4）坚定了学生的文化自信。通过学习本课程，学生能够加深对我国历史文化的认识，坚定文化自信。

（5）提高了学生的满意度。学生对课程的满意度也是一个重要的教学效果衡量指标。这包括学生对课程内容、教学方法、教师表现等的满意度。本课程加强了课堂教学的互动性，拉近了学生与教师在课堂上的距离，突破了传统的说教模式，提高了学生的满意度。

参考文献

《艺术学概论》编写组，2019. 艺术学概论[M]. 北京：高等教育出版社.
科林伍德，1985. 艺术原理[M]. 王至元，陈华中，译. 北京：中国社会科学出版社.
彭吉象，2019. 艺术学概论[M]. 5版. 北京：北京大学出版社.

新中国成立初期的新中国画

中韩新媒体学院　　王乾榕

案例概述

新中国成立以后,中国美术在体制建设和形象建构方面进入新的历史发展阶段。本课程将思政内容与美育因子充分结合,详尽诠释新中国成立之初中国画的新旧转换过程,并将其贯穿于课题诠释、知识点讲授、案例分析、互动讨论等教学环节。本课程将对学生家国情怀与艺术素养的培养充分结合、专业精神与社会责任感的培养充分结合,让学生在学习中国美术史的过程中,体验艺术作品中的祖国大好河山之美、人民群众创造之美、家国和谐之美、民族自信之美。本课程旨在使学生了解当代中国美术的重要美学基因,树立"为人民服务"的文艺观,培养社会责任感与使命感。

一、基本信息

课程名称:中外美术史

授课对象:艺术设计类专业本科生

使用教材:《中国美术史》,《中国美术史》编写组,高等教育出版社

学习内容:新中国美术体制建构

教学课时:3课时

二、课程思政教学整体设计思路

本课程以新中国成立之初对传统中国画的社会主义改造为中心,深度挖掘其中的美育因子与思政内容,为学生搭建简明、合理的理论框架,使学生准确地把握新中国美术的体制建构与审美特征。教师在授课过程中以政权基础、文艺政策、社会思潮为切

入点,引导学生认知、体验和领悟新中国成立初期中国画由"旧"到"新"的转化过程。这一时期的"新"中国画作品具有丰富的红色资源,兼具传统美学精神与时代审美追求,通过对这些美术作品的解读,本课程可以润物无声地培养学生的家国情怀,让学生理解不同历史时期艺术工作者应承担的责任与使命。

本课程从以教师讲解为主的"授课型"模式转换为以问题为导向,以互动讨论为主的"引导型"模式,让学生参与到对艺术作品分析的过程中,让学生大胆表达自己的想法,加深学生对于美术史理论的理解,激发学生的学习兴趣。本课程的教学结合了社会学研究的方法,把艺术作品放到当时的社会背景下进行观察,让学生带着"问题"学习中国美术史,通过艺术的方式读中国之理,答时代之问。

三、教学目标

1. 课程教学目标

(1)通过教学使学生了解新中国成立初期的文艺政策,熟悉艺术性与民族性影响下的美术史的"新内容"。

(2)通过对新中国成立初期中国画改造过程的分析,使学生熟悉传统中国画改造的原因、改造的基础、改造的过程与影响,并能初步判断其类别与风格,理解美术创作与时代、社会的互动关系,提高专业素养。

(3)使学生认识到传统中国画的改造是从"人民性"的角度汲取中华优秀传统文化中的养分,引导学生正确看待艺术创作中传承与创新的关系,激发学生传承优秀文脉,描绘新时代的思想精神。

2. 思政育人目标

(1)通过对新中国成立初期的文艺政策、创作观念的剖析,使学生理解不同历史时期文艺工作者应承担的责任和使命,培养学生的家国情怀。

(2)新中国成立初期的新中国画从丰富的红色资源和广大人民的现实生活中提炼主题,呈现出丰富的时代内涵和精神意蕴。通过分析经典艺术作品,引导学生把个人发展与国家的振兴结合起来。

（3）新中国成立初期的文艺工作者怀揣"为祖国山河立传""为劳动人民画像"的创作激情，踏遍祖国千山万水，扎根人民，苦练专业基本功，最终创作出具有社会主义审美特质的经典艺术作品，其创作经历可潜移默化地影响学生，培养学生的专业精神。

（4）新中国成立初期的新中国画从"人民性"的角度探讨了对中华优秀传统文化进行传承的新路径，可以激励学生传承优秀文脉，涵养"新中国式审美"。

四、教学实施过程

1. 课题诠释

教师展示资料，引导学生欣赏不同历史时期的中国画作品，学生可自由发言，逐一描述教师展示的两幅具有代表性的作品在描绘对象、细节与整体意境上的直观感受。教师对学生的描述进行补充，总结两幅中国画的不同，通过艺术作品中视觉符号的对比使学生发现新中国成立前后美术创作主题与内容、创作手法与风格的变化：传统中国画描绘的对象大多是帝王将相、才子佳人的生活，而新中国画描绘的大多是劳动人民的现实生活。

2. 20世纪初期传统中国画所面临的问题

一是传统中国画的表现题材大多脱离现实生活，回避、超脱现实，缺少抗争意识，与广大人民群众的审美追求相悖。二是"与古人同鼻孔出气"的摹古思想泛滥，技法陈陈相因，绝大部分是程式化的编造，不适合表现广大劳动人民的现实生活。三是商业化现象严重，俗气、匠气的作品充斥画坛，中国画的发展陷入历史低谷。四是关于西画与中国画孰优孰劣的问题争论不休。

20世纪初期传统中国画的境遇呈现出国家境况与艺术创造之间的内在关联，20世纪初期西方文化被大量引入中国，西方文化与中国文化之间产生了大量的矛盾与冲突，这同样反映在绘画领域。教师应从这一现象引导学生认识到只有国家强盛，只有坚定文化自信，我们才能更好地处理外来艺术与本土艺术之间的关系。

3. 传统中国画改造的基础

教师简要介绍20世纪初期陈独秀主张的"美术革命"以及大忧患时代下艺术家的

觉醒，重点讲解毛泽东《在延安文艺座谈会上的讲话》中的文艺思想，让学生理解其为中国画的社会主义改造奠定的思想和技术基础。

（1）通过了解20世纪初期中国美术的基本格局以及艺术家的觉醒，让学生理解艺术家的创作与时代的互动关系。

（2）陈独秀以社会革命的思想为基础，主张"美术革命"。即以西方写实绘画的技法改良传统中国画，徐悲鸿与蒋兆和是这一思想的践行者，他们的艺术实践为传统中国画的社会主义改造提供了技术基础。

引导学生分析、讨论徐悲鸿与蒋兆和作品中的细节，从作品中可以看出他们将西方写实绘画技法与传统笔墨相结合的艺术实践。

徐悲鸿和蒋兆和的人物画创作体现了在民族存亡之际，艺术家对战争的控诉和对底层人民的深切同情。他们写实主义的艺术表现手法，非常适合表现劳动人民的真实生活。

（3）毛泽东文艺思想的引领作用。1942年，毛泽东发表《在延安文艺座谈会上的讲话》，明确提出了"我们的文艺必须是为人民大众的，首先是为工农兵的"。延安在版画和年画的改造方面取得了一定的成效。通过对以上内容的讲解，使学生理解文艺创作"为了谁"的问题，强调毛泽东文艺思想的引领作用。

4. 新中国画的发展过程

教师引导学生分类别、分层次地分析新中国画的发展过程，学生根据教师的引导，进行图像分析，参与讨论，得出结论。

【案例一】对黄志坚、王盛烈的部分作品进行绘画技法的分析，可得出结论：将年画、版画的经验移植到中国画上会出现笔墨简单、不宜展现材质美感、不易创作大幅作品的问题；直接运用传统中国画的元素则与劳动人民的生活习惯与审美习惯格格不入。通过此案例让学生认识到艺术的创新与成熟需要经历艰苦的探索，以此培养学生不怕挫折，勇于探索的专业精神。

【案例二】新中国成立初期传统山水画的发展。彼时大部分中国画家接受的是明清以来的传统文人山水画的技巧训练，对于新社会的建设场景描绘手法比较陌生，通常采用传统技巧与现代场景直接合成、对新旧两种元素进行混搭和拼贴的方法绘画，画面显得不够和谐。随着发展的深入，画家们在中央文艺政策的指导下不断地摸索，提出了"一手伸向传统，一手伸向生活"的艺术主张，画家李可染可算是其中的佼佼者，他一方面对古典画论中的"气韵生动""形神兼备"等对画面境界的要求做了深入的研究，另一方面坚持对景写生，让山水画真正落地。李可染的写生也不是完全照搬自然景色，而是创造性地写生，画面富有极强的现代性和象征性。

通过新中国成立初期的文艺工作者（如李可染）的艺术实践，我们可以看到老一辈艺术家怀揣"为祖国山河立传"的创作激情，踏遍祖国千山万水，苦练基本功，最终创作出经典艺术作品，其创作经历可潜移默化地影响学生，激励学生勇于担当历史使命，吸收新时代的新思想、新观念、新经验，努力打造出折射时代精神又经得起历史和实践检验的艺术精品。

【案例三】在人物画方面浙江画家方增先创作的《粒粒皆辛苦》标志着新中国画中人物画在技术上的成熟。教师引导学生读画，在互动中提出问题，分类分层次推进，可得出以下结论：《粒粒皆辛苦》在题材上表现了劳动人民的日常生活；在造型上以写实造型为基础，强化了传统中国画"以线造型"的特点；在色彩上注重固有色，在结构转折处加强塑造，以强调体量感；在笔墨中融入传统绘画的书写特质，注重丰富的笔墨变化。

教师总结：方增先这种"结构素描加笔墨"的方式，解决了传统文人墨戏"不求形似"的问题。其画面结构坚实，笔墨变化丰富，适合表现劳动人民的朴实与力量，既兼容了传统笔墨趣味又符合劳动人民的审美习惯，这个成果后被广泛地接受和推广。

【案例四】齐白石与郭味蕖的花鸟画。齐白石来自民间，劳动人民的生活滋养了他，他注重写生，契合"一手伸向传统，一手伸向生活"的艺术主张，他的绘画得到了广大人民群众的真心喜爱，被誉为"人民艺术家"。郭味蕖开创了"大花鸟画"图式，打破了传统花鸟画只画折枝、边角之景的构图，将山水画与花鸟画相结合，竹海飞泉衬托出山花的纯真静美，但是这种静不是古人超凡出尘的悠游，而是一种积极入世的歌咏，既充满了生活的意趣，又具有时代的情怀。教师应通过讲授与作品分析，激发学生思考如何以视觉形象的方式，认识、理解和表达新的中国形象。

5. 新中国成立初期新中国画发展的系列成果

新中国成立初期新中国画的发展，体现了现实性、人民性、民族性的融合，符合处于历史进程中的中国人的文化性格与审美心理，诞生了大批"红色经典"美术作品，影响至今。

（1）通过课程案例的分析可知，新中国成立初期的新中国画从丰富的红色资源和广大人民的现实生活中提炼主题，呈现出丰富的时代内涵和精神意蕴。教师可以借此引导学生把个人发展与国家的振兴结合起来，培养使命感。

（2）新中国成立之初，新中国画的发展为新的艺术规范和美学标准的确立树立了可供学习的格式和范本。在此，"人民"成为至关重要的表现对象。

（3）新中国成立初期新中国画的发展为新时代的社会主义文艺创作提供了重要参照。通过对此段美术史的梳理学习，学生可以形成"扎根人民、扎根生活"的创作理念，在生活实践中持续探索、砥砺前行。

五、案例反思

本课程讲述了新中国成立初期新中国画的发展过程；将新中国画发展的路径与传统文脉的继承与发展相结合；将艺术家的专业精神与对学生家国情怀的培养相结合。本课程形成了"提出问题+知识点讲授+案例分析+课堂讨论+课后拓展"的完整教学环节，要求教师做好充分的教学设计预案，充实案例库，能根据学生反馈及时调整教学内容，灵活高效教学。

不过，本课程还需增加对课堂讨论的考核，并通过课程问卷调查等方式了解学生的学习情况和满意度。此外，本课程还可以利用网络平台进行线上的交流互动与知识拓展。

六、教学效果

本课程结合艺术作品，对新中国成立初期新中国画的发展问题进行了深入浅出的分析。通过对本课程的学习，学生可以了解当代中国美术的重要美学基因，树立"以人民为中心"的文艺观。

本课程将思政内容与美育因子充分结合，同步培养学生的家国情怀与艺术素养。本课程积极落实"立德树人"的根本任务，让学生在学习美术史的过程中，体验艺术作品中的人性真善之美、祖国大好河山之美、人民群众创造之美、家国和谐之美、民族自信之美。

本课程还将美术史研究领域的最新理论成果融入课程内容，确保了课程的学术前沿性，并注重培养学生的问题意识。

参考文献

刘国清，段伟，2015. 新中国美术编年史：1949—2014 绘画卷[M]. 北京：北京工艺美术出版社.
潘耀昌，2002. 中国近现代美术教育史[M]. 杭州：中国美术学院出版社.
潘耀昌，2009. 中国近现代美术史：修订版[M]. 北京：北京大学出版社.
王伯敏，1988. 中国美术通史：第八卷[M]. 济南：山东教育出版社.
郑工，2022. 2021美术：再释人民性[J]. 中国文艺评论（3）：4-20.
郑工，2022. 民间新路径与主体重塑：20世纪40年代延安美术的历史性变革[J]. 美术观察（5）：23-25.
邹跃进，2002. 新中国美术史：1949—2000[M]. 长沙：湖南美术出版社.